El cine de Goebbels

Ariel

Ariel Practicum

Rafael de España

El cine de Goebbels

Editorial Ariel, S.A.
Barcelona

Diseño cubierta: Vicente Morales

1.ª edición: diciembre 2000

Provença, 260 - 08008 Barcelona

ISBN: 84-344-2878-4

Depósito legal: B. 47.538 - 2000

Impreso en España

Prólogo

EL ESPEJO Y LA HORMA
(Spiegel und Leisten)

Las relaciones entre cine y sociedad constituyen un camino de ida y vuelta. La producción cinematográfica es muy representativa de la realidad económica, social y política en la que se ha realizado; es a la vez espejo y escaparate del país y del momento en que se hizo, y sólo algunos casos muy excepcionales escapan a esta norma. Por otra parte, «la naturaleza imita al arte». Éste es un axioma que parece ideado precisamente para el séptimo arte; por su carácter de espectáculo de masas, la eficacia del cine para influir en las modas, costumbres e ideas, para afirmar y difundir mitos, es tan grande que hasta en el lenguaje común deja su huella: «es de cine» se dice para elogiar algo de forma especial, o se afirma «esto es Hollywood» de una situación excepcional. Así pues, no sólo refleja la realidad sino que contribuye a darle forma: es a la vez espejo y horma.

Para el poder político y, especialmente, para el nazismo y los demás totalitarismos, este doble carácter resulta especialmente atractivo. El cine podía ser un instrumento muy eficaz para dar una determinada imagen de la sociedad alemana, de su sistema político o de su historia, creíble y no por eso menos manipulable; bien utilizado podía ser un aparato de propaganda formidable. También debía utilizarse la capacidad del cine para moldear la sociedad, para imponer o incrementar la aceptación de los valores del nazismo, para construir y consolidar el nuevo orden. La exaltación del nacionalismo, del culto a la personalidad, del racismo, de la obediencia, de la supremacía del grupo sobre el individuo podía encontrar en las pantallas un catalizador sumamente eficaz; el cine nazi debía ser un instrumento de formación del espíritu nacional: un educador, en suma. Para poder cumplir esta doble función era un requisito indispensable el éxito, tanto de público como de crítica, dentro y fuera de Alemania, y este éxito se conseguía produciendo buenas películas, es decir, bien dirigidas, bien interpretadas y bien filmadas, con buenos guiones y un aspecto visual cuidado al máximo. Además, estas «obras de arte» no sólo tenían que ser aceptadas masivamente por el público alemán y extranjero sino ser también políticamente eficaces.

Para cumplir este difícil programa, el cine de la época de Weimar aportaba un capital importante, pero difícil de utilizar. En los primeros años treinta la industria fílmica alemana tenía un altísimo nivel técnico, una espléndida capacidad creativa y una amplia difusión en el mercado interior y exterior, pero una fracción importantísima de ese cine, de las personas que lo habían creado, fueron excluidas por la política cultural y racial de los nazis. El éxodo de cineastas a París, Londres y Hollywood mermó de manera significativa la capacidad del cine germano y reforzó a sus competidores. Por otra parte, muchos de los temas e innovaciones formales que habían cimentado los éxitos del cine de Weimar tampoco resultaban asimilables a las nuevas ideologías. No obstante, fue la industria de la denostada época parlamentaria la base utilizada para construir el cine de Goebbels; y fue una base muy sólida, a pesar de todo lo señalado anteriormente.

El cine es sólo un capítulo particular en un proceso mucho más amplio, ya que los éxitos del régimen hitleriano en los ámbitos militar, científico, financiero o industrial no tienen explicación sin valorar debidamente la herencia recibida. La Alemania de 1933 era la principal potencia cinematográfica europea, sólo superada a nivel mundial por el coloso americano, pero esto no era suficiente para resolver de forma positiva el desafío que para el cine alemán supuso conciliar las exigencias nazis y el mantenimiento del nivel anterior. Muy pocas películas podían ser políticamente eficaces y, al mismo tiempo, atraer al público. Algunas lo consiguieron: las de Leni Riefenstahl, por ejemplo. Pero una gran mayoría fueron vulgares instrumentos de propaganda o, si obtuvieron éxitos de público, fue porque la realización dejó astutamente los caracteres propiamente nazis en meros adornos coyunturales: porque fueron aceptables films de amor, de aventuras, o comedias de enredo...; de evasión, en suma. En cierto modo, el nazismo, o incluso la «germanidad» de muchas de estas producciones estuvo en relación inversa con su éxito. El lector encontrará en este libro, tan bien planteado como bien resuelto, una amena y detallada relación de esta historia.

JOSÉ FLORIT
Catedrático de Historia Contemporánea
Universidad de Barcelona

INTRODUCCIÓN

La idea de este libro surgió a raíz de una exposición que tuvo lugar en el CCCB (Centre de Cultura Contemporània de Barcelona) en el curso 1998/1999 con el título *¡Ríndete! — Octavillas y guerra psicológica en el siglo* XX, cuando el comisario Jorge Luis Marzo encargó a nuestro Centro de Investigaciones Film-Historia la organización de un ciclo cinematográfico que completara la imagen de la propaganda política en tiempos de guerra. El ciclo, coordinado por Llorenç Esteve con la colaboración de Neus Carreras del CCCB, tuvo una excelente acogida y se acompañó de un número especial de nuestra revista con varios artículos relacionados con el tema, entre ellos uno de quien firma estas líneas en el que se establecía un paralelismo entre los métodos de producción de Hollywood y los que propugnaba en Berlín Joseph Goebbels, ministro de propaganda del Reich.[1] Como el artículo se ceñía al periodo 1939-1941 y comparaba producciones alemanas con americanas, me pareció que sería útil redactar un texto más completo (y también más didáctico) que repasara lo que había sido la industria cinematográfica en la Alemania nazi, algo que tiene todavía más interés si consideramos que no existe en lengua española una obra de estas características. Algo después, tras una conversación en Tel Aviv con la investigadora Régine Mihal Fiedman, especialista en cine antisemita nazi, decidí abordar en firme el trabajo que ahora presento al lector.

La intención de este libro, pues, es dar una visión de conjunto del cine producido en Alemania entre 1933 y 1945. Aunque su finalidad es básicamente divulgativa, se ha intentado ser lo más riguroso posible y, muy especialmente, no hablar «de oídas» sino a través del visionado directo de las películas que se comentan, lo que lógicamente ha influido en la selección de títulos que forma el cuerpo de la obra. El lector no iniciado quizá se sorprenda de que las cintas de mensaje inocuo —comedias, melodramas, musicales— parecen predominar sobre los panfletos «puros y duros» (con el agravante de que en nuestra selección los films

1. Rafael de España, «La guerra de celuloide: Goebbels vs. Hollywood, 1939-1941», en *Film-Historia*, vol. VIII, n.º 2-3, pp. 187-223 (1998).

«políticos» están casi todos, mientras que de los de evasión sólo se ofrece una mínima muestra), pero es que para Goebbels el cine era, antes que nada, arte y entretenimiento, y si la carga política era tan pesada que aburría al espectador, el film podía considerarse un fracaso en todos los sentidos.

Antes de entrar en materia, quisiera agradecer a una serie de personas su colaboración: mención especial al prof. José Florit, que ha tenido la gentileza de redactar un incisivo y clarificador prólogo, pero también a José María Caparrós Lera, director del Centro Film-Historia adscrito al *Parc Científic* de la Universidad de Barcelona, los ya citados Jorge Luis Marzo y Llorenç Esteve; Eduard Huelin y Dolors Manzano, que como coordinadores del curso de posgrado *Cinema y sociedad* (Facultad de Geografía e Historia, Universidad de Barcelona, 1999-2000) me propusieron dar una serie de clases sobre el cine nazi. Tampoco puedo dejar de mencionar a todo el personal de las bibliotecas de la Filmoteca de la Generalitat/Delmiro de Caralt y de Filmoteca Española, sin cuya competencia y profesionalidad estos trabajos no podrían ver la luz. Igualmente agradezco a todos mis compañeros de la Facultad de Medicina y del Hospital Clínico de Barcelona la simpatía con que siempre han mirado unas actividades que, indudablemente, no encajan de forma muy directa en la investigación biomédica. Y finalmente, un especial reconocimiento a mi esposa Carmen y mis hijos Ramón y Carlota, por su continuo apoyo.

Primera parte

LA INDUSTRIA

Amanece en Alemania

El 30 de enero de 1933 Adolf Hitler, jefe supremo del NSDAP, Partido Nacional-Socialista y Obrero Alemán, es nombrado canciller. El 2 de febrero asiste al estreno de una película en el UFA-Palast am Zoo, *Morgenrot*, que curiosamente se estrenó en España como *Crepúsculo rojo* cuando la auténtica traducción era *Amanecer*.[2] No hace falta ser muy perspicaz para comprender que la película en cuestión tenía un significado más allá de lo meramente artístico. Aunque cronológicamente se trata de un producto del *Systemzeit*,[3] *Morgenrot* tiene unas características que son al mismo tiempo crepúsculo de una época y amanecer de otra: ambientada en la Primera Guerra Mundial, narra la misión arriesgada de un submarino alemán que recibe la orden de hundir un buque inglés que transporta tropas al frente ruso. La misión se cumple, pero a costa de graves daños en el sumergible que obliga a los diez supervivientes de la tripulación a abandonarlo; desgraciadamente sólo hay equipos de salvamento para ocho. El capitán Liers (Rudolf Forster, uno de los actores más prestigiosos del momento, que en 1931 había sido el protagonista de la subversiva *Die Dreigroschenoper* de Pabst) se ofrece a quedarse, pero los demás no aceptan —«nos salvamos todos o ninguno»—, a lo que el oficial, emocionado, responde: «Los alemanes no sabremos mucho de vivir, pero morir, ¡eso lo hacemos como nadie!» La situación se resuelve con el suicidio de dos tripulantes, el segundo de a

2. La equivalencia española exacta de *Morgenrot* sería «rosicler», término de uso muy poco común. Los programadores del cine club de la F.U.E. en Madrid se llevaron un chasco considerable cuando al exhibirla en sus locales se dieron cuenta de que no era, ni mucho menos, propaganda «roja». Anécdota citada en José L. Hernández Marcos, Eduardo A. Ruiz Butrón, *Historia de los cineclubs en España* (Madrid: Ministerio de Cultura, 1978), pp. 29-31.

3. Este término, que saldrá otras veces en estas páginas, era el que usaban los nazis para referirse despectivamente a la época de la República de Weimar.

bordo que se ha enterado de que la mujer de la que está enamorado a quien realmente quiere es a Liers, y un marino huraño y solitario que redime con un acto heroico una existencia mediocre.

De esta breve sinopsis queda bien claro que el mensaje ideológico del film no tiene nada que ver con aquellos intentos de cine «izquierdista» que eran una epecialidad del primer cine sonoro alemán, y cuyo ejemplo más significativo era *Kuhle Wampe* (1932), exaltación de la labor del Partido Comunista con guión de Bertolt Brecht y dirección del búlgaro Slatan Dudow. De entrada, el guión es de Gerhard Menzel, un adicto a la causa nazi que pronto se convertirá en uno de los autores más cotizados del nuevo régimen, y lo que se exalta es el sacrificio de tantos marinos que quedaron sepultados en el fondo del océano por la acción combinada del enemigo exterior y la conspiración interna judeomarxista que apuñaló por la espalda a la Alemania del káiser Guillermo. Por otra parte, el mensaje radicalmente militarista es un claro desafío a los vencedores de la contienda que prohibieron a Alemania tener ejército —de hecho, una parte de esta película se tuvo que rodar en Finlandia, donde el Gobierno de aquel país les dejó un submarino que era imprescindible para los planos de exteriores— al mismo tiempo que propinaba un duro correctivo a los políticos pacifistas y contemporizadores de la República de Weimar, que habían dejado morir el patriotismo alemán.

El estreno de *Crepúsculo rojo* es también el estreno del cine nazi, la señal de que muchas cosas iban a cambiar en Alemania, no sólo en la calle sino también en los estudios de rodaje. Y aunque no hay ninguna duda de que Hitler era un cinéfilo contumaz (durante toda la época que estuvo rigiendo los destinos de Alemania se hacía proyectar una película casi cada noche), el encargado de llevar los asuntos cinematográficos del recién nacido Tercer Reich no fue él sino uno de sus más inteligentes colaboradores, Joseph Goebbels. En un grupo político dominado por hombres de acción algo obtusos, Goebbels hacía el papel de intelectual no sólo por comparación sino también por méritos propios. Nacido en Heydt (Renania) en 1897, una enfermedad en la infancia le dejó una evidente cojera y cierto retraso en el desarrollo corporal, y fue el constatar esta inferioridad física lo que le hizo superarse en los estudios. Se doctoró en filosofía en la Universidad de Heidelberg en 1921, año en que Adolf Hitler era nombrado presidente de un partido que todavía no tenía el futuro muy claro y que todavía lo tendría menos después del sonado fracaso del intento de golpe de estado en noviembre de 1923 en Munich. Los primeros contactos de Goebbels con los nazis fueron en 1924, cuando nuestro hombre comprobaba con manifiesto desagrado que sus títulos académicos no le servían para encontrar un trabajo decente.

El 11 de marzo de 1933 se crea el *Reichsministerium für Volksaufklärung und Propaganda*, o sea, el ministerio encargado de la «educación del pueblo y la propaganda» (RMVP), y Goebbels es nombrado ministro. En realidad el cargo va más allá de lo que indica su ya bastante prolija denominación, y su titular es responsable, según un decreto fechado el 30 de junio, «de todo el alimento intelectual de la nación, de la propaganda del Estado, de la cultura y la economía, de la información al público alemán y extranjero y de la administración de todos los organismos creados para estos fines». Por todo esto pensamos que es el momento de explicar la serie de maniobras llevadas a cabo desde ese Ministerio para organizar lo que será la industria cinematográfica del Tercer Reich.

Selección de personal

El 28 de marzo, cuando Hitler ya ha conseguido del Parlamento los plenos poderes, Goebbels convoca a las personalidades del espectáculo en el Kaiserhof Hotel de Berlín y les suelta un discurso entusiasta sobre la necesidad de regenerar el cine nacional, pero sin hacer demasiado énfasis en cuestiones ideológicas: por ejemplo, consigue asombrar a la concurrencia al mencionar como obras maestras películas producidas, dirigidas o interpretadas por judíos cuando no era ningún secreto que el antisemitismo era la *pièce de résistance* del programa político nacionalsocialista. Al día siguiente, la principal productora del país y de Europa, la UFA, despide a todo su personal de raza hebrea sin mayores explicaciones, y nadie piensa que sea una decisión aislada.

La eliminación de los judíos del cine alemán va a ser uno de los principales conflictos que tendrá que afrontar el ministro, ya que su presencia era muy importante tanto desde el punto de vista cuantitativo como cualitativo. Pero, como hemos dicho antes, el odio racial era una de las claves del éxito de los nazis, y no era cuestión de transigir en este punto: a partir de junio los contratos incluyen una cláusula, el *Arierparagraph*, que impide trabajar en el cine a todos aquellos que no puedan certificar «limpieza de sangre». Ante tan drástica situación se produce un auténtico éxodo de personalidades: Erich Pommer, Erik Charell, Ludwig Berger, Wilhelm Thiele, Paul Czinner, Lothar Mendes, Max Ophüls, Peter Lorre, Robert Wiene, Billy Wilder, etc. Algunos gentiles emigraron por disconformidad ideológica, pero fueron los menos; la mayoría aceptaron el nuevo orden de cosas con mayor o menor entusiasmo y, por supuesto, se beneficiaron del vacío creado por la emigración forzosa.

Llegados a este punto surge la gran cuestión: ¿fue ética la conducta de los que se quedaron, prestándose a colaborar con un sistema político intrínsecamente perverso, que había dejado en la calle a tantos compañeros suyos? Es muy difícil valorar esta actitud con perspectiva actual, ahora que conocemos los aspectos más negativos del nazismo. Pongámonos en la piel de un actor o un director de raza aria en 1933: ¿abandonaríamos nuestra posición, nuestro *modus vivendi* y de nuestra familia, para emigrar a un país extraño, sin conocer el idioma ni garantías de encontrar trabajo, sólo por la rabieta de un gobierno que a lo mejor dentro de unos pocos años cambia de opinión o pierde el poder? Tampoco los muchos judíos que se quedaron en Alemania y fueron posteriormente exterminados se vieron con ánimos de emigrar y seguramente también pensaron que «no llegaría la sangre al río». Cierto que una gran parte de los hombres y mujeres que siguieron trabajando en el cine colaboraron en algún momento con la maquinaria propagandística del nazismo, pero dudo que todos lo hicieran de forma entusiasta. Por otra parte, en un primer momento hubo un amago de «tolerancia» y se pasó por alto, por ejemplo, que algunas estrellas de alta cotización tenían compañeros sentimentales de raza hebrea. Los casos más flagrantes fueron los de Hans Albers y Henny Porten: con el primero no se atrevieron pues era el actor más querido del público, y si a la segunda intentaron eclipsarla, también es verdad que respetaron al marido.

Hubo otros personajes con los que se siguieron conductas «especiales»: los más conocidos son Fritz Lang y Reinhold Schünzel. El primero se fabricó *a posteriori* una leyenda de resistente antinazi según la cual Goebbels le iba a conceder la dirección absoluta de la cinematografía del Reich a pesar de ser un *halbjude*, pero él, muy digno, tras la entrevista con el ministro se fue directamente a tomar un tren para París, esquivando los cerrados controles de la Gestapo. Esto ha resultado ser, si no mentira, por lo menos una verdad a medias: en el pasaporte de Lang, conservado gracias al desvelo de la que fuera su última mujer, se pudo comprobar que había entrado y salido sin problemas de Alemania en varias ocasiones después de la famosa conversación con Goebbels. El hecho de que Lang decidiera emigrar no se debió a una imposición gubernamental sino a su propia perspicacia ante la situación del país, o quizá a que ya estaba cansado de la que entonces era su compañera en la cama y en la creación cinematográfica, la muy nazi Thea von Harbou.[4]

El caso de Reinhold Schünzel es más complejo, pero también es ilustrativo de la actitud de Goebbels hacia los judíos de la industria cine-

4. La auténtica conducta de Lang ante los nazis quedó bastante clarificada en el artículo de Willi Winkler «Ein Schlatwandler bei Goebbels», publicado en *Der Spiegel* el 26 de noviembre de 1990. La información puede completarse con el reciente estudio de Patrick McGilligan *Fritz Lang. The Nature of the Beast* (Nueva York, St.Martin's Press, 1997).

matográfica. Los orígenes raciales del actor-director fueron blanqueados provisionalmente en atención a que sus películas eran muy comerciales y se vendían bien en el extranjero, lo que facilitaba la coproducción con Francia en forma de dobles versiones, práctica que en los primeros años del sonoro se había revelado muy provechosa. Schünzel dirigió 7 películas entre 1933 y 1936 (5 en doble versión) que cosecharon buen éxito de público pero algunas reticencias entre las jerarquías del partido, que notaban en ellas —no sin razón— cierto tufillo del *Systemzeit*. En 1937 la tolerancia se acabó a raíz de *Land der Liebe*, una historia ambientada en un reino imaginario en la que el personaje más negativo de la intriga es un ridículo y autoritario ministro en el que los censores vieron una venenosa alusión a sus métodos dictatoriales. Schünzel tuvo que rendirse a la evidencia y emigrar a Estados Unidos, donde tras un par de intentos frustrados de continuar su carrera directiva tuvo que malvivir como actor (en papelitos de escasísimo relieve), además de afrontar el rechazo y el desprecio de aquellos expatriados que ya habían clarificado su postura en 1933.

Las estructuras administrativas y legales del cine nazi

En el momento de su creación, el flamante RMVP estaba dividido en 6 secciones, una de las cuales, la «División V», era el cine. El 22 de setiembre se procedió a una importante reestructuración con la creación de la *Reichskulturkammer*, integrada por 7 cámaras, todas dependientes del RMVP y de las cuales una era la del cine (*Reichsfilmkammer*). Directores, actores y técnicos debían estar afiliados obligatoriamente, a no ser que ya fueran miembros de otra cámara (del teatro, de la música).

El siguiente paso clave de Goebbels fue la redacción de una auténtica Ley del Cine (*Lichstspielgesetz*), que entró en vigor el primero de marzo de 1934. Un punto importante era el de la censura previa de guiones, para lo cual se nombró un cargo nuevo, el *Reichsfilmdramaturg*, cuya misión era la supervisión literaria (y, por supuesto, ideológica) de todos los proyectos fílmicos. Por lo que respecta a la censura de productos ya acabados, se procedió a revisar todos los anteriores a 1933, con el fin de eliminar todo rastro de judaísmo o ideologías contrarias al nuevo régimen (aunque se hicieron excepciones: la célebre *Der Kongreß Tanzt* no fue prohibida hasta 1939 pese a estar plagada de elementos desafectos al Reich, suponemos que por deferencia a Lilian Harvey, una de las pocas vedettes que se quedaron hasta el último momento).

Otro detalle significativo fue la clasificación de las películas en categorías según su calidad. Esto era otra forma de censura, pues lo que realmente se premiaba no era la calidad sino la sintonía del film con los supuestos estéticos y políticos del régimen: en una manifestación de pesadez teutona se redactó una lista larguísima y confusa de certificados, desde los mínimamente entusiastas de *künstlerisch* («artístico») o *volksbildend* («instructivo») hasta el máximo que era el de *staatspolitisch und künstlerisch besonders wertvoll* («especialmente importante desde el punto de vista político y artístico»). En 1941 se creó una categoría excepcional, la de *Film der Nation*. Una buena clasificación eximía a los productores de impuestos en mayor o menor medida, lo cual estimulaba la realización de films que agradaran a los organismos censores. Este sistema fue copiado literalmente en la España franquista, si bien de forma algo más esquemática, reduciéndolo a tres categorías más la de «Interés Nacional» (transcripción ibérica del antes citado *Film der Nation*). Ligado a este concepto de las clasificaciones es la de dar un Premio Nacional (*Staatspreis*) a la película más significada del año: la entrega se haría cada primero de mayo, coincidiendo con una serie de actividades de masas que Goebbels había montado para ese día a fin de quitarle toda su simbología izquierdista. El primer film premiado, en 1934, fue *Fugitivos* (*Flüchtlinge*), cuyo director, por cierto, era el mismo de *Crepúsculo rojo*, el austríaco Gustav Ucicky.

Como ya hemos dicho que una de las atribuciones del RMVP era la formación política del pueblo, no es de extrañar que entre las actividades en materia cinematográfica hubiera la organización de unas sesiones periódicas especialmente dedicadas a la juventud: las *jugendfilmstunden*. Las primeras tuvieron lugar el 20 de abril de 1934, coincidiendo con el cumpleaños del Führer, y fueron coordinadas por las Juventudes Hitlerianas. Los espectadores entraban en compacta formación y el espectáculo no se limitaba a la proyección de un film, sino que constaba también de discursos y canciones, e incluso comentarios posteriores sobre el mensaje expresado en la pantalla; habida cuenta de que la afiliación a las Juventudes era masiva entre los niños alemanes (a partir de marzo de 1939 fue obligatoria), es indudable que esas sesiones tenían un más que notable valor político... aparte del meramente económico, ya que no eran en modo alguno gratuitas, sino que había que pagar entrada. Conviene recordar que en el Reich no hubo un cine comercial específicamente dirigido a niños: las pocas películas que se produjeron eran adaptaciones de cuentos populares, resueltas con bastante pobreza estética y de medios, por lo que las cintas destinadas a las «horas juveniles» oscilaban entre los artefactos propagandísticos del cine oficial y algunos cortos y documentales realizados expresamente por la propia Hitlerjugend. En otro orden de cosas, una gran parte de los colegios tenían salas de proyección que se nutrían de los mismos productos de esas sesiones infantiles, pero también de las actividades de un servicio estatal fundado en 1934 —*Reichsantalt für Film und Bild in Wissenschaft und Unterricht*— especialmente dedicado a producir films educativos en 16 mm.

Una idea realmente original fue la creación de una cinemateca nacional, algo que en aquel momento podía considerarse casi una novedad mundial. No obstante, para no desentonar del *zeitgeist*, esta iniciativa también obedecía a finalidades más políticas que culturales. El *Reichsfilmarchiv*, inaugurado el 4 de febrero de 1935, nacía con la voluntad de recoger aquellos títulos importantes del cine nacional pero también del extranjero —en especial el americano— y con un especial énfasis en todo lo relacionado con el judaísmo: una de las primeras adquisiciones fue una copia de *La Casa de Rothschild* (*The House of Rotschild*, 1934, dir. Alfred Werker), film que para Goebbels reflejaba mejor que ningún otro el dominio de los hijos de Israel sobre la economía mundial. Los fondos de este archivo fueron utilizados en la exposición *Der ewige Jude*, inaugurada en Munich el 8 de noviembre de 1937.

La última ley importante dedicada a consolidar el control del Estado sobre la producción fílmica es la prohibición de las críticas de prensa en noviembre de 1937. Cierto que en fases más tempranas, en octubre de 1933, ya se había advertido a los críticos de la obligación de seguir las «consignas» que el ministerio pudiera emitir al respecto de un determinado film, pero ahora se suprimían completamente las críticas, que debían ser sustituidas por reseñas narrativas sin el menor juicio de valor. El mensaje subyacente a esta normativa es que, en el momento que se estrena un film, es porque el Estado tiene interés en él: puede no ser una obra maestra (o ser directamente un bodrio), pero responde a una necesidad nacional y por lo tanto ningún crítico sabidillo tiene derecho a sacarle los defectos.

Las ideas cinematográficas de Goebbels

En sus frecuentes sermones a los representantes de la industria y en sus diarios, Goebbels ha dejado abundantes indicaciones sobre el tipo de cine que le gustaba. Ya en su «presentación oficial» del 28 de marzo de 1933 citó tres títulos concretos para que la industria captara fácilmente sus intenciones. Uno era de producción soviética, *El acorazado Potemkin* (*Bronenosets Potiomkin*, 1926, dir. S. M. Eisenstein), que para él era la demostración de que una obra de arte puede ser al mismo tiempo un útil vehículo de propaganda —«hasta el más indiferente se vuelve bolchevique después de verlo»—; el otro era un film americano de la MGM, *Ana Karenina* (1936, dir. Clarence Brown, con Greta Garbo), ejemplo de «cine puro», que demuestra que este arte no tiene la menor conexión con el teatro o la novela. Es decir, que Goebbels quería films que combinaran propaganda con alto nivel artístico, y hay indicios de que prefería sacrificar lo primero: en una intervención posterior, en la inauguración de la *Reichskulturkammer* (15 de noviembre de 1935), insistió en que la propaganda no es excusa para el descuido formal. En cuanto al cine alemán, es evidente que todavía no existía el film perfecto, pero así y todo citó *Por la libertad* (*Der Rebell*, 1932, dir. Luis Trenker), film histórico ambientado en las guerras napoleónicas, que conjuntaba el espectáculo —escenas de masas, acción física— con un vibrante mensaje patriótico —la lucha del pueblo alemán contra el invasor—. En su segunda presentación ante la industria, el 19 de mayo, el dinámico portavoz de las esencias del Nacionalsocialismo hace hincapié en la primera parte de la denominación: el cine alemán ha de ser nacionalista o no será (no dice si también ha de ser socialista, pero ya se sabe que el concepto de socialismo del Tercer Reich no era el mismo que tenía la izquierda); es decir, debe ser la expresión de los sentimientos nacionales, pues no en vano ésta es la clave del éxito de obras maestras del «sagrado arte alemán» como el *Fausto* de Goethe o los *Maestros Cantores* de Wagner. Una derivación de este prurito nacionalista será la eliminación de palabras que, aun siendo de uso común, no tenían una auténtica etimología germánica: en consecuencia, en los títulos de las películas ya no se dirá *regie* sino *spielleitung*, que si bien quiere decir lo mismo, sugiere cierta disminución de categoría para los realizadores.

El 25 de abril de 1935 se inaugura en Berlín un congreso internacional de cine, al que se invita a personalidades de la industria de 20 países. El congreso tiene por finalidad enseñar al extranjero los avances y perspectivas de la cinematografía del Reich y al mismo tiempo dar imagen de «buen vecino» en un momento en que el nuevo régimen alemán propiciaba justificadísimos recelos en Europa. La asistencia fue masiva: el día 27, los estudios de la UFA en Babelsberg recibieron la visita de casi 2000 personas. El discurso de clausura corrió a cargo, como era lógico, del Dr. Goebbels; en un tono contemporizador y nada agresivo, el ministro definió la esencia del cine en 7 puntos que vamos a desglosar a continuación, pues nos serán de gran utilidad para acabar de comprender qué tipo de películas quería ver en las pantallas alemanas. Hemos sintetizado un poco los conceptos para hacerlos más inteligibles.[5]

Primero. *El cine, como todas las artes, tiene sus propias leyes, que en modo alguno son las del teatro. (...) La influencia del teatro sobre el cine*

5. El texto del discurso se publicó íntegro en un folleto editado para la ocasión, *Internationale Film Kongreß Berlin,1935* (Berlín: Reichsfilmkammer, 1935), pp. 9-14. Fue reimpreso en la revista *Film-Kurier* en marzo de 1937.

debe evitarse a toda costa. Razonamiento irreprochable que demuestra algo que no puede discutirse: que Goebbels era una persona inteligente y culta que sabía perfectamente que el cine era una manifestación artística distinta a las demás, algo que no todo el mundo tenía tan claro en aquella época.

Segundo. *El cine no debe caer en la vulgaridad de un simple entretenimiento de masas, pero esto no quiere decir que se deba prescindir del público; al contrario, el cine puede ser un útil instrumento de educación de sus gustos*. Este razonamiento no es tan confuso como puede parecer en un primer momento: las películas han de tener un cierto nivel intelectual y buena factura técnica pero al mismo tiempo deben gustar al espectador, ya que el cine es tanto arte como negocio. Quedan proscritas, pues, las películas de pocas ambiciones basadas exclusivamente en los chistes de un cómico popular, por ejemplo, o en números musicales revisteriles o folklóricos, pero se acepta al mismo actor en una «alta comedia» sin diálogos supuestamente chabacanos, al igual que unas esmeradas coreografías en el marco de una trama que las permita. Lo de «educar los gustos del público» tiene, en un país sometido a un gobierno autoritario, una doble lectura: ¿educación... o manipulación?

Tercero. Derivado del punto anterior: *mantener una calidad artística y técnica al mismo tiempo que se entretiene y educa al público no implica caer en un esteticismo vacuo ni escenificar mundos ficticios que nos alejen de la realidad. El cine ha de ser un arte popular en la mejor expresión de la palabra, y por ello representar las auténticas vivencias del pueblo, sus alegrías y sus penas, todo aquello que lo pueda conmover*. La idea de que el cine debe ser un arte popular (*volkskunst*) era una obsesión de Goebbels, pues volvió a insistir en ello en la reunión anual de la Reichsfilmkammer en 1939 y en otras ocasiones. Los conceptos expresados en este punto son los mismos que estaban vigentes en la URSS sometida al «realismo socialista»: nada de «arte por el arte», algo que siempre lleva consigo la semilla de la subversión y enerva las energías productivas, sino temas asequibles tratados de forma naturalista. Un efecto secundario de este criterio es un inevitable rechazo a las películas de fantasía, terror o ciencia-ficción, géneros en los que podían encuadrarse muchos de los grandes éxitos del cine alemán de los años veinte.

Cuarto. *Como todas las artes, el cine no puede sostenerse por sí mismo, y su rendimiento está en el placer espiritual que provoca. Por ello el Estado tiene la obligación de subvencionarlo, igual que debe construir edificios públicos, teatros o museos para resaltar el espíritu artístico del momento*. Este punto complementa al segundo, con el que al mismo tiempo parece entrar en conflicto: si antes se ha dicho que el cine no debe perder el contacto con los espectadores, pues de ellos vive, ahora resulta que lo único que se busca al hacer películas es «placer» y no dinero, y al mismo tiempo se admite que determinadas películas han de producirse por intereses ajenos a los de la simple amortización comercial; si el film en cuestión es necesario para el adoctrinamiento de las masas el Estado debe correr con los gastos, aunque sean a fondo perdido. Estas afirmaciones se engloban en un discurso más amplio, el del proteccionismo cultural, del que hablaremos en el apartado posterior.

Quinto. *El cine es un arte de su tiempo. Aunque las películas transcurran en otros países u otras épocas, los argumentos deben adaptarse a la mentalidad de la sociedad en que se producen*. También aquí demuestra Goebbels una notable perspicacia, pues lo que define es la esencia del cine histórico de todas las épocas y países: los problemas que plantea son siempre revisados según la mentalidad del momento, tanto para facilitar su comprensión como para vehicular un determinado mensaje ideológico.

Sexto. *El cine ha de ser la expresión de la cultura de un pueblo y de este modo servirá de nexo de unión entre los diversos países y les ayudará a comprenderse mutuamente*. Con este noble comentario, tan discordante con los acontecimientos de los años venideros, Goebbels demuestra que está haciendo el papel de manso cordero ante un auditorio internacional, y el auténtico significado sería el siguiente: la principal misión del cine alemán es amedrentar a los demás países mostrándoles la superioridad cultural, económica y militar del Reich.

Séptimo. *Las películas deben desarrollar sus intrigas de la forma más sencilla y natural posible: nada de truculencias, payasadas o rebuscamientos narrativos*. En realidad este aserto es una repetición del tercer punto, insistiendo en la condena de los experimentos formales, del recurso a lo sobrenatural, o del humor transgresor (los hermanos Marx, por ejemplo, lo hubieran tenido crudo, y no sólo por ser judíos).

Creemos que este «heptálogo» puede considerarse el fundamento estético y conceptual de todos los films que comentaremos en el siguiente apartado, y volveremos a referirnos a él siempre que lo consideremos oportuno. No obstante, los criterios estéticos de Goebbels en materia cinematográfica no pueden sorprender a nadie, ya que armonizan perfectamente con lo que era el arte «oficial» del nazismo: las clasicistas arquitecturas de Speer, los abarrocados atletas esculpidos por Thorak o Breker o, en pintura, los rotundos y naturalistas desnudos femeninos de Ziegler (el llamado «Reichsmeister del vello púbico»). Lo que no gustaba al régimen era lo que se exhibió en la magna exposición de «Arte Degenerado» (*Entartete Kunst*) inaugurada en julio de 1937 en la Haus der deutschen Kunst de Munich; entre los artistas «degenerados» estaban Nolde, Kokoschka, Chagall, Dix, Kandinsky, Marc, Mondrian y muchos otros cuya fama internacional se debía, única y exclusivamente, a una conspiración sionista para socavar los cimientos estéticos de Occidente.[6]

Consolidación de la industria

Cuando los nazis llegaron al poder el cine alemán era, sin temor a exagerar, el primero de Europa, algo que no deja de sorprender teniendo en cuenta la precaria situación económica que había sido característica de la República de Weimar desde su fundación y que el *crack* de 1929 había agravado. Tras el esplendor de los años 20, con obras que han quedado en todas las historias del cine publicadas y por publicar, los films sonoros alemanes seguían triunfando en las pantallas europeas mientras que en Estados Unidos cosechaban, ya que no grandes taquillajes, por lo menos excelentes críticas. La moda de las coproducciones en varios idiomas rentabilizaba la infraestructura productiva, pues de esta manera la espectacular opereta *Der Kongreß Tanzt* (1931) podía verse en Francia con actores franceses (*Le Congrès s'amuse*) y en Inglaterra hablada y cantada en inglés (*The Congress Dances*); otra peculiaridad de este sistema era que terceros países podían elegir el idioma que más les agradara: en España, por ejemplo, donde el público culto estaba más familiarizado con el francés, se pasaban invariablemente las versiones en esta lengua, con lo cual en *El Congreso se divierte* y *El trío de la bencina* (*Die Drei von der Tankstelle* / *Le Chemin du Paradis*, 1930) el galán de la pareja Lilian Harvey / Willy Fritsch pasaba a ser Henri Garat (la srta. Harvey hablaba alemán, francés e inglés, por lo que no hacía falta sustituirla). De Hollywood vino Josef von Sternberg a dirigir, esta vez en doble versión alemana / inglesa, *El ángel azul* (*Der Blaue Engel*, 1930), un gran éxito internacional que hizo de Marlene Dietrich una estrella. La principal empresa productora era la UFA, que al mando de Erich Pommer estaba especializada en films comerciales de calidad como los antes citados, pero otras casas se embarcaban en proyectos más arriesgados, como la Nero-Film de Seymour Nebenzahl, que financió los films de G. W. Pabst, entre ellos la «subversiva» adaptación de Brecht *Die Dreigroschenoper* (en España, la versión francesa: *L'Opéra de quat'sous*

6. Resulta curioso comprobar que Emil Nolde tenía carnet del Partido desde antes de 1933, y el pobre hombre no entendía cómo sus propios correligionarios lo podían sancionar de esta manera (todos los «degenerados» que quedaron en Alemania tenían prohibido pintar, incluso en la intimidad de su casa). La comparación del Nazismo con el Fascismo es francamente positiva para este último, pues en la Italia de Mussolini muchos artistas modernos (los futuristas, por ejemplo) sintonizaron con el nuevo régimen y éste tuvo para con ellos una franca tolerancia.

/ *La comedia de la vida*, 1931); esta productora se vio profundamente afectada por la ley antisemita del 33 y debió trasladar sus actividades, momentáneamente, a Francia.

Este hermoso panorama cambió bastante con las nuevas orientaciones políticas y el cine alemán fue cayendo en una profunda crisis que tocó fondo en la temporada 1936-1937. Los factores desencadenantes de esta recesión fueron los siguientes:

a) Emigración de los productores y directores de más talento, sea por motivos raciales o ideológicos; los antes citados Pommer y Pabst constituyen un ejemplo de cada opción. Lo de «talentos» no es exageración, ya que eran lógicamente los que tenían un nombre cotizado los que más posibilidades tenían de empezar de nuevo en otro país.

b) Caída de las exportaciones: si en 1932 las ventas al exterior suponían el 40 % de ingresos del cine alemán, en 1935 había bajado al 12-15 % y en la temporada 1936-1937 era sólo del 6 %. Aunque luego veremos que no era la única, la principal causa de este bajón hay que buscarla en el boicot que países con grupos de presión izquierdistas y judíos (Francia, Estados Unidos, España) o, simplemente, temerosos del expansionismo alemán (en especial Checoslovaquia, Polonia y Hungría) ejercieron sobre los productos provenientes del Tercer Reich.

c) Incremento de los costes de producción, no sólo debido a las nuevas demandas tecnológicas y de mercado sino también a que las estrellas y directores que permanecían en el país, al comprobar la disminución de competencia, habían disparado sus demandas salariales.

Para combatir la crisis y poner al cine del Reich en el sitio que se merecía, el ministro de propaganda tomó una serie de medidas que pueden resumirse en tres conceptos: proteccionismo, concentración productiva y recuperación de las exportaciones.

Proteccionismo. En estricta consonancia con el punto cuarto del ideario goebbelsiano antes citado, el Estado se sintió obligado desde un primer momento a proteger económicamente al cine. Las vías de protección fueron básicamente dos: la subvención y la eliminación de competencia.

Lo primero se coordinó desde una sociedad de nuevo cuño, el *Filmkreditbank* (FKB), que, si bien era un proyecto que venía de tiempos pasados, no fue fundado como tal hasta finales de mayo de 1933, coincidiendo con la aniquilación definitiva de los sindicatos. Como se demostró en 1945, los nazis habían hecho desde el principio muy buenas migas con los bancos, por lo que a Goebbels (o, para ser más exactos, su secretario Walther Funk, factótum de la operación) no le fue muy difícil convencer a los principales colosos financieros (Dresdner, Deutsche, Commerzbank...) para participar en la nueva entidad, encargada de repartir las subvenciones a la industria cinematográfica.

No cuesta mucho deducir que estas subvenciones eran interesadas. De entrada iban al control ideológico a través del económico —los films de propaganda tenían la ayuda asegurada—, por otra parte buscaban el beneficio económico de los bancos y finalmente se englobaban en el conjunto de medidas de concentración que luego comentaremos: a fin de tranquilizar a los bancos, el dinero se daba a aquellas productoras que podían demostrar la viabilidad económica y artística del proyecto presentado, por lo que las casas pequeñas, sin presupuesto ni vías de distribución, quedaban automáticamente excluidas de las subvenciones y por ello en riesgo de extinción.

La otra medida proteccionista era el boicot —más o menos disimulado— al cine extranjero, que no sólo distraía al público de gastarse el dinero en los productos locales sino que, sobre todo con algunas películas de Hollywood, propiciaba desfavorables comparaciones de tipo estético y técnico. Esta maniobra, que también tenía sus implicaciones políticas (las producciones francesas o norteamericanas podían contener mensajes ajenos al ideario nazi) era mucho más burda que la de las subvenciones y tenía un grave efecto secundario: el «contraboicot» en los países boicoteados y la consiguiente pérdida de ingresos por exportaciones.

La principal obsesión de Goebbels en este terreno era, como es lógico, Hollywood, cuyas películas tenían un nivel industrial difícilmente superable. El ministro admiraba profundamente el cine americano: era plenamente consciente de su superioridad y se devanaba los sesos para reproducir su fórmula mágica en territorio alemán, pero como de momento sus esfuerzos eran infructuosos decidió dejar al público alemán sin cine *made in USA*, o por lo menos sin los títulos más destacados: una nota del *New York Times* (4 de abril de 1937) denunciaba que la censura alemana no daba licencias de exhibición a muchas películas americanas importantes, autorizando sólo mediocridades de serie B, lo cual dejaba al descubierto la hipocresía de Goebbels. Y que esto no es un invento de la prensa podemos comprobarlo repasando la lista de películas distribuidas en Alemania durante la época nazi: de 64 producciones americanas en 1933 (31 % del total de estrenos) se pasa a 20 (13,7 %) en 1939, y en 1940 salen las 5 últimas películas de Hollywood que verán los alemanes hasta después de la guerra.[7]

7. Este modesto lote estaba formado por títulos decididamente menores, de los que sólo destacaba uno no muy reciente, *Buffalo Bill* (*The Plainsman*, 1936, dir. Cecil B. DeMille). Los datos estadísticos están tomados de Boguslaw Drewniak, *Der Deutsche Film 1938-1945. Ein Gesamtüberblick* (Düsseldorf, Droste, 1987), p. 814.

Éstas fueron las principales medidas proteccionistas de Goebbels, a las que habría que añadir algunas de menor impacto pero idéntica intención: por ejemplo, el 11 de noviembre de 1939 la Reichsfilmkammer emitió un decreto según el cual ningún film alemán podía mantenerse menos de una semana en cartel.

Concentración productiva. Vamos a intentar resumir y esquematizar uno de los episodios más complejos del cine nazi: la tendencia al «oligopolio», esto es, la asimilación progresiva de compañías productoras para llegar a un declarado monopolio que supone una especie de cuadratura del círculo: el Estado controla toda la producción pero, a diferencia de la nacionalización que algunos radicales del Partido deseaban —Rosenberg, por ejemplo—, sin abandonar las estructuras capitalistas ni perjudicar los beneficios de empresarios y bancos.

La idea de Goebbels era poner todas las productoras a disposición del Estado pero sin comprarlas directamente o asimilarlas a la fuerza, en un alarde de diplomacia que no cuadraba con sus actuaciones en otros ámbitos. Para llevar a cabo la operación, Goebbels recurrió a una empresa ya existente, la Cautio Treuhand GmbH, fundada por Max Winkler en 1929. El tal Winkler es uno de los personajes más brillantes que trabajaron para el Tercer Reich y al mismo tiempo menos conocidos, ya que no le gustaba darse importancia ni salir en los medios de comunicación. Había nacido en 1875 en una localidad que después del tratado de Versalles quedó en territorio polaco, y de la que había llegado a ser alcalde en 1914. Puede que fuera por esa frustración personal que Winkler se dedicó siempre a negocios relacionados con los territorios cedidos: las primeras compañías que fundó tenían por misión subvencionar la prensa en alemán en el extranjero, así como facilitar los negocios alemanes en Polonia, para lo cual contaba con una financiación más o menos indirecta del gobierno alemán. Durante los años 20 Winkler se construyó un pequeño imperio periodístico y trabó amistad con prohombres de la política, la industria y de las finanzas sin hacer distinciones ideológicas, pues tanto se codeaba con socialdemócratas como con nazis, y no hacía ascos a administrar los fondos de los partidos para las elecciones. Pronto se hizo una fama de individuo eficaz y, como ya hemos dicho antes, extremadamente «discreto», algo que siempre ha sido muy valorado en medios económicos.

El primer cometido de Winkler y su Cautio con los nazis fue comprar periódicos para el gobierno, tarea que no ejecutó con los malos modos que eran el distintivo de las tropas de asalto del Partido, sino haciendo tratos medianamente favorables para las partes afectadas: la excepción era la prensa comunista o propiedad de judíos, donde ya se puede suponer que la transacción no se hacía precisamente en igualdad de condiciones. Cuando el Reich comenzó a invadir a sus vecinos, amplió sus actividades a los territorios ocupados, colaborando activamente en el saqueo de las empresas polacas. En el campo cinematográfico emprendió un plan muy similar al de la prensa, comprando acciones en las productoras como tapadera del gobierno. El primer objetivo de sus desvelos fue la mítica UFA, portaestandarte del cine alemán desde que en 1917 se fundó como vehículo de propaganda militar y de la que, gracias a Winkler, el Estado pudo controlar, a partir del 18 de marzo de 1937, el 72,6 % de las acciones. Conviene recordar que el accionista principal de la UFA desde 1927 era Alfred Hugenberg, poderoso editor, jefe del Partido Nacionalista Alemán, diputado en el Reichstag y uno de los que le dieron el poder en bandeja a Hitler.

En junio del 37 se reestructuró la Terra, y a finales de año cayó la Tobis, aunque aquí la operación fue más compleja, ya que el principal accionariado de esta empresa era holandés, como era holandesa la patente de sonido del mismo nombre que era de uso mayoritario en Alemania. Esta circunstancia era especialmente dura para los sentimientos patrióticos de Goebbels, que no descansó hasta germanizar totalmente lo que hasta ahora era la Internationale Tobis Matschappij NV (o Intertobis) y su sistema sonoro. Un detalle interesante es que, para hacerse con el control de la empresa, Winkler contó con la inestimable colaboración de la Warner Bros., que le cedió un buen paquete de acciones que tenía en la sociedad holandesa: esto es especialmente llamativo porque, muy poco después, Jack L. Warner se convertiría en uno de los peores enemigos del nazismo al ver vetadas sus películas en el territorio del Reich. Miserias del capitalismo...[8]

La última *major* del Reich era la veterana Bavaria de Munich, pero en este caso se dio una circunstancia más allá de la simple frialdad de los números. La idea original de Winkler era sacársela de encima por poca rentabilidad y convertirla en una filial de la Tobis (lo cual armonizaba con los criterios centralizadores de Goebbels, que lo quería todo en Berlín), pero cuando ya tenía el plan organizado el Führer en persona, en un arrebato nostálgico, se acuerda de que Munich había sido la cuna del movimiento nacional-socialista y decide consagrarla *Stadt der Kunst*. Entre los equipamientos culturales de la ciudad no puede faltar, por supuesto, una productora cinematográfica, una renovada Bavaria Filmkunst GmbH (febrero de 1938).

A finales de la temporada 1940-1941, Winkler controlaba no sólo UFA, Tobis, Terra y Bavaria, sino también todas las nuevas empresas

8. Una situación todavía más paradójica (por no decir más cínica) de las relaciones comerciales entre Estados Unidos y el Reich fue desvelada en un reciente documental televisivo de la BBC, *Banking with Hitler* (1998, guión y dirección de Paul Elston): al parecer, durante toda la guerra los bancos alemanes recibieron préstamos de sus colegas americanos a través de una entidad suiza que hacía de intermediario.

que se iban creando (o recreando) en los territorios anexionados. Tras el *Anschluß* nació la Wien-Film para aglutinar toda la producción austríaca, que para ser exactos no iba más allá de lo que hacía aquella Sascha-Film que fundara en los años 20 el conde Alexander «Sascha» von Kolowrat, y que en 1938 ya era una filial de la Tobis. En 1941 se creó en Checoslovaquia la Prag-Film y se llevó a cabo un concienzudo remozamiento y ampliación de los estudios Barrandow, aprovechados durante la guerra para rodar muchos films importantes debido a su relativo alejamiento de los frentes. En Francia, para no ser menos, se creó ese mismo año la Continental, algunos de cuyos films dieron, tras la Liberación, bastantes quebraderos de cabeza a los que habían participado en ellos: el caso más conocido es el de *Le Corbeau* (1942) de Clouzot. Para rematar la faena, en junio de 1941 se prohibió la creación de nuevas compañías, y las pequeñas productoras que subsistían con más pena que gloria se agruparon en setiembre bajo el sello Berlin-Film GmbH. Con esto se daba el último paso hacia la centralización más absoluta...; bueno, no el último, pues faltaba la «traca final» que daría al Estado el control definitivo de la producción fílmica.

Como decíamos algo más arriba, lo que había empezado como una concentración de productoras bajo la tutela del Estado acabó en un franco monopolio, con la creación, el 10 de enero de 1942, del *trust* UFI (UFA-Film GmbH), en el que quedaban absorbidas todas las productoras existentes. Y el término *trust* no es gratuito, pues no estamos hablando de un *kartell*, en el cual diversas sociedades trabajan juntas pero sin perder su personalidad, sino de un conglomerado de empresas sometido a una total unificación administrativa, técnica y económica. Goebbels y Winkler querían denominar a este complejo productivo Interessengemeinschaft-Film, IG-Film, no sé si para armonizarlo con el gran *trust* industrial IG-Farben, pero de nuevo Hitler dio muestras de su probada sensibilidad e impuso que se mantuviera el nombre de la primera productora de Alemania. Winkler permaneció como auténtico administrador de UFI, si bien algunas de las funciones de Cautio fueron transferidas a la nueva empresa; Fritz Hippler, capitán de las SS que desde 1939 era el Reichsfilmintendant, se hizo cargo de las cuestiones artísticas e ideológicas.

Si alguien piensa que las actividades del ínclito Max Winkler acaban aquí, que se lo quite de la cabeza. Aparte de su habilidad como comprador de empresas, a esta lumbrera no se le escapaba nada que pudiera mejorar los beneficios de la industria: tuvo la idea, realmente pionera en el mundo, de abandonar el nitrato en beneficio del negativo de seguridad (aunque no lo pudo poner en práctica); controló con mano férrea los costes de producción, que dejó en 600.000 RM por película en la temporada 1939-1940 y consiguió que no pasaran del millón en los años siguientes, e hizo realidad el sueño de Goebbels: que el cine alemán fuera rentable para el Estado —en 1939 la taquilla de los films alemanes había duplicado los ingresos de 1936, y en 1942 los había cuadruplicado—,[9] aun a costa de que los radicales juzgaran las películas «poco nazis» (en vez del «hombre nuevo», en las pantallas del Reich sólo aparecían los Hans Albers y Heinz Rühmann que ya triunfaban en el *Systemzeit*). Y cuando en 1945 los aliados procedieron al desmantelamiento de UFI (no era cuestión dejar semejante mamut en activo en un momento en que las compañías americanas venían dispuestas a inundar las pantallas europeas), nadie mejor que el imprescindible *Doktor* Winkler, convenientemente desnazificado, para llevar a buen puerto la maniobra.

Exportación. En sentido estricto, Goebbels consiguió realmente aumentar las exportaciones, pero si nos detenemos a analizar los métodos empleados para ello, no podemos considerarlo un auténtico éxito. Me explico: si lo que Goebbels quería es que en el extranjero comprasen las películas alemanas por su indiscutible calidad y atractivo comercial, su fracaso fue mayúsculo; los factores negativos antes citados (predisposición ideológica, contra-boicot) no consiguieron nunca superarse. Pero cuando la «raza superior» no podía conseguir algo por las buenas recurría a tácticas más expeditivas, y con la eficaz ayuda de las *Panzerdivisionen* pronto se abrieron nuevos mercados: los espectadores de Checoslovaquia, Polonia, Holanda, Bélgica y Francia experimentaron un repentino interés por el cine alemán.

A los nuevos territorios hay que sumar aquellos países aliados o simpatizantes, que compraban las películas sin rechistar aunque raramente tuvieran un gran impacto en taquilla o cumplieran una función propagandística realmente útil para los gobiernos respectivos. El caso de España es bien demostrativo: Franco debía gran parte de su triunfo a la ayuda económica y militar del Reich, y el envío de la División Azul a Rusia contribuía a remachar el ligamen existente, pero el mensaje propagandístico de las películas nazis no era del todo conveniente para la España de aquellos años. De entrada, el bando vencedor de la guerra de España no era un bloque ideológicamente homogéneo como el NSDAP, y una gran mayoría de sus adeptos era la derecha tradicional cuyos valores son la religión, la familia y el principio de autoridad. Lo más fascista que había en el llamado Movimiento Nacional era la Falange, pero después del incidente de Hedilla estaba claro que lo de la «revolución nacional-sindicalista» quedaba pospuesto indefinidamente; además, si hay algo que los ideólogos más radicales de la Falange nunca contemplaron fue la ruptura con el catolicismo como esencia de lo

9. Cf. los datos que aporta Jürgen Spiker, *Film und Kapital. Der Weg der deutschen Filmwirtschaft zum nationalsozialistichen Einheitskonzern* (Berlín, Spiess, 1975), p. 197.

español, mientras que el Reich había desterrado cualquier religión que no fuera el culto al Führer.[10] El filopaganismo de los nazis no era bien visto por el potente aparato clerical del primer franquismo, y lo mismo pasaba con el tratamiento del sexo, pues aunque el cine alemán no era un alarde de libertinaje ni mucho menos, permitía unos márgenes de erotismo y picardía más amplios de lo que se toleraba en la muy pacata sociedad española: cuando en la actualidad queremos citar las películas que indignaban a los sectores más retrógrados de la sociedad nos acordamos de la americana *Gilda* o la italiana *Arroz amargo* y nos olvidamos de que un elevadísimo porcentaje de la producción alemana era estigmatizada por la censura eclesiástica con la nefanda calificación 4, «gravemente peligrosa». Y finalmente, en el conflicto mundial el gobierno español no era oficialmente beligerante,[11] por lo que no podía permitirse autorizar la exhibición de films que fueran explícitamente ofensivos para alguna de las partes implicadas.

No obstante, el público español recibió a partir de 1939 una importante andanada de films alemanes (algunos ya circulaban durante la guerra en los territorios controlados por el gobierno de Burgos) que alcanzó su cénit en 1941 y disminuyó drásticamente a medida que al Eje se le ponían mal las cosas; en 1945 desaparecieron de las carteleras para dejar amplia vía a las producciones de Hollywood. La mayoría de films exhibidos eran políticamente anodinos, tomados del amplio stock de «cine de evasión» que producía el Reich; cierto que de algunos productos especialmente propagandísticos —*Jud Süß*, *Ohm Krüger*, *Heimkehr*— se hicieron pases semiprivados, pero también es verdad que la embajada americana organizaba sus propias sesiones con títulos que no podían acceder a las pantallas comerciales.

10. Cuando las autoridades cinematográficas españolas intentaban vender sus películas al Reich, eran rechazadas por su bajo nivel técnico pero también por su componente clerical («crucifijos y cosas semejantes no queremos por aquí»). Josep Estivill, «Comercio cinematográfico y propaganda política entre la España franquista y el Tercer Reich», *Film-Historia*, vol. VII, n.º 2 (1997), pp. 113-130.

11. La postura de Franco durante la II Guerra Mundial fue siempre acomodaticia y ambigua. En 1945 intentó clarificarla ante los aliados diciendo que no se trataba de una guerra sino tres: una en Europa, en la que España era absolutamente neutral; otra en el Pacífico contra el Japón, en la que estaba del lado de los americanos, y una tercera en Rusia en la que se luchaba contra el comunismo. Como es lógico, la ingeniosa teoría fue vista por los vencedores como una tomadura de pelo y la España franquista puesta inmediatamente en cuarentena.

SEGUNDA PARTE

LOS FILMS

Presentamos a continuación una filmografía comentada del periodo 1933-1945, haciendo constar en primer lugar que no se trata de una recopilación exhaustiva, sino de una selección que pretende ser lo más ilustrativa posible. Los títulos escogidos sirven para dar una idea de lo que fue la producción cinematográfica alemana durante el nazismo, por lo que se alternan las obras de propaganda más directa con otras en las que el mensaje está mucho más camuflado y con las de simple entretenimiento (que en realidad eran el objetivo primordial de Goebbels). Para los datos técnicos y artísticos hemos utilizado como fuente básica el catálogo clásico de Alfred Bauer *Deutscher Spielfilm Almanach 1929-1950* (Munich: Winterberg, 1976), completado con documentación propia y los tomos publicados hasta el momento de *Deutsche Tonfilme 1929-1945* de Ulrich J. Klaus (Berlín / Berchstesgaden: Klaus-Archiv, 1988-1998). Los films se ordenan por año de producción, contando como tal el de la fecha en que se dio el visto bueno de censura y no el del comienzo de rodaje. En vez de la duración hemos preferido dar la longitud en metros de cada título, ya que éste es el único dato del que hay constancia en los registros oficiales y por ello nos ha parecido más fiable. Cuando después de la fecha de estreno no se menciona un nombre de ciudad se sobreentiende que el acontecimiento tuvo lugar en Berlín.

Liebelei (1933)

Producción Elite-Tonfilm (Berlín) / Alma-Sepic (París). *Dirección* Max Ophüls. *Guión* Hans Wilhelm, Curt Alexander, según la obra teatral de Arthur Schnitzler. *Fotografía* Franz Planer. *Música* Theo Mackeben. *Decorados* Gabriel Pellon. *Longitud* 2.412 m. *Estreno* 10 de marzo (Leipzig). *Intérpretes* Magda Schneider, Luise Ullrich, Wolfgang Liebeneiner, Willi Eichberger, Gustaf Gründgens, Paul Hörbiger, Olga Tschechowa, Paul Otto.

Viena, principios de siglo. Un teniente con fama de seductor (Liebeneiner) se enamora sinceramente de la bella e inocente Christine (Schneider) y piensa casarse con ella. Pero cuando el barón Eggersdorff (Gründgens) descubre que el oficial había sido durante algún tiempo el amante de su mujer, lo reta en duelo y lo mata; incapaz de resistir la separación, Christine se suicida tirándose por una ventana. Si citamos este film no es por su carácter representativo de lo que va a ser el cine del Tercer Reich sino más bien por lo que *no* va a ser, por lo que tiene de últimos coletazos de un cine basado en la exaltación del sentimiento individual y la denuncia de esos supuestos «valores» militares y civiles basados en un sentido del honor inhumano y cruel en el que no hay lugar para el amor ni para el perdón.

Cuando se estrenó en Alemania *Liebelei*, Ophüls ya había emigrado a Francia, cuya nacionalidad adoptaría al año siguiente al ver que en lo que había sido su patria los decretos raciales iban muy en serio; curiosamente, la película no fue prohibida por los nazis sino por la comisión aliada en 1945, supongo que por la inercia de censurar todo lo que fueran imágenes de militares —austrohúngaros o prusianos— sin reparar en que el mensaje iba en otra dirección. La versión francesa, que no se estrenó hasta febrero de 1934, tiene la peculiaridad de conservar de la original el título (con el añadido *Une histoire d'amour*) y gran parte de los actores, con la voz convenientemente doblada. En España se estrenó la versión alemana sin traducir tampoco el título. El protagonista Wolfgang Liebeneiner pasaría después a la realización y firmaría algunos títulos emblemáticos del nazismo como *Bismarck* o *Ich klage an*.

La pieza de Schnitzler (1895) había sido llevada al cine en 1927 (dirección de Jakob y Luise Fleck) y se volvió a filmar en 1958 como coproducción francoitaliana, bajo el título *Christine / Amoríos* (dirección de Pierre Gaspard-Huit y con Romy Schneider en el personaje que había interpretado su madre Magda).

El flecha Quex (Hitlerjunge Quex, 1933)

Producción UFA. *Dirección* Hans Steinhoff. *Guión* Karl Aloys Schenzinger y Bobby E. Luethge, según la novela de Karl Aloys Schenzinger. *Fotografía* Konstantin Irmen-Tschet. *Música* Variaciones sobre el himno de la *Hitlerjugend* de Hans-Otto Borgmann (letra de Baldur von Schirach). *Decorados* Benno von Arent, Artur Günther. *Longitud* 2.609 m. *Estreno* 19 de setiembre.

Intérpretes Jürgen Ohlsen [acreditado como «ein Hitlerjunge»], Heinrich George, Bertha Drews, Claus Clausen, Rotraut Richter, Hermann Speelmans, Hans Richter, Ernst Behmer, Hans Joachim Büttner, Franziska Kinz, Rudolf

Platte, Reinhold Bernt, Hans Deppe, Anna Müller-Lincke, Karl Meixner, Karl Hannemann, Ernst Rotmund, Hans Otto Stern, miembros de las Hitlerjugend.

El primer film de exaltación escuadrista (o, más propiamente, *bewegungsfilm*) es *El despertar de una nación* (*SA-Mann Brand*, dir. Franz Seitz), estrenado en junio de 1933, pero su calidad dejaba mucho que desear y no gustó a las autoridades. El que nos ocupa es muy superior en nivel artístico y significación política, de modo que ha quedado en la historia como una de las manifestaciones cinematográficas más definidas de la propaganda nazi. El argumento está tomado de una novela que era de lectura obligatoria en las escuelas y que a su vez se inspiraba en un personaje real, un muchacho de la Hitlerjugend que fue asesinado por los comunistas a primeros de 1932. Esto no quiere decir que novela y película tengan pretensiones biográficas: el histórico Herbert Norkus se convierte en un simbólico Heini Völker (interpretado de forma anónima por un auténtico miembro de las Juventudes, Jürgen Ohlsen), y sus circunstancias familiares, enfrentado a un padre parado e izquierdista (Heinrich George, que hasta entonces solía aparecer en films más bien progresistas) que trata despóticamente a la madre (Drews), han sido reestructuradas para dar más fuerza al mensaje. No obstante, en la intriga coexisten dos ambientes que parecen tomados de dos películas distintas: el de los obreros y comunistas se mantiene en el mismo estilo de films del *Systemzeit* como *Hampa* (*Berlin Alexanderplatz*, 1931, dir. Piel Jutzi) o *Kuhle Wampe* (1932), mientras que los intentos renovadores hay que buscarlos en el ambiente de los nazis. Lo curioso es que si el primero tiene vida y verosimilitud, el otro es como el escaparate de una sastrería: los «rojos» serán unos desharrapados y unos alborotadores, pero se mueven con una soltura que no tienen los envarados «chicos Hitler». Si algo refleja esta ambigüedad —latente o deliberada— es la comparación entre dos personajes femeninos: la comunista Gerda (Rotraut Richter) es mucho más atractiva que la pánfila *hitlermädchen* Ulla y su condición negativa viene impuesta simplemente por pertenecer al bando equivocado; un detalle que puede tener una segunda lectura es que para los comunistas se utilizan actores profesionales, mientras que los nazis están encarnados por anónimos miembros de las Juventudes. Y en cuanto a programa político, si los comunistas sólo piensan en alborotar y zurrar a los nazis, éstos tampoco ofrecen gran cosa, como no sea reunirse en corrito cada dos por tres para cantar el *Unsere fahne...* en una especie de mensaje promocional del jefe de las Juventudes Baldur von Schirach, que por algo era el *sponsor* del proyecto y el compañero sentimental del chico protagonista.

El principal problema de *Quex* es el de muchos films de propaganda —nazi o la que sea—: que sólo convence a los ya convencidos, pues no hay ningún mensaje que pueda atraer a los que no se sientan previamente atraídos. La «aplastante lógica alemana» que despliega —en una de las escenas más citadas del film—[1] el *Bannführer* de las SA (Clausen) para convertir al internacionalista Herr Völker en un ferviente patriota es de un risible infantilismo, sobre todo porque ya hemos visto que el hombre es un completo zoquete. En el apartado técnico hay que reconocer que está francamente bien hecha, aunque sigue sin salirse de la dicotomía de ambientes: las escenas «nazis» tienen valor por su contribución a la iconografía del sistema, pero la auténtica tensión cinematográfica está en las escenas «obreras», con momentos logradísimos como el suicidio de la madre o el final con la persecución de Heini, que es digno de un film americano por el montaje y los efectos dramáticos (el autómata que delata la presencia del héroe). De todos modos, volvemos a insistir, estas dos escenas remiten a productos del periodo anterior, concretamente *Mutter Krausens Fahrt ins Glück* (1929, dir. Piel Jutzi) y *M, un asesino entre nosotros* (*M, Ein Mörder unter Uns*, 1931, dir. Fritz Lang), lo que convierte a *Quex* en una obra clave en la historia del cine alemán, en la que la metamorfosis política del país tiene una clara transcripción a la estética fílmica.

Fugitivos (Flüchtlinge, 1933)

Producción UFA. *Dirección* Gustav Ucicky. *Guión* Gerhard Menzel. *Fotografía* Fritz Arno Wagner. *Música* Herbert Windt; canción de Ernst Erich Buder y Franz Baumann. *Decorados* Robert Herlth, Walter Röhrig. *Longitud* 2.408 m. *Estreno* 8 de diciembre.
Intérpretes Hans Albers, Käthe von Nagy, Eugen Klöpfer, Ida Wüst, Veit Harlan, Andrews Engelmann, Maria Koppenhöfer, Friedrich Gnass, Walter Hermann, Karl Rainer, Franziska Kinz, Hans Adalbert Schlettow, Karl Meixner, Fritz Genschow, Hans Hermann Schaufuss, Josef Dahmen, Rudolf Biebrach, Karsta Löck, Arthur Kühn, Karl Morvilius, Ossy Kratz-Corell, Rainer Litten, Toni Tetzlaff.

Manchuria, 1928. Arneth, un ex combatiente alemán de la Gran Guerra (Albers), que ha emigrado de su país para servir como soldado de fortuna en China se convierte en el caudillo providencial que ayudará a un grupo de compatriotas que huyen de la Rusia comunista. Después

1. El diálogo aparece íntegramente reproducido en Erwin Leiser, *Deutschland, erwache!* (Reinbeck, Hamburgo: Rowohlt, 1968), pp. 38-40.

de *Crepúsculo rojo*, nueva aportación de la pareja Menzel-Ucicky a sentar las bases de lo que ha de ser el cine nazi, pues *Fugitivos* es una habilidosa plasmación de los conceptos cinematográficos de Goebbels.

De entrada se asegura la comercialidad con una trama de aventuras en país exótico, con buenas dosis de acción y espectáculo (las escenas del «terror rojo», la reconstrucción en estudio de la ciudad fronteriza, la huida en tren), que permite la coproducción con Francia y su difusión en el extranjero, pero tras esta fachada se esconden (no demasiado, todo hay que decirlo), dos temas fundamentales del cine nazi que irán saliendo periódicamente en toda la producción de esos años: las tribulaciones de alemanes en tierra extraña y el *führerprinzip*, es decir, la exaltación del hombre predestinado a salvar el país. Desde una perspectiva no alemana puede resultar un tanto forzada la presencia de esos alemanes en la frontera chino-rusa y todavía más la aparición del bravo Arneth, pero este tipo de coincidencias eran moneda corriente en el cine de Hollywood y a nadie le extrañaban; lo que importa para la eficacia del mensaje es especificar que Arneth ha abandonado Alemania porque no puede soportar la postración moral en que se halla sumida por culpa del gobierno republicano: lo que realmente desea el héroe es morir por algo, y no vivir apoltronado en un sistema ajeno al auténtico espíritu alemán de lucha y sacrificio.

No sorprende que la crítica y el gobierno recibieran el film con entusiasmo: en la primera historia del cine alemán publicada bajo el nazismo,[2] el autor afirmaba que *Fugitivos* significa «la aparición del nuevo cine (...) pues exalta el noble ideal del esfuerzo personal y la necesidad de un mando único a cargo de un hombre fuerte (...) Estos alemanes del Volga habrían sido exterminados si el Destino no les hubiera enviado un führer, ese valiente que ha vuelto la espalda a la Alemania enervada de noviembre, toda lloriqueos, reverencias y peticiones inanes...». En la versión francesa, *Au bout du monde*, aparte de la heroína Käthe von Nagy (presentada como Kate de Nagy), el resto del reparto era distinto —el protagonista pasaba a llamarse Arnaud y lo hacía Pierre Blanchar, actor de físico bien diferente a Hans Albers— y la dirección venía acreditada por Albert Chomette, con Raoul Ploquin de supervisor; al utilizar los personajes nombres franceses el mensaje quedaba ligeramente «desnazificado».

2. Oskar Kalbus, *Vom Werden deutschen Filmkunst* (Altona-Bahrenfeld: Cigareten-Bilderdienst, 1935), vol. II: *Der Tonfilm*, pp. 104-105.

Hans Westmar (1933)

Producción Volksdeutsche Film. *Dirección* Franz Wenzler. *Guión* Hanns Heinz Ewers, según su libro *Horst Wessel*. *Fotografía* Franz Weihmayr. *Música* Giuseppe Becce. *Decorados* Hans Sohnle, Otto Erdmann. *Longitud* 2.642 m. *Estreno* 13 de diciembre.
Intérpretes Paul Wegener, Emil Lohkamp, Carla Bertheel, Grete Reinwald, Arthur Schröder, Carl Auen, Gertrud de Lasky, Irmgard Willers, Heinz Salfner, Heinrich Heilinger, Robert Thiem, Wilhelm Diegelmann, Otti Dietze, Hanns Heinz Ewers, Carl Auen, Richard Fiedler, Hugo Gau-Hamm, miembros de las SA de Berlín.

El tercer film de evocación escuadrista fue también el último, y lo fue por no cuadrar en las coordenadas propagandísticas que Goebbels deseaba. La idea original era homenajear a una gran figura sacrificada por el Movimiento, el *Sturmführer* de las SA Horst Wessel, autor del himno más representativo del Nacionalsocialismo. Para llevarlo al cine se tuvo que rehacer su biografía, ya que el mártir tenía una faceta de delincuente (proxeneta, para ser exactos) que resultaba poco presentable en pantalla, y su muerte en 1930 fue debida a un altercado de significación estrictamente personal: en el film, cuyo guión se basaba en una novela hagiográfica de Hanns Heinz Ewers —que por cierto hace una breve aparición como un veterano de las SA— se le convirtió en el apóstol que predica la buena nueva en una Alemania a la que una banda de *untermenschen* intenta convertir en una sucursal de la URSS. De todos modos, la primera versión del film, titulado todavía *Horst Wessel*, fue prohibida de forma fulminante después de un preestreno el 3 de octubre y sometida a una considerable revisión; ignoro si los cambios fueron sólo de montaje y resincronización o se rodaron nuevas escenas, pero lo que sí es cierto es que el estreno comercial se retrasó dos meses sobre lo previsto, con el título ya convertido en *Hans Westmar*, «un SA como tantos otros».

En la versión definitiva, el protagonista (Lohkamp) es martillo de judíos, pacifistas y comunistas y acaba arteramente asesinado por estos últimos. De todos modos, el guión tiene especial cuidado en distinguir entre los sicarios de Moscú, la mayoría judíos cobardes y apátridas, y los obreros idealistas que luchan por mejorar sus condiciones de vida: uno de ellos, encarnado por el gran actor del mudo Paul Wegener con una caracterización que recuerda poderosamente a Lenin, acabará convertido a la buena causa al mismo tiempo que sus compañeros abren su cerrado puño para formar el saludo nazi en honor del mártir y en la banda sonora la *Internacional* es reemplazada por el *Horst Wessel-Lied*. A pesar de su irreprochable ideología y alusiones algo pelotilleras a Hitler y Goebbels (o quizá por eso), al Ministro de Propaganda le pareció un producto de dudosa utilidad política y decidió que este tipo de films debían desaparecer en beneficio de otros más sutiles: «Los SA deben estar en las calles, no en los cines.» Después de la «noche de los cuchillos largos» (julio del 34), muchos de ellos no estarían ni en el mundo de los vivos.

Viktor und Viktoria (1933)

Producción UFA. *Dirección y guión* Reinhold Schünzel. *Fotografía* Konstantin Irmen-Tschet. *Música* Franz Doelle. *Decorados* Benno von Arent, Artur Günther. *Longitud* 2.772 m. *Estreno* 23 de diciembre.
Intérpretes Renate Müller, Hermann Thimig, Adolf Wohlbrück, Hilde Hildebrandt, Friedel Pisetta, Fritz Odemar, Aribert Wäscher, Ilse Granholtz, Anneliese Marian Hube, Cläre Sauerwald, Trude Lehman, Karl Harlbacher, Raffles Bill, Herbert Paulmüller, Jakob Sinn, Ewald Wenck, Gertrud Wolle, Hans Brausewetter, Franz Sutton.

Victor Hempel, actor sin el menor relieve que sobrevive actuando en travesti en cabarets de ínfima categoría (Thimig), se encuentra con que una noche no puede cumplir con sus compromisos por una inoportuna ronquera y envía en su lugar a Suzanne, una actriz-cantante que acaba de conocer en una agencia teatral (Müller). La chica, presentada como «Mister Victoria», cosecha un gran triunfo y atrae la atención de un empresario, que le ofrece un contrato millonario. De éxito en éxito, Victor y «Victoria» llegan a Londres, donde Suzanne —que ya está harta de su papel de hombre-que-hace-de-mujer— se enamora de un dandy británico (Wohlbrück) y abandona la escena. Amenazado por el incumplimiento de contrato, Victor se ve obligado a hacer de «Mister Victoria», con una acogida todavía más entusiasta que Suzanne.

A diferencia de Blake Edwards en su remake de 1982, Schünzel no carga las tintas en los aspectos más picantes de la intriga: el personaje de Victor, por ejemplo, aparece como un tontaina ridículo pero no como un homosexual. Puede que esto obedeciera a las nuevas directrices políticas, ya que una de las primeras actuaciones legislativas de los nazis, el 23 de febrero del 33, fue prohibir todos los grupos de reivindicación *gay* (algo que no deja de tener su miga si pensamos que las SA y la Hitlerjugend estaban llenas de homosexuales, empezando por sus jefes Röhm y Schirach), pero quizá es divagar un poco, ya que ningún organismo censor de aquella época toleraba referencias explícitas a lo que hoy llamamos «sexualidades alternativas». Pese a todo, *Viktor und Viktoria* es una comedia de estética todavía muy «weimariana», poco o nada influida por el «estilo Goebbels», y ejemplo de un cine que pronto desaparecerá.

Aunque no es una obra del todo conseguida —a mi juicio el humor es algo pesadote y el ritmo no tiene siempre la debida fluidez—, tiene algunos momentos conseguidos: el larguísimo travelling en la primera escena, la forma como los actores recitan cantando los diálogos (suprimiendo así la artificialidad de las canciones intercaladas) y, sobre todo, la espléndida interpretación de los dos protagonistas. La deliciosa Renate Müller, por cierto, murió en octubre de 1937 en circunstancias que nunca han quedado del todo aclaradas, cuando estaba ingresada en una clínica para recuperarse de una banal fractura de rótula. Se habló de accidente, suicidio e incluso de sobredosis, pero el psiquiatra Vallejo-Nágera recoge una versión más retorcida en su libro *Locos egregios*: al parecer, la Müller había explicado a un amigo una experiencia sexual con el mismísimo Hitler en la cual el primer varón de Alemania quedaba un tanto desairado, y cuando la anécdota empezó a circular la Gestapo decidió «cortar por lo sano»...[3]

En España se estrenó la versión francesa, *Georges et Georgette*, con el título *Ella... es él*. Los protagonistas eran Meg Lemmonier, Carette y el mismo Wohlbrück, al que es evidente que se le daban los idiomas, pues no tardaría mucho en iniciar una buena carrera en el cine de habla inglesa con el nombre cambiado a Anton Walbrook. El director adjunto fue Roger LeBon.

¡Oro! (Gold — 1934)

Producción UFA. *Dirección* Karl Hartl. *Guión* Rolf E. Vanloo. *Fotografía* Günther Rittau, Otto Baecker, Werner Bohne. *Música* Hans-Otto Borgmann. *Decorados* Otto Hunte. *Longitud* 3.297 m. *Estreno* 29 de marzo.
Intérpretes Hans Albers, Brigitte Helm, Lien Deyers, Michael Bohnen, Friedrich Kayssler, Ernst Karchow, Eberhard Leithoff, Walter Steinbeck, Rudolf Platte, Heinz Wemper, Hans-Joachim Büttner, Heinz Salfner, Erich Haussmann, Ernst Behmer, Fita Benkhoff, Rudolf Biebrach, Friedrich Ettel, Fran Günther, Willi Kaiser-Heyl, Rainer Litten, Curt Lucas, Philip Manning, Elsa Wagner.

El profesor Achenbach trabaja en una máquina para convertir el plomo en oro, pero antes de que su tarea se vea consagrada con el éxito

3. Juan Antonio Vallejo-Nágera, *Locos egregios* (Barcelona, Argos Vergara, 1981), p. 271. La escena entre Hitler y Renate Müller está tomada del libro *The Mind of Adolf Hitler* de Walter C. Langer (1973).

un sabotaje destruye las instalaciones y causa la muerte del sabio. Su ayudante, Holk (Albers), es contratado por un plutócrata británico, Wills (Bohnen) para seguir con la investigación; como Holk sospecha, fundadamente, que el tal Wills es el auténtico causante de la muerte de su maestro, decide seguirle el juego para vengarse. Una vez ha conseguido la producción de oro artificial, Holk hace saltar por los aires el laboratorio de Wills... con el millonario dentro.

En 1932 el austríaco Karl Hartl rodó en los estudios de la UFA *F.P.1 antwortet nicht* (en España, versión francesa, *I.F. 1 ne repond plus / I.F.1 no contesta*), una historia fantacientífica (tomada de una novela de Curt Siodmak) sobre los intentos de sabotear una plataforma aérea construida en pleno Atlántico para agilizar los vuelos intercontinentales. Producida por Erich Pommer en tres versiones, alemana, francesa e inglesa, la película fue un buen éxito de taquilla en los tres países, aunque hoy en día el ritmo resulta algo espeso y con exceso de diálogos, por lo menos en la versión alemana que yo conozco. *¡Oro!* es una especie de secuela de *F.P.1* que no acaba de resolver del todo los fallos del modelo, ya que sigue habiendo un abuso de escenas dialogadas, la intriga no está demasiado bien contada y la música —sin las marchosas canciones de *F.P.1*— va un poco por su lado, pero es una buena muestra del cine de ciencia ficción que se hacía entonces y la única producida durante el Tercer Reich: la escena final, perfectamente iluminada y montada, tiene un gran nivel, y el impresionante decorado del laboratorio hizo que en la posguerra los aliados tuvieran un tiempo secuestrado el film para dilucidar si los nazis habían realmente llegado a utilizar la energía atómica (mientras tanto, un avispado productor aprovechó las secuencias espectaculares para dar lustre a un producto de serie B, *The Magnetic Monster*, 1953, dir. Curt Siodmak). Algunos historiadores ven un reflejo propagandístico en el hecho de que ese buen sabio que quiere convertir el plomo en oro sólo por la ciencia sea alemán, mientras que el capitalista voraz dispuesto a todo por enriquecerse sea británico, pero si se ve la versión francesa (*L'Or*, codirección de Serge de Poligny) resulta que los «buenos» tienen nombres tan indiscutiblemente galos como Lefèvre y Berthier. En realidad la película no tiene un mensaje político directo y se engloba en los esfuerzos de Goebbels por no perder el mercado internacional.

Política aparte, el detalle más llamativo es la fugaz aparición de Brigitte Helm, tan breve que cualquiera creería que se largó a mitad del rodaje o que se cortaron un montón de escenas, pues entra en acción a más de media hora de proyección y desaparece bruscamente cuando todavía falta otra media para acabar.[4]

4. La que fuera mítica Antinea en el film de Pabst se retiró al año siguiente de toda actividad cinematográfica (murió, nonagenaria, a primeros de 1997).

El hijo perdido (Der verlorene Sohn — 1934)

Producción Deutsche Universal-Film. *Dirección* Luis Trenker. *Guión* Luis Trenker, Arnold Ulitz, Reinhart Steinbicker, según la novela de Luis Trenker. *Fotografía* Albert Benitz, Reimar Kuntze. *Música* Giuseppe Becce. *Decorados* Fritz Maurischat. *Longitud* 2.800 m. *Estreno* 6 de setiembre (Stuttgart). *Intérpretes* Luis Trenker, Maria Andergast, Bertl Schultes, Marian Marsh, Jimmy Fox, Paul Henckels, Eduard Köck, Franz W. Schröder-Schrom, Melanie Horeschowsky, Lore Schützendorf, Emmerich Albert, Hans Jamnik, Luis Gerold, Lucie Euler, Browin Walth, Hans Kettler, Theo Lingen.

Un ingenuo tirolés, leñador y guía de montaña (Trenker), decide emigrar a los Estados Unidos seducido por el señuelo de riqueza y progreso que supone el nuevo continente. Al no encontrar en su casa a unos amigos que le habían prometido ayuda, el hombre se encuentra sin medios de subsistencia y acaba en la mendicidad más absoluta. Cuando al final los amigos lo localizan y puede salir de su triste situación se da cuenta de que nunca debió abandonar su país y regresa justo a tiempo para participar en las fiestas del solsticio de invierno (*Rauhnacht*) y reconciliarse con su novia, que lo ha estado esperando.

El robusto Luis Trenker, que se había dado a conocer en películas de montañismo (*Bergfilme*) a finales del mudo, estaba empezando a labrarse una carrera como realizador de la que *El hijo perdido* constituye su primer crédito como único autor (para ser exactos director, guionista y actor) y manifiesta ya los méritos y defectos que caracterizarán su obra posterior. Destaca en primer lugar la incompetencia del guión, tan esquemático y simple que hace increíble casi toda la trama: las razones por las que el héroe se va a América no quedan suficientemente explicadas (no lo justifica ni el interés por la chica americana ni el accidente de montaña en que muere un amigo), la forma de presentarse en Nueva York es absurda por no decir idiota (¿tan difícil era avisar a sus ricos amigos de su llegada?), y esta incoherencia se arrastra en las escenas de degradación que siguen. En contrapartida, Trenker demuestra una gran inventiva visual, indudablemente heredada del mudo, con un gusto por los encuadres de impacto y un montaje agilísimo que no era frecuente en los films de la época, por lo general tendentes a la teatralidad: las escenas de la tala y del festival nocturno son las más conseguidas en cuanto a dinamismo audiovisual. Pero lo que realmente impresiona en la actualidad es el naturalismo de sus imágenes, que prescinden de todo lo que sea reconstrucción de estudio: las escenas de Nueva York parecen haberse rodado con cámara oculta, ya que ningún personaje tiene aspecto de extra profesional (los que se ven en el albergue del Ejército de Salvación podrían ser mendigos auténticos, y probablemente lo eran);

sólo por esto ya merece *El hijo perdido* un puesto de honor en la historia del cine.

Por supuesto, esta desmitificación del «sueño americano» puede verse como propaganda, si no nazi, por lo menos patriotera: todo el entorno alpino con su alegría, sus canciones, sus pintorescas festividades medio paganas-medio cristianas, sus montañeros noblotes y mozas bellas y pudorosas, es el Paraíso, mientras que Nueva York es decididamente el Infierno, con su miseria, su sistema laboral explotador, la mezcla de razas y la obsesiva presencia policial. Todo esto no es específicamente nazi pero se inscribe en una filosofía de «alabanza de aldea y menosprecio de corte» totalmente deudora del pensamiento reaccionario alemán (el espíritu *Blut und Boden*). En 1945 los aliados prohibieron la película como antiamericana (pese a estar producida por una filial alemana de la Universal, nunca se exhibió en Estados Unidos), pero como Trenker era todo un personaje en Alemania no tardó en volverse a explotar; la copia que yo conozco es la que circula actualmente en televisión, aparentemente más corta que la estrenada en 1934, pero no puedo valorar si hay cambios de tipo ideológico.[5]

El rey soldado (Der alte und der junge König — 1935)

Producción Deka-Film. *Dirección* Hans Steinhoff (asesor artístico: Erich Kröhnke). *Guión* Thea von Harbou, Rolf Lauckner, M. R. Möbius. *Fotografía* Karl Puth. *Música* Wolfgang Zeller. *Decorados* Fritz Maurischat, Karl Weber. *Longitud* 3.343 m. *Estreno* 29 de enero (Stuttgart).

Intérpretes Emil Jannings, Werner Hinz, Carola Höhn, Leopoldine Konstantin, Marieluise Claudius, Claus Clausen, Friedrich Kayssler, Georg Alexander, Theodor Loos, Heinrich Marlow, Walter Janssen, Fritz Odemar, Rudolf Klein-Rogge, Paul Henckels, Leopold von Ledebur, Friedrich Ulmer, Harry Hardt, Luise Moorland, Emilia Unda, Ruth Eweler, Eugen Rex, Ellen Frank, Hans Leibelt, Walter Steinbeck, Hadrian M. Netto, Egon Brosig, Fritz Kösling, Lucie Höflich, Ernst Karchow, Hermann Picha, Werner Pledath, Ernst G. Schiffner, Werner Schott, Walter Süssenguth, Paul Wagner, Walter Werner, Hugo Werner-Kahle.

La vida del rey prusiano Federico el Grande aparece en la cinematografía alemana con una cronología propia de las entregas de *La gue-*

5. Eric Rentschler, uno de los investigadores más rigurosos del cine nazi, afirma que la frase en que el protagonista dice que viene de Baviera es una manipulación, pues en el guión original el personaje vive en el Bajo Tirol. *The Ministry of Illusion* (Cambridge, Mass., Harvard University Press, 1996), p. 85.

rra de las Galaxias: si el cine mudo nos había aportado una monumental *biopic* en cuatro partes, *Fridericus Rex* (1922/1923, dir. Arsen von Cserepy), y en los primeros años del sonoro ya se nos había ilustrado sobre algunos de sus *exploits* político-militares, *El rey soldado* es algo así como el «Episodio I» en que se nos presenta al monarca en sus años de príncipe heredero (Hinz), cuando su afición a tocar la flauta y leer literatura francesa inquietaba seriamente a su padre, el rey Federico Guillermo I, apodado «el rey sargento» por sus modales cuarteleros (Jannings). Después de ver cómo el monarca le quema los libros, le parte la flauta por la mitad y lo humilla ante las tropas, el joven decide fugarse con su amigo íntimo, el teniente Katte (Clausen), pero cuando el viejo rey se entera lo mete en el calabozo y manda ejecutar al amigo. A regañadientes, Federico decide pedir perdón a su padre y, unos años más tarde, en el lecho de muerte de éste, admite que tenía toda la razón; Federico Guillermo I muere con la satisfacción de dejar la Prusia en manos de un gran rey.

Delirante exaltación del principio de autoridad, en la que la totalidad de la intriga (elaborada en parte por la ex Sra. Lang, Thea von Harbou) no tiene otra función que consagrar la obediencia ciega como el *primum movens* de todo buen alemán. Es curioso destacar que, a diferencia de otros films históricos de la época, las circunstancias y personajes se ajustan bastante a lo que viene en los libros. El «rey sargento» era ciertamente un animal de bellota prototipo de esos hunos bestiales que salían en algunas películas americanas de propaganda bélica, ajeno a cualquier inquietud cultural que no estuviera directamente relacionada con el engrandecimiento de sus dominios: hay un momento del film en que, ajeno a cualquier ironía, se refiere con desprecio a los historiadores de la Roma antigua, acusándoles de «no tener ni idea de lo que es Prusia». Por otra parte, también es cierto que las aficiones y amistades de su hijo le debían de parecer un tanto sospechosas: el interés de Federico el Grande por la literatura francesa era inversamente proporcional al que sentía por las mujeres, pero por supuesto ni Steinhoff ni la Harbou se permiten ninguna broma al respecto y dan por hecho que las duras tácticas paternas convertirán a Federico en un hombre de verdad. Cuanto más injusta parece la conducta del rey, más insiste el guión en la necesidad de obedecer; el padre de Katte no rechista ante la muerte de su hijo y hasta el mismo Katte acepta su destino como un imperativo patriótico: el jefe siempre tiene razón, sea un rey prusiano del setecientos o un Führer del siglo XX (no hacía mucho que Hitler había ordenado la eliminación de los SA que le levantaban la voz).

Con este film, Hans Steinhoff ofrece el segundo título clave de la filmografía nazi, tanto por la claridad del mensaje como por la solidez de la puesta en escena, que a diferencia de *El flecha Quex* tiende a un cierto amaneramiento teatral, con situaciones forzadas e interpretaciones bastante pasadas de rosca que a ratos parecen un homenaje a los films expresionistas de diez años antes.

El triunfo de la voluntad (Triumph des Willens — 1935)

Producción Leni Riefenstahl / NSDAP. *Dirección* Leni Riefenstahl. *Fotografía* Sepp Allgeier (director); Karl Attenberger, Werner Bohne, Walter Frentz, Hans Gottschalk, Werner Hundhausen, Herbert Kebelmann, Albert Kebelmann, Albert Kling, Franz Koch, Herbert Kutschback, Paul Lieberenz, Richard Nickel, Walter Riml, Arthur von Schwertführer, Karl Vass, Franz Weihmayr, Siegfried Weinmann, Karl Wellert. *Música* Herbert Windt. *Decorados* Albert Speer. *Longitud* 3.109 m. *Estreno* 28 de marzo.

En mayo de 1933 Goebbels ofreció a Leni Riefenstahl, entonces más conocida como actriz que como directora (su único trabajo tras la cámara era *La luz azul*, 1932), la oportunidad de hacer un film consagrado al Führer. Unos días más tarde la Riefenstahl tuvo una conversación con el propio Hitler en la cual surgió la idea de un documental que registrara las actividades del congreso anual del NSDAP que tendría lugar en Nuremberg del 30 de agosto al 3 de setiembre. El film resultante, titulado *Der Sieg des Glaubens*, o sea, «la victoria de la fe» (lema del congreso), se estrenó en función de gran gala el primero de diciembre en el UFA-Palast am Zoo. Pero éste no es el film famoso sobre el congreso del partido; el más espectacular y conocido es el que se realizó al año siguiente, también por Leni Riefenstahl, y que se estrenó con un título tomado igualmente del lema oficial, *El triunfo de la voluntad*.

Teniendo en cuenta que no se volvió a realizar un documental de largo metraje sobre las siguientes reuniones anuales, ¿qué sentido tuvo repetir la filmación del congreso en 1934? La respuesta es: *Der Sieg des Glaubens* había sido retirado de circulación por orden superior. ¿Por qué? Durante muchos años ese film se dio por perdido, por lo que era difícil encontrar una explicación razonable: mala calidad, deterioro de las copias, necesidad de «actualización»... Todas estas elucubraciones se vinieron abajo al salir a la luz el ignoto documental y comprobar que se trataba de un auténtico homenaje a las SA y, muy especialmente, a su jefe Ernst Röhm, que comparte casi todos los fotogramas con el «auténtico» jefe, Adolf Hitler. En la noche del 30 de junio de 1934 Röhm fue asesinado por orden directa del Führer junto con muchos de sus colaboradores: está claro que un documento como

Sieg des Glaubens era de una total inconveniencia política, y de ahí la necesidad de hacerlo desaparecer y sustituirlo con otro film que borrara totalmente el recuerdo del «censurado» Röhm.[6] Realmente, *El triunfo de la voluntad* consiguió estos objetivos y resultó ser la primera obra maestra de un género escasamente desarrollado, el documental de propaganda. A continuación ofrecemos un esquemático listado de las secuencias.

Unos lacónicos (y lapidarios) letreros nos ponen en situación: «5 de setiembre de 1934 / Veinte años después del comienzo de la Gran Guerra / dieciséis años después del martirio de nuestra patria / diecinueve meses después del renacimiento alemán / Adolf Hitler vuela hacia Nuremberg para pasar revista a sus fieles». El Führer llega, pues, del cielo como si fuera una reencarnación de Odín o Tor y recibe el saludo entusiasta de toda la población de Nuremberg: lo que buscan estas primeras secuencias es certificar el apoyo popular al nuevo régimen. Hitler se asoma al balcón del Hotel Deutscher Hof: las masas gritan «Sieg! Heil!» cada vez más fuerte. A la mañana siguiente: los ciudadanos de Nuremberg y los seguidores acampados en las afueras se preparan para la gran jornada (fondo musical tomado de *Los Maestros Cantores*). Ceremonia de apertura en la Luitpoldhalle: escenografía de esvásticas, águilas y banderas; breves discursos de Rudolf Hess, Alfred Rosenberg, Julius Streicher, Fritz Todt... Sigue la concentración al aire libre (en el Zeppelinwiese) del Frente del Trabajo, una masa de 52.000 hombres que rinden homenaje al Führer. Otro día: concentración de la Hitlerjugend por la mañana, a la que sigue un breve montaje, de poco más de un minuto, con maniobras militares y exhibición de nuevos armamentos (la fugacidad de esta escena disgustó al Ejército, pero se tuvo que callar) y, por la noche, gran festival de masas (200.000 personas en escena) con participación de todos los jefes políticos y un largo discurso de Hitler: la iluminación con antorchas[7] resulta en verdad impresionante, por lo que no extraña que planos de esta escena hayan sido reutilizados *ad nauseam* en documentales posteriores sobre el nazismo. Una nueva jornada: homenaje a los caídos en el Luitpoldhain (fondo musical: la conocida canción castrense *Yo tenía un camarada*);

6. Un documentadísimo estudio sobre el film de 1933 es el artículo de Martin Loiperdinger y David Culbert «Leni Riefenstahl, the SA, and the Nazi Party Rally Films, Nuremberg 1933-1934: "Sieg des Glaubens" and "Triumph des Willens"». *Historical Journal of Film, Radio and Television*, vol .8, no. 1, 1988.

7. En algunas fotos del Congreso se ven las famosas «columnas de luz» (o «catedral de luz») de Speer, efecto que sería perfeccionado en las Olimpiadas y en posteriores reuniones del Partido, pero en la copia que yo conozco no aparecen. Una descripción plano por plano del film puede consultarse en David Calvert Smith (ed.) *Triumph of the Will* (Richardson, Texas, Celluloid Chronicles Press, 1990).

concentración de las SA (97.000 hombres) las SS (11.000), con un discurso servil del sustituto de Röhm, el insignificante Viktor Lutze, y una parrafada del Führer en la que se alude, de forma algo oblicua pero bastante clara, a la «noche de los cuchillos largos»; desfile de las organizaciones de masas del Reich por las calles de Nuremberg ante el entusiasmo incontenible de la población, una abrumadora e inacabable manifestación del poderío nazi en la que participan soldados, marinos, aviadores, SA, SS, el Frente del Trabajo... Y finalmente, la ceremonia de clausura en la Luitpoldhalle, con un nuevo discurso del Führer al que Hess responde, perdiendo el oremus en plena catarsis: «¡El Partido es Hitler! ¡Hitler es Alemania como Alemania es Hitler! ¡Hitler! Sieg, Heil! Sieg, Heil! Sieg, Heil!» Una gran esvástica ocupa la pantalla y en la banda sonora se oye el *Horst Wessel-Lied*. Fundido en negro, sin que llegue a aparecer la palabra «fin».

Gracias al apoyo incondicional de Hitler, Leni Riefenstahl pudo dirigir el documental con la autoridad propia de un general de la Wehrmacht (y digo Hitler porque Goebbels parece que le tenía cierta manía, aunque desde luego no tanta como ella alardea en sus memorias): cámaras último modelo situadas en los lugares más rebuscados para conseguir el mejor encuadre, poder para influir en los movimientos de masas e incluso para reconstruir *a posteriori* planos que no habían quedado a su gusto, los mejores técnicos en sonido e imagen y, por supuesto, su talento indiscutible en la moviola, ensamblando todo el ingente material rodado.

Han pasado más de sesenta años y *El triunfo de la voluntad* sigue impresionando en cada proyección. Pero como medio de propaganda resulta un tanto desconcertante: la sensación que genera puede llamarse miedo, intimidación, agresividad, pero en ningún momento consigue (ni busca, para ser exactos) la simpatía o la complicidad del espectador, algo que hoy en día parece imprescindible para cualquier mensaje publicitario, sea de un detergente o de una idea política. No pretende hacer atractivos unos conceptos, sino imponerlos sin alternativas: «si estás de nuestra parte, a obedecer; si estás en contra, prepárate para lo peor» sería la forma más gráfica de resumir el mensaje explícito de tan rotundas imágenes. Y resulta increíble que en su momento nadie entendiera esta advertencia y las potencias occidentales siguieran dejando a Hitler actuar a sus anchas durante cuatro años.[8]

8. En la Exposición Internacional de 1937 de París (donde el pabellón alemán no se hallaba muy lejos del de la República española) se concedió una medalla de oro al film por sus valores artísticos y contribución al desarrollo del cine documental.

Santa Juana de Arco (Das Mädchen Johanna — 1935)

Producción UFA. *Dirección* Gustav Ucicky. *Guión* Gerhard Menzel. *Fotografía* Günther Krampf. *Música* Peter Kreuder. *Decorados* Robert Herlth, Walter Röhrig. *Longitud* 2.377 m. *Estreno* 26 de abril.

Intérpretes Gustaf Gründgens, Heinrich George, Angela Salloker, René Deltgen, Erich Ponto, Willy Birgel, Theodor Loos, Aribert Wäscher, Franz Nicklisch, Veit Harlan, Paul Bildt, Bernhard Minetti, S. O. Schöning, Friedrich Ulmen, Fritz Genschow, Paul Wagner, Albert Florath, Maria Koppenhöfer, Vera Liessem, Elsa Wagner, Karl Dannemann, Jacques Diehl, Erich Dunskus, Josef Sieber, Wolfgang Klein, Alexander Golling, Rudolf Schündler.

En una sociedad tan poco marcada por la influencia eclesiástica, cuesta un poco entender los motivos de un film sobre una santa. Bien, quizá no cuesta tanto si consideramos que el guión se debe al politizado Gerhard Menzel y que la subida a los altares de la doncella de Orleans siempre se ha visto como una concesión al nacionalismo francés: para ser más precisos, no resulta demasiado cristiana —sobre todo en la actualidad— la conducta de esta jovencita que anima a sus semejantes a matarse mutuamente por una prosaica posesión territorial cuando Jesucristo había defendido lo de «poner la otra mejilla» y especificado que «su reino no era de este mundo». En sintonía con esto, el mensaje de la película se desmarca de la exaltación religiosa o francófila y se convierte en portavoz de conceptos políticos propicios al Reich: Juana (Salloker) aparece desprovista de cualquier referencia sobrenatural pero se mantiene su poder de convocatoria, que es pronto aprovechado por el Delfín (Gründgens) en su beneficio. Cuando es condenada a la hoguera no hace nada por impedir su muerte, pensando que como mártir le será más útil a él y al país.

Ciertamente se trata de la versión cinematográfica más pragmática y descreída de las realizadas sobre el personaje, y sorprende el cinismo con que se plantea la postura del Delfín, en ningún modo negativa sino plenamente justificada por la *raison d'état*. Las pinceladas propagandísticas no acaban en esto, pues también se incluye una visión caricatural y despectiva de los ingleses y un curioso letrero inicial que dice: «Cuando un pueblo pierde la esperanza ha de vivir sin honor. Cuando un pueblo pierde la fe debe desaparecer de la faz de la tierra.» Esta lapidaria sentencia, que ya no figura en las copias retocadas que se exhiben en televisión pero sí en una de los años treinta conservada en Filmoteca Española, podría haber sido redactada por el mismo Goebbels y nos alerta sobre el valor ideológico del film, que en el aspecto plástico resulta todavía impresionante, sobre todo por su fotografía en claroscuro de insuperable virtuosismo. Aunque el reparto es pródigo en nombres estelares, la rigidez de la narrativa le impide dar a sus personajes más relieve que el de unos simples títeres.

Amphitryon — 1935

Producción UFA. *Dirección y guión* Reinhold Schünzel. *Fotografía* Fritz Arno Wagner (efectos especiales: Werner Bohne). *Música* Franz Doelle. *Decorados* Robert Herlth, Walter Röhrig. *Longitud* 2.870 m. *Estreno* 18 de julio.
Intérpretes Willy Fritsch, Käthe Gold, Paul Kemp, Fita Benkhoff, Adele Sandrock, Hilde Hildebrand, Aribert Wäscher, Ewald Wenck, Annie Ann, Vilma Beckendorf, Gerhard Bienert, Hilde Boenisch, Ellen Ruth Göttingen, Annemarie Korff, Liesl Otto, Annemarie Schwind, Albert Karchow, Gehrard Bienert, Anita Duvell, Käthe Jöken-König, Hilde Seipp, Herbert Weissbach.

Subtitulada *Aus den Wolken kommt das Glück* (o sea, «del cielo viene la felicidad», frase que algunos vieron como una venenosa referencia al principio de *El triunfo de la voluntad*), se trata de una comedia musical de inspiración mitológica basada tanto en la comedia de Plauto como en reelaboraciones posteriores del tema a cargo de Molière o Kleist. Cansado de aguantar a su esposa Juno, Júpiter (Fritsch) abandona el Olimpo acompañado de su criado Mercurio (Kemp), que en vez de los tradicionales zapatos con alitas usa unos modernos patines y busca aventuras amorosas en la Tierra. Adopta la forma de Anfitrión, rey de Tebas, y se presenta en casa de éste, donde su mujer, Alcmena (Gold), lo acoge con todo el amor que dispensa a su auténtico marido, pero antes de que los honestos deseos de la esposa y los más arteros del dios confluyan en equívoca intimidad, la situación se embrolla con la llegada del auténtico Anfitrión y su criado Sosias (al que Mercurio «dobla», y de donde se deriva la palabra actual para definir a alguien que es igual a otro). Tras varios enredos más o menos picantes, el final resulta todo lo casto que los criterios morales de la época imponían: la confusión de personalidad no llega, como en la leyenda, a que Júpiter disfrute de Alcmena bajo los rasgos de su marido; los censores no parecen darse cuenta de que esto puede crear un importante problema a cineastas posteriores, por lo menos al maestro del *peplum* Pietro Francisci, ya que el fruto de las relaciones carnales de Júpiter y Alcmena fue nada menos que Hércules.

Un intento ambicioso de combinar armónicamente el teatro con el cine, pasando al segundo medio todo aquello del primero que pueda enriquecerlo y hacerlo más atractivo, y viceversa. Desde este punto de vista el resultado es bastante satisfactorio, pues la maquinaria teatral se mantiene pero con renovada forma cinematográfica: la puesta en escena es espectacular y demuestra dominio del movimiento de cámara y actores (a destacar la perfecta coordinación de la primera secuencia). La lástima es que el material de base es muy flojo: al guión, y sobre todo los diálogos, le falta cierta chispa y le sobra esa pesadez teutona reflejada en los ripios de las canciones («Arme Alkmene / sie hat Migräne»). A nivel iconográfico tiene el interés de reflejar el gusto nazi por las arquitecturas neoclasicistas, que de hecho no es una exclusiva de los chicos de la esvástica sino que es una constante del *heilige deutsche Kunst*: recordemos al respecto las obras de Schinkel o el «Walhalla» de Leo von Klenze.

En España se estrenó la versión francesa, *Les Dieux s'amusent*, con el título *Los dioses se divierten* (director adjunto, Albert Valentin; supervisión de Raoul Ploquin) y un reparto encabezado por Henri Garat, la tradicional alternativa gala a Willi Fritsch.

Lucha contra la muerte roja (Friesennot — 1935)

Producción Delta-Filmproduktion. *Dirección* Peter Hagen. *Guión* Werner Kortwich. *Fotografía* Sepp Allgeier. *Música* Walter Gronostay. *Decorados* Robert Dietrich, Bernhard Schwidewski. *Longitud* 2.651 m. *Estreno* 19 de noviembre.

Intérpretes Friedrich Kayssler, Helene Fehdmer, Valeri Inkijinoff, Jessie Vihrog, Hermann Schömberg, Ilse Fürstenberg, Kai Möller, Fritz Hoopts, Martha Ziegler, Gertrud Boll, Maria Koppenhöfer, Marianne Simson, Franz Stein, Aribert Grimmer, Jakob Sinn, Erich Nadler.

Ucrania, poco después de la revolución. Una comunidad alemana (para ser exactos, de frisones, que al parecer tienen fama de brutos) que vive en esa zona tiene que sufrir los abusos de los comunistas. La gota que desborda el vaso es la violación de una joven frisona: tras liquidar a los soviéticos e incendiar el pueblo, los alemanes inician el largo y duro éxodo hacia la patria perdida.

Siguiendo la pauta marcada por *Fugitivos*, nuevo toque a la situación de las comunidades germanas en tierras eslavas, donde por lo visto estaban destinadas a ser objeto principal de la sevicia de los «enemigos de la civilización occidental y cristiana»; y lo de cristiana no es un tópico, pues es uno de los rarísimos films de la época que utilizan la religión con finalidad propagandística (el nazismo sólo fomentaba la devoción al Führer, en un contorno de confuso neopaganismo): el cruel comisario Chernov (Inkijinoff) es un ateo declarado que se burla del cristianismo y prohíbe cualquier tipo de culto, lo cual es fuente de conflictos con los muy creyentes frisones. *Lucha contra la muerte roja* es uno de los primeros ataques decididos del cine alemán al bolchevismo y no tiene más méritos que los (muy dudosos) derivados de su motivación didáctica: es ilustrativo al respecto que fuera uno de los films más proyectados a los miembros de la *Hitlerjugend*. En 1939 desapareció de las carteleras a causa del pacto nazi-soviético, volviendo a distribuirse en 1943 con el título cambiado a *Dorf im roten Sturm*.

Fährmann Maria (1936)

Producción Pallas Film / Terra. *Dirección* Frank Wysbar. *Guión* Hans-Jürgen Nierentz, Frank Wysbar. *Fotografía* Franz Weihmayr. *Música* Herbert Windt. *Decorados* Bruno Lutz. *Longitud* 2.285 m. *Estreno* 7 de enero (Hildesheim).
Intérpretes Sybille Schmitz, Aribert Mog, Peter Voss, Carl de Vogt, Karl Platen, Eduard Wenck, Gerhard Bienert, Ernst Stimmel.

En una región pantanosa de un país innominado (en realidad la Baja Sajonia), un forastero se presenta al barquero que transporta hombres y mercancías entre las orillas del río; es la Muerte (Voss), que ha venido a llevárselo. María (Schmitz), una muchacha sin papeles, patria ni familia se presenta en la población para sustituirlo. Una noche, la recién estrenada barquera acude a la llamada de un hombre herido en la otra orilla (Mog) y le ayuda a escapar de unos siniestros jinetes, todos vestidos de negro riguroso. El fugitivo dice que aquellos individuos son los que tienen oprimido a su país y contra los que él lucha. María lo cuida y ambos acaban enamorándose, pero una noche se presenta de nuevo la Muerte, esta vez para llevarse al joven. María hace lo posible por despistarlo, pero como ve que es imposible le ruega a Dios que tome su vida en lugar de la del forastero y se mete con la Muerte en los pantanos, esperando ser engullida por las arenas movedizas, pero quien acaba finalmente desapareciendo es su acompañante. Al día siguiente, los dos amantes cruzan el río para no volver: María tiene por fin un hogar.

Un film insólito en todos los sentidos. El aspecto formal, sin apenas diálogos y basado principalmente en la imagen y la música, corresponde a varios años antes: en algunos momentos parece que estemos viendo el *Vampyr* de Dreyer (1932), no sólo por la presencia de la misma actriz, Sybille Schmitz, sino por el halo fantástico que destila su fotografía, casi siempre con una fantasmal iluminación nocturna. La escena en que la barquera baila con la Muerte, que se prestaba a la truculencia más convencional, es de una sutileza antológica y, junto a aquella en que se pone a tocar la campana de la iglesia y ésta no suena, uno de los momentos cumbre del cine fantástico. Por otra parte, la historia tampoco tiene parangón con lo que se producía estos años: la indocumentada heroína, con el rostro turbador de la Schmitz, parece cualquier cosa menos aria, y los malvados que persiguen al protagonista, con sus rostros fríos apenas entrevistos y sus capas negras, podrían ser perfectamente la Gestapo. Además, es el único film de la época nazi en que se alude a la presencia divina, cuando María entra en la iglesia y reza ante un crucifijo ofreciendo su vida en lugar de la de su amado: las referencias religiosas, que eran relativamente toleradas con finalidades propagandísticas (recordemos el caso de *Lucha contra la muerte roja*, antes citado), fueron drásticamente suprimidas en los años siguientes.

Algunas publicaciones del Partido captaron con desagrado la «confusa» ideología del film, pero como la fidelidad a la causa del guionista Nierentz estaba por encima de toda sospecha (en abril del 36 sería nombrado *Reichsfilmdramaturg*), la crítica la recibió como una obra estimable aunque «rara», de nivel intelectual alto y por lo tanto dirigida a un público minoritario. La censura le dio dos certificados bastante aceptables: «interés cultural» y «educativo». El director Frank Wysbar emigró poco antes de la guerra a Estados Unidos, donde en 1946 rodó una versión modificada de *Fährmann Maria* con el título *Strangler of the Swamp*.

Comedia trágica (Traumulus — 1936)

Producción Tonfilmstudio Carl Froelich / Tobis. *Dirección* Carl Froelich. *Guión* Robert A. Stemmle, Erich Ebermayer, según la obra teatral de Arno Holtz y Oskar Jersche. *Fotografía* Reimar Kuntze. *Música* Hansom Milde-Meissner. *Decorados* Franz Schroedter, Walter Haag. *Longitud* 2.686 m. *Estreno* 23 de enero.

Intérpretes Emil Jannings, Hilde Weissner, Harald Paulsen, Hilde von Stoltz, Hannes Steltzer, Hildegard Barko, Paul E. Krüger, Hans Joachim Staufuss, Hans Richter, Rolf Müller, Alexander Kraft Hohelohe, Herbert Hübner, Ernst Waldow, Otto Stöckel, Bruno Fritz, Hugo Froelich, Gaston Briese, Max Rosen, Walter Steinbeck, Hans Brausewetter, Karl Etlinger, Walter Werner, Harry Frank, Ernst Legal, Else Ehser, Hella Tornegg, Walter Bienenstein, Rolf Müller, Alexander von Kraft-Hohelohe, Peer Baedecker, Eugen Mateo, Hermann Braun, Peter Jäger, Rudolf Klicks, Rolf Moebius, Achim Schmidt, Eberhard Schott, Werner Vogt, Fredy Barten, Karl-Heinz Reppert, Wilhelm Egger-Sell, Eugenie Dengler.

Principios de siglo. El profesor Niemeyer (Jannings) es el director de un selecto internado en una ciudad de provincias prusiana. Niemeyer vive en un mundo propio en el que sólo cuentan los clásicos griegos y las reuniones en la cervecería local con otros representantes de la burguesía tan apolillados como él. No se da cuenta de que sus allegados no le entienden e incluso se ríen de él: sus alumnos le llaman «Traumulus» (que podría traducirse como «soñador» o, más propiamente, «embobado») y celebran reuniones clandestinas en lo que ellos llaman el «Anti-Tyrannia-Club», mientras que su hijo (Paulsen) tampoco lo tiene en gran aprecio después de haberse casado en segundas nupcias con la joven y coqueta Jadwiga (Weissner). Niemeyer sufre un terrible desengaño cuando descubre que su alumno favorito, Zedlitz (Steltzer), no sólo participa en las actividades conspiratorias del club estudiantil sino que se escapa por las noches para hacer el amor con la actriz Lidia Link (Stoltz) en una casa de mala nota. Encerrado en su castillo de ideas sublimes e incapaz de comprender a la juventud, el profesor echa al joven tal bronca que éste, humillado, se suicida. Ante el cadáver de Zedlitz, «Traumulus» se da cuenta de que su vida ha sido un fracaso en todos los sentidos aunque, como dice el refrán, «más vale tarde que nunca»...

Acogida con excepcional entusiasmo por la crítica y las autoridades, esta *Comedia trágica* es de difícil interpretación ideológica: si hay algún mensaje, desde luego es muy críptico. Courtade y Cadars[9] lo presentan como una representación «en negativo» de las ideas nazis, pero al autor de estas líneas le cuesta descifrarlo, en especial teniendo en cuenta que el autor, Holz, ya fallecido, no era santo de la devoción de los nazis (la obra se estrenó en 1904). Como fondo a la intriga está la inauguración de una estatua al káiser Guillermo I a la que asiste su nieto, Guillermo II, lo que lleva a intercalar algunos planos de uniformes y música militar, pero tampoco parece estar ahí la clave política. Debo reconocer que la copia que he podido visionar es una reedición de posguerra y puede que haya alguna manipulación (en la pieza original los alumnos de Niemeyer preparan una representación teatral de corte patriótico para celebrar la visita real, en la que colabora Lidia), pero apoyándome en lo que dicen los historiadores franceses creo que es mejor dejar *Comedia trágica* como un sombrío melodrama sobre una sociedad caduca en que ni los viejos ni los jóvenes son representativos de la «nueva Alemania» y en el que la magnífica composición de Emil Jannings nos trae, inevitablemente, recuerdos de *El ángel azul*. La puesta en escena es sólida pero sin excesivo brío, como es habitual en Carl Froelich, cineasta veterano que se apuntó rápidamente al nazismo y en 1939 fue nombrado presidente de la Reichsfilmkammer. La ambientación es muy correcta, con el atrevimiento de incluir elementos escenográficos modernistas que, si bien cuadran con la época en que transcurre la acción, estaban proscritos en el racionalismo neoclásico de los años treinta.

9. Francis Courtade, Pierre Cadars, *Histoire du cinéma nazi* (París, Eric Losfeld, 1972), p. 276.

La Novena Sinfonía (Schlußakkord — 1936)

Producción UFA. *Dirección* Detlef Sierck. *Guión* Kurt Heuser, Detlef Sierck. *Fotografía* Robert Baberske. *Música* Kurt Schröder. *Decorados* Erich Kettelhut. *Longitud* 2.789 m. *Estreno* 27 de junio (Dresde).
Intérpretes Willy Birgel, Lil Dagover, Maria von Tasnady, Theodor Loos, Maria Koppenhöfer, Albert Lippert, Kurt Meisel, Erich Ponto, Peter Bosse, Hella Graf, Paul Otto, Alexander Engel, Eva Tinschmann, Walter Werner, Carl Auen, Erich Bartels, Johannes Bergfeld, Ursula Deinert, Peter Elsholtz, Robert Forsch, Liselotte Köster, Richard Ludwig, Odette Orsy, Hermann Pfeiffer, Ernst Sattler, Walter Steinweg, Bruno Ziener, Erich Meissel, Christa Mattner, Albert Lippert, Werner Bernhardy, Curt Brestkopf, Else Boy, Hildegard Friebel, Heinz Könetke, Bruno Ziener, Friedrich Teitge, Max Harry Ernst, Alfred Karen, Inge Vesten, Johannes Bergfeld, Alexander Fernoff, Borwin Walth, Tilly Wedekind, Gretel Hartmann, Helmuth Bergmann, Willy Brüdjam, Paul Ludwig Frey, Martha von Kossatzky, Margarete Arndt-Ober, Li Eyck, Rolf Becker, Peter Bergin, Toni Bonsch, Ruth Gehrs, Kurt Hinz, Elly von Kovatsy, Arne Molander; con la colaboración en las escenas musicales de los cantantes Erna Berger, Hellmuth Melchert, Rudolf Watzke y Luise Willer.

Nochevieja en Nueva York. Tras el suicidio de su marido, la emigrante alemana Hanna (Tasnady) vuelve a su país a hacerse cargo del hijo que tuvo que dejar al cuidado de unos padres adoptivos. En realidad el niño, Peter (Bosse), había sido abandonado de nuevo y estaba en un hospicio hasta poco antes del regreso de su madre. Ahora ha sido acogido por el famoso director de orquesta Gravenberg (Birgel), que intenta salvar su matrimonio con la casquivana y egoísta Charlotte (Dagover). Hanna consigue colocarse de doncella en el hogar de los Gravenberg para estar cerca de su hijo, pero acaba acusada injustamente de la muerte de la señora y sólo se salva por el testimonio en última instancia de Freese (Koppenhöfer), la fiel criada y confidente de la difunta. Final feliz: Gravenberg, Hanna y Peter se recomponen como unidad familiar.

Primera obra importante del realizador danés Detlef Sierck, que en los años cincuenta será en Hollywood el creador de algunos sublimes melodramas para la Universal con el nombre cambiado a Douglas Sirk. Lo más destacable de esta *Novena Sinfonía* es cómo el director se olvida de los elementos más lacrimógenos de la trama y se dedica a un ejercicio de estilo en toda regla en el que los insertos musicales y teatrales (la Novena de Beethoven, el *Cascanueces* de Chaikovski, una ópera ficticia, o incluso la representación de guiñol del pequeño Peter) se integran en el desarrollo narrativo. Se puede considerar que algunos efectos resultan un tanto forzados —el más evidente es la escena operística del envenenamiento que sirve de preludio a la muerte accidental de Charlotte por sobredosis—, pero ponen de relieve una inventiva audiovisual que no es frecuente en el cine alemán de esta época.

El emperador de California (Der Kaiser von Kalifornien — 1936)

Producción Luis Trenker-Film / Tobis. *Dirección y guión* Luis Trenker. *Fotografía* Albert Benitz, Heinz von Zaworksy. *Música* Giuseppe Becce. *Decorados* Erich Grave, Hans Minzloff. *Longitud* 2.762 m. *Estreno* 21 de julio.

Intérpretes Luis Trenker, Viktoria von Ballasko, Werner Kunig, Karli Zwingmann, Elise Aulinger, Melanie Horeschowsky, Bernhard Minetti, Luis Gerold, Paul Verhoeven, Hans Zesch-Ballot, Marcella Albani, Walter Franck, Reginald Pasch, Berta Drews, Alexander Golling, Heinrich Marlow, Rudolf Klein-Rogge, Otto Stoeckel, Bruno Ziener, Josef Reithofer, Jakob Sinn, Erich Dunskus, Armin Schweizer, Josef Woggenhauer, Walter Albrecht, Peter Busse, Rudolf Preuss, Barbara von Annenkoff, Josef Eichheim, Karl Helge Hofstadt, Alfred Karen, Jac Diehl, Erich Meissel, Frieder Towae, Auguste Wanner-Kirsch, Wolfgang Staudte, Peter Bergin, Hendrik Bronsgeest, Willy Brüdjam, Ingeborg Carlsson, Elisabeth Kühlmar, Karl Leander, Hugo Lehner.

Fuera o no por el recuerdo de las inefables evocaciones literarias de Karl May (de las que Hitler era un devoto admirador), lo cierto es que el cine nazi ofrece algunos curiosos ejemplos de western, que aunque muestren cierta predilección por la ambientación canadiense —ver más adelante *Canitoga*—, no dejan de ser reflejo de una admiración por la «América eterna». *El emperador de California*, protagonizada, escrita y dirigida por el polifacético Luis Trenker (que en 1934 ya había hecho una ilustrativa incursión en el «sueño americano» con *El hijo perdido*), es una biografía de Johan August Suter —en el film el apellido aparece siempre con una sola «t», a pesar de que en los textos anglosajones siempre se escribe *Sutter*—, un suizo que en 1839 consiguió del gobierno mexicano la concesión de un amplio territorio en California, donde organizó un auténtico imperio basado en la ganadería y el cultivo. Durante la «fiebre del oro» del 48 el territorio fue invadido y saqueado por los buscadores; Suter (o Sutter) luchó hasta el último momento contra lo que consideraba un expolio, pero nunca consiguió que se le restituyeran las tierras ni se le reconociera la propiedad.

Tal como aparece en el film, la historia de Suter sigue más o menos los hechos conocidos (así como la novela *L'or* de Blaise Cendrars), pero con algunos toques conyunturales como el motivo que hace huir de

Europa al protagonista, que es imprimir panfletos subversivos a favor de la unificación de Alemania y contra los dictados del Congreso de Viena. Después de la invasión de mineros y el asesinato de los hijos de Suter, el guión se hace un poco atropellado, con elipsis un tanto brutales que nos convierten al héroe en general y senador (con uniforme y todo) sin ninguna explicación. Se deja en buen lugar al gobierno de los Estados Unidos, que da la razón al héroe en su pleito (bueno, a medias: que acepte la satisfacción pero sin exigir nada), y acaba la historia con el protagonista fracasado pero superponiendo unas imágenes de rascacielos e industria que representan (de forma un tanto incoherente después del mensaje *Blut und Boden* que se nos ha dado antes) la gloriosa herencia de Suter.

Lo más interesante hoy en día es el esfuerzo de producción en reconstruir el mito del Lejano Oeste, desde una perspectiva impregnada de recuerdos literarios y fílmicos, pero bastante conseguido si exceptuamos algunos detalles menores como el muy absurdo de que, siendo todo el diálogo en alemán, cuando el héroe se dirige a los indios les habla... ¡en inglés! Fondo musical omnipresente y seudowagneriano del maestro Becce, interpretación floja, ritmo un tanto lento a causa de la sucesión de panoramas con los que el montañero Trenker se enajena y traiciona su vocación hollywoodiana.

Por una extraña coincidencia, el mismo año se rodó en América otra versión de la misma historia, titulada *Oro en el Pacífico* (*Sutter's Gold* —esta vez con dos «t»—, dir. James Cruze). En ésta, la huida del héroe a América no tiene ninguna connotación política (es acusado falsamente de asesinato), se eliminan todas las referencias a los mexicanos para evitar problemas de distribución al sur del Río Grande y la intriga se adorna con detalles tópicamente hollywoodianos, como el personaje de la bella pero viciosa condesa anglo-rusa que seduce a Sutter buscando sus riquezas y que lo abandona cuando pierde las tierras. El final es muy parecido: el protagonista, viejo y cansado, muere en los escalones del Capitolio tras leer en los periódicos que el Tribunal Supremo le ha dado la razón.

El estudiante mendigo (Der Bettelstudent — 1936)

Producción UFA. *Dirección* Georg Jacoby. *Guión* Walter Wassermann, C. H. Diller,[10] según la opereta de Carl Millöcker, con libreto de F. Zell y R. Genée; letras nuevas para los cantables, Franz Baumann. *Fotografía* Ewald Daub. *Música* Carl Millöcker, arreglada por Alois Melichar. *Decorados* Fritz Maurischat, Karl Weber. *Longitud* 2.522 m. *Estreno* 1 de setiembre (Hamburgo).

10. Seudónimo de la ex actriz del cine mudo Lotte Neumann.

Intérpretes Johannes Heesters, Carola Höhn, Marika Rökk, Fritz Kampers, Ida Wüst, Berthold Ebbecke, Harry Hardt, Ernst Behmer, Hans Joachim Schaufuss, Wilhelm Bendow, Gerhard Bienert, Karl Platen, Paul Schwed, Reinhold Bernt, Ernst Deitermann, Herbert Ebel, Walter Kunkel, Heinz Piper, Victor von Zitzewitz, Carl Iban, Max Vierlinger, Isolde Langs, Oscar Aigner, Lothar Deval, Kurt Felden, Hilde Felsch, Hermann Gees, Gerti Kraus, Ernst Rennspiess, Paul Schäfer, Karl Wagner, Erwin Werner, Frank Winkler.

En 1704, Polonia lucha por su independencia y el restablecimiento de su monarca Estanislao Lesczinski. Bajo la apariencia de un humilde estudiante, Simón Rimanowicz (Heesters) es en realidad un aristócrata[11] que lucha clandestinamente contra la opresión sajona, representada en Cracovia por el fatuo coronel Ollendorf (Kampers). Tras varios equívocos de personalidad e intercambio de romanzas entre Simón y Laura, una bella dama de la nobleza local (Höhn), llega la deseada noticia de que los polacos, con la ayuda de los suecos, han derrotado a las tropas sajonas.

En el cine de entretenimiento del Reich abundaron las adaptaciones de operetas vienesas: ésta es una de las mejores o, dicho de otra manera, de las menos malas.[12] La pareja protagonista es algo sosa, pero la gracia y dinamismo de Marika Rökk (que pronto se convertiría en una auténtica estrella) como Bronislawa, la hermana de Laura, alegran notablemente la producción. Como es de esperar tratándose de una opereta, la situación histórica ha sido reducida a mera anécdota y en ningún momento hay intención de profundizar en los hechos: el gobernador es un gordo fanfarrón sin el menor asomo de maldad y no se hace la menor referencia a que Polonia volvió a caer muy poco después bajo el yugo del Príncipe de Sajonia.

El trío de la fortuna (Glückskinder — 1936)

Producción UFA. *Dirección* Paul Martin. *Guión* Robert A. Stemmle y Paul Martin; diálogos, Curt Goetz. *Fotografía* Konstantin Irmen-Tschet. *Música* Peter Kreuder. *Decorados* Erich Kettelhut. *Longitud* 2.558 m. *Estreno* 18 de setiembre.

Intérpretes Lilian Harvey, Willy Fritsch, Paul Kemp, Oskar Sima, Paul Bildt, Fred Goebel, Erich Kestin, Otto Stoeckel, Albert Florath, Thomas Cziruchin, Peter Lau, Jac Diehl, Arno Ebert, Max Hiller, Fred Koester,

11. En el original teatral el personaje es inicialmente un plebeyo, no es hecho noble hasta el final.

12. Hay dos versiones más de *Der Bettelstudent*, una de 1931 (dir. Viktor Janson) y otra de 1956 (dir. Werner Jacobs).

Herman Meyer-Falkow, Carl Merznicht, Paul Rehkopf, Kurt Seifert, Walter Steinweg, Wolf Ackva, Willy Brüdjam, Fred Beckers, Arno Ebert, Inguelde Knudsen, Fred Köster, Elly von Kovatsy, Peter Lau, Dirk Magre, Dagmar Muthardt, Lisa Neumann.

Nueva York. Buscando en los juzgados de guardia una noticia sensacional, el poeta metido a periodista Gil Taylor (Fritsch) salva a una bella vagabunda (Harvey) de pasar la noche en el calabozo diciendo que es su mujer. Los compañeros de redacción de Gil le hacen notar que la chica es el vivo retrato de la hija de un millonario que ha sido secuestrada. Al final resulta que Ann no es realmente la secuestrada, pero en sus pesquisas descubren que toda la historia del rapto era una farsa urdida por la supuesta víctima para sacarle dinero a su padre.

Ya hemos dicho en páginas anteriores que una de las obsesiones de Goebbels era descubrir aquella «piedra filosofal» que convertía las películas norteamericanas en éxitos internacionales. Utilizando los recursos de dos personas que habían pasado recientemente por Hollywood, el realizador Paul Martin y la actriz Lilian Harvey, este *Trío de la fortuna*[13] es uno de los ejemplos más esforzados, y al mismo tiempo más conseguidos, de reproducir en estudios alemanes no sólo los códigos narrativos y visuales de la *screwball comedy* sino también la atmósfera neoyorquina, por otra parte desde una óptica muy poco nacionalsocialista que va de la utilización de música *swing* propia de compositores «degenerados» a la descripción del ambiente de los rotativos sensacionalistas, que está tomada literalmente de la obra de Ben Hecht y Charles MacArthur *The Front Page* (filmada en Hollywood varias veces, con resultados generalmente buenos). La otra referencia al cine de Ultramar es la famosa comedia de Frank Capra *Sucedió una noche* (*It Happened One Night*, 1934), que había sido un éxito apoteósico en Berlín a finales de 1935, y en la que se inspira una situación clave del film alemán: cómo Gil se casa con Ann sin conocerla ni haber un auténtico vínculo sentimental, los momentos de intimidad sufren restricciones parecidas a las impuestas por los «muros de Jericó» levantados entre Claudette Colbert y Clark Gable.

Aunque *El trío de la fortuna* fue un gran éxito comercial y a Goebbels le encantó, entre los nazis fundamentalistas fue acogida con lógicas reticencias, y quizá es para «poner las cosas en su sitio» que a primeros

13. Este título quería recordar el de *El trío de la bencina*, un anterior éxito de la UFA con la pareja Harvey-Fritsch, pasando por alto que en la versión francesa estrenada en España el galán era Henri Garat (*Die Drei von der Tankstelle / Le Chemin du Paradis*, 1931, dir. Wilhelm Thiele). De *Glückskinder* también se hizo una versión francófona —*Les Gais lurons*— con Garat en vez de Fritsch, pero esta vez las circunstancias sociopolíticas hicieron que en España sólo circulara la versión alemana.

del año siguiente se estrenó *Togger* (dir. Jürgen von Alten), también de tema periodístico pero situada en la Alemania de 1932, es decir, en los estertores del *Systemzeit*: el tal Togger es el director de un diario patriótico que debe sufrir las insidias de la prensa judeo-comunista, representada por una multinacional de los medios que quiere hacerse con el control del periódico.

Truxa (1936)

Producción Tobis-Magna. *Dirección y guión* Hans H. Zerlett, según la novela *Programm mit Truxa* de Heinrich Seiler. *Fotografía* Friedl Behn-Grund. *Música* Leo Leux; canciones, Leux y Matthias Perl. *Decorados* Franz Schroedter. *Longitud* 2.675 m. *Estreno* 19 de enero de 1937.
Intérpretes La Jana, Hannes Stelzer, Ernst Fritz Fürbringer, Madi Rahl, Rudi Godden, Peter Elsholtz, Rudolf Klein-Rogge, Curt Lucas, Eva Tinschmann, Erwin Biegel, Hermann Pfeiffer, Berthold Reissig, Alfred Stratmann, Marie Sera, Barbara Galloni, Fritz Linn, Leo Leux, Paul Ludwig Frey, Fred Becker, Heidi Höpfner, Margot Höpfner, Charly Berger, Werner Bernhardy, Willy Brüdjam, Alfred Karen, Jens von Hagen, Gerd Klinkhardt, Rosette Zobber, Reinhold Bernt, Conrad Cappi, Karin Lissebrink, Robert Vincenti-Lieffiertz, Ida Krill; con la participación en las escenas de variedades de Hans Söhnker, Edgar Eitner, Die 6 Glorias, Julius Eckhoff, Die Argentinas, Arno und Sohn, Victor und Tatjana Gsovsky.

En el Wintergarten berlinés actúan tres viejos conocidos: el funámbulo Truxa (Stelzer), la bailarina Yester (La Jana) y el mago Garvin (Fürbringer). Los dos hombres se habían disputado el amor de la chica, pero el conflicto no revive pues ni el mago ni la bailarina reconocen al supuesto Truxa, que en realidad es un impostor: en Nueva York, el auténtico (Elsholtz) le cedió el nombre y los contratos a un joven trapecista amateur al verse incapaz de seguir haciendo su famoso salto mortal. Al final resulta que Garvin es un malvado que arruinó la carrera del Truxa original para hacerse con los favores de Yester; cuando intenta hacer lo mismo con el suplente —con un ingenio luminoso hace que el equilibrista vea la cuerda por triplicado—, su antiguo rival reaparece para acabar con sus planes. Garvin muere accidentalmente al huir de Truxa y éste se vuelve a marchar dejando el campo libre a su sucesor, tanto en el circo como en el corazón de Yester.

La intriga es ingenua e incoherente en muchos aspectos, pero el film es entretenido y contiene un par de elementos interesantes. Por un lado es una estimable evocación de aquellos espectáculos de *variétés* que tanto atraían al público en tiempos pretelevisivos, y por otro es la primera película de La Jana tras cinco años dedicada en exclusiva a la revista. Como fuera de Alemania nadie se acuerda de ella, quiero señalar que esta bellísima bailarina de físico relativamente meridional —su *nome d'arte* era una completa fabulación, ya que era austriaca y se llamaba en realidad Henriette Margarethe Hiebel— fue todo un fenómeno en el cine como ya lo era en los escenarios, y su figura se engrandeció en el recuerdo de los espectadores con su prematura muerte en 1940. Vista con la perspectiva del tiempo y el lugar podemos decir de La Jana que realmente estaba de muy buen ver, con un rostro sensual pero al mismo tiempo inocente; como bailarina tenía más técnica que espontaneidad y le faltaba un coreógrafo con imaginación que la dirigiera, y como actriz era muy limitada, si bien nunca se le ofreció ningún papel que le permitiera expresar sus eventuales dotes interpretativas.

Una prueba del buen éxito comercial de la película es que el acróbata que doblaba a Steltzer y Elsholtz, Edgar Eitner, prosiguió su carrera en el circo con el nombre artístico de «Truxa».

La sonata a Kreutzer (Die Kreutzersonate — 1937)

Producción Georg Witt-Film / UFA. *Dirección* Veit Harlan. *Guión* Eva Leidmann, según la novela de Tolstoi. *Fotografía* Otto Baecker. *Música* Ernst Roters. *Decorados* Otto Hunte, Willy Schiller. *Longitud* 2.320 m. *Estreno* 11 de febrero.

Intérpretes Lil Dagover, Peter Petersen, Albrecht Schoenhals, Hilde Körber, Walter Werner, Wolfgang Kieling, Paul Bildt, Armin Schweizer, Edit Linn, Heinz Berghaus, Ellen Becker, Friedl Hampter, Gertrud Hartwig, Inge Stratner, Hugo Fink, Paul Adalbert Ebelt, Gabriele Hoffmann-Rotter, Lotte Spira, Ilse Cotence, Leo Peukert, Werner Siegert, Bruno Ziener, Margot Erbst, Müssia Gürtler, Peter Busse, Fritz Draeger, Paul Ludwig Frey, Werner Pledath, Max Wilmsen, Franz Dollandt, Ingeborg Carlsson.

Antes del breve flirteo del Reich con la URSS, el cine alemán recurría a la Rusia zarista para buscar la nota exótica, en este caso con la garantía cultural que supone el nombre del gran Tolstoi. La atormentada historia del marido celoso y algo zoquete (Petersen), que ve cómo su mucho más espiritual esposa (Dagover) cae en brazos de un violinista donjuán (Schoenhals) sirvió para la primera película importante de Veit Harlan. Sorprendentemente, el guión no sólo no abusa del mensaje promatrimonio y antifemenino del original sino que mira con tolerancia el «pecado» de la esposa y sin simpatía la postura cavernícola del marido.

Ajeno todavía al sermón oficialista que saturaría algunas de sus obras posteriores (de *El soberano* a *Kolberg*), Harlan adopta un estilo muy contenido, que no levanta la voz en ningún momento por mucho que la trama lo justifique (en el sentido más literal de la palabra, pues la máxima audacia formal era que en algunos momentos los actores hablaban muy bajito, poniendo a prueba los nervios del ingeniero de sonido). Este tono monocorde hace que el film resulte lento —la duración real es de poco más de 80 minutos, pero parece mucho más largo— y que hacia la mitad decaiga sensiblemente el ritmo. Sólo se anima con la escena en que el protagonista y su amigo Iván se permiten una aventurilla con unas prostitutas y una de ellas (Körber), un poquito contestataria, les canta una canción que tanto en la letra como en la música recuerda el estilo «degenerado» de Weill-Brecht.

El soberano (Der Herrscher — 1937)

Producción Tobis-Magna. *Dirección* Veit Harlan (supervisión: Emil Jannings). *Guión* Thea von Harbou y Curt J. Braun, según el drama *Vor Sonnenuntergang* de Hermann Sudermann. *Fotografía* Werner Brandes, Günther Anders. *Música* Wolfgang Zeller. *Decorados* Robert Herlth. *Longitud* 2.918 m. *Estreno* 17 de marzo.
Intérpretes Emil Jannings, Paul Wagner, Maria Koppenhöfer, Hannes Stelzer, Hilde Körber, Käthe Haack, Herbert Hübner, Marianne Hoppe, Helene Fehdmer, Max Gülstorff, Walter Werner, Harald Paulsen, Theodor Loos, Paul Bildt, Heinrich Schroth, Hans Stiebner, Rudolf Klein-Rogge, Peter Elsholtz, Ursula Kurtz, Heinz Wemper, Ilse Körschner.

Aunque las glosas fílmicas del *Führerprinzip* solían recurrir a personajes del pasado —especialmente Federico el Grande o Bismarck—, en alguna ocasión se presentaba al caudillo en vestuario actual: *El soberano*, primer film importante de Veit Harlan, es el ejemplo más representativo. Sacado oficialmente de una pieza de Hauptmann (estrenada en 1932 con puesta en escena de Max Reinhardt e interpretada por Werner Krauss), pero con el título y algunas interpolaciones tomadas de una comedia de Harald Bratt de 1934, es un film más de Emil Jannings que de Harlan, ya que la idea partió del actor. El gran hombre del título es Mathias Clausen, un gran industrial de la cuenca del Ruhr claramente inspirado en Alfred Krupp, que para los nazis era un héroe nacional (aunque no se le dedicara ninguna película, sólo alguna aparición secundaria). A la muerte de su mujer se da cuenta de que la única persona que lo entiende de verdad es su fiel secretaria (Hoppe), pues sus hijos son unos botarates cuya única ambición es poder disfrutar de la riqueza que su padre ha generado en una vida dedicada exclusivamente al trabajo. Cuando sus familiares le reprochan su relación con la secretaria e intentan ponerle un pleito, Clausen toma una decisión drástica: los deshereda y deja la fábrica al Estado, esto es, al pueblo, a los trabajadores que le han sido fieles. Aunque no tenga gran importancia, pues ya hemos dicho que el guión cinematográfico no muestra excesivo respeto por el original de Hauptmann, puede ser útil recordar que en la obra teatral el protagonista es sólo un editor y acaba muriendo de un accidente vascular cerebral después de enfrentarse sin éxito a sus hijos. Por otra parte, la película plantea la situación desde una perspectiva absolutamente maniquea que incluye una ridiculización caricaturesca de los enemigos del protagonista.

Como puede verse, *El soberano* no sólo exalta al jefe sino que también toca otro *leitmotiv* del nacionalsocialismo: la comunidad de intereses entre patronos y obreros en una línea que venía de *Metropolis* (no por casualidad, Thea von Harbou era la guionista tanto del film de Lang como del de Harlan). De todas formas, esta armonía interclasista presupone que el bien común es el que dicta el jefe, y de los subordinados sólo se espera obediencia ciega: si el marxismo buscaba la dictadura del proletariado, el nacionalsocialismo prefiere que la dictadura la ejerzan clases más habituadas a mandar. Para los nazis, el jefe es el representante del pueblo porque su innata superioridad intelectual y moral le da una especial capacidad para saber cuáles son las necesidades de la comunidad. Pero en el momento que Clausen deja su cargo, es porque después de él vendrá otro jefe, probablemente más poderoso: al igual que en los films sobre grandes hombres del pasado, también aquí se nos deja pendiente de consecución la obra del protagonista: «Estoy seguro —dice Jannings/Clausen— que entre los trabajadores de esta fábrica saldrá el hombre destinado a seguir mi obra. Es igual que venga de los hornos, del laboratorio o de la sala de proyectos; por mi parte, sólo pienso explicarle las cuatro cosas que el trabajador saliente dice al que lo releva, pues el que ha nacido para mandar no tiene que escuchar más que a su propio genio.»

El soberano fue recibida por los medios de comunicación (no digo la crítica, que ya estaba abolida) con un aplauso unánime que no dejaba resquicio a la menor objeción. Se le concedió el *Staatspreis*, Jannings recibió un montón de prebendas (aparte del premio de interpretación en Venecia) y Veit Harlan comenzó su triunfal carrera de director oficial del Reich.

Condottieri (1937)

Producción Tobis (Berlín) / Consorzio Condottieri / ENIC (Roma). *Dirección* Luis Trenker, Werner Klinger. *Guión* Luis Trenker, Kurt Heuser, Mirko

Jelusich. *Fotografía* Albert Benitz. *Música* Giuseppe Becce. *Decorados* Erich Grave. *Longitud original* 2.771 m (reducidos a 2.650 el 2 de abril). *Estreno* 24 de marzo (Stuttgart).

Intérpretes Luis Trenker, Carla Sveva, August Eichhorn, Herbert Hübner, Ethel Maggi, Hans Zesch-Ballot, Aribert Wäscher, Tito Gobbi, Giuseppe Addobati, Ferdl Trenker, Waltraut Klein, Erwin Klietsch, Otto Collin, Reginald Pasch, Josef Kamper, Hans Jamnig, Luis Gerold, Umberto Sacripanti, Nestor Szytar, Erich Dunskus, Aribert Grimmer, Lothar Körner, Victor Gehrig, Willy Brüdjam, Otto Graf, Karl Jüstel, Georg Nadler, Herbert Klatt, Hans Proft, Karl Prokot, Charlotte Schellhorn, Livia Stolp, Jolianna Ewald, Maria-Maud Biging, Ingeborg Carlsson, Elsie Fries, Eva Genschow, Margit Kastius, Lita Louise Friede, Vega Halden, Lisa Körschner, Paul Schroeder.

Aparentemente una aproximación a la figura de «el último condotiero», Giovanni de' Medici, el de las «bandas negras», pero en la práctica un homenaje a las tropas de asalto fascistas (o nazis) que lucharon contra la adversidad para conseguir la unidad y grandeza de la patria. Para que se entienda el mensaje, los hombres de Giovanni (Trenker) no llevan bandas sino auténticas *camisas negras*, y una vez eliminado su rival Malatesta (Eichhorn) en Florencia su jefe da la orden de *marchar sobre Roma* al grito de «¡Viva la revolución!».

El paralelismo entre pasado y presente tendría su gracia y, sobre todo, su valor propagandístico si el guión no fuera, aparte de infantil, tan increíblemente confuso y destartalado: las peripecias, ya de por sí demasiado simplonas y sin profundidad psicológica o histórica, se amontonan sin sentido de la progresión narrativa ni conexión entre ellas, hasta el punto de que se nos hace imposible entender la conducta del protagonista ni, mucho menos, su trayectoria vital, que por otra parte se presenta sin mucho respeto que digamos hacia la historia «oficial». Entre otras cosas, Trenker no puede evitar dar un poco de salida a sus intereses montañeros y se inventa para su héroe una infancia alpina totalmente absurda, ya que Giovanni fue educado en medio urbano, e incluso una novia pastorcilla de ovejas (Sveva) que podría ser la misma de *El hijo perdido*, cuando la que fue esposa de Giovanni, Maria Salviati, era de una ilustre familia florentina. No obstante, conviene señalar que si en la versión italiana que se rodó simultáneamente[14] se especifica que el protagonista es un Medici, en la alemana se le cita como «duque de Lombardo».

14. En la versión italiana los actores son distintos a excepción de Carla Sveva y Ethel Maggi, no constan guionistas (sólo se especifica «*soggetto di Luigi Trenker*») ni se acredita al co-director Werner Klinger. En España se estrenó la versión alemana, doblada al castellano.

Si el guión es imposible, la puesta en escena tiene bastantes pretensiones, sobre todo en el aspecto formal, con esos cielos nubosos típicos de los films alpinos de Trenker mezclados con despliegues de banderas (a medias entre el Palio de Siena y los desfiles nazis) y atención obsesiva a las estatuas, abuso de encuadres enfáticos, espectaculares escenas de batallas con miles de extras, escenarios naturales de segura fotogenia (básicamente Florencia y San Gimigniano)...; es lástima que las escenas de esgrima no tengan ninguna gracia, sea por falta de un buen maestro de armas o porque era el único deporte que Trenker no dominaba. La música, del inevitable Giuseppe Becce, le da un tono entre zarzuelero y operístico al asunto, remachado por la aparición totalmente superflua del gran barítono Tito Gobbi.

Sherlock Holmes (Der Mann, der Sherlock Holmes war — 1937)

Producción UFA. *Dirección* Karl Hartl. *Guión* R. A. Stemmle, Karl Hartl. *Fotografía* Fritz Arno Wagner. *Música* Hans Sommer. *Decorados* Otto Hunte, Willi Schiller. *Longitud* 3.027 m. *Estreno* 15 de julio.
Intérpretes Hans Albers, Heinz Rühmann, Paul Bildt, Hansi Knoteck, Marieluise Claudius, Hilde Weissner, Siegfried Schürenberg, Franz W. Schröder-Schrom, Hans Junkermann, Eduard von Winterstein, Edwin Jürgensen, Ernst Legal, Hans Richter, Ernst Waldow, Günther Ballier, Ernst Behmer, Horst Birr, Gehrard Dammann, Erich Dunskus, Angelo Ferrari, Lothar Geist, Aribert Grimmer, Harry Hardt, Clemens Hasse, Paul Schwed, Theo Tony, Erich Walter, Heinz Wemper, Walter Werner, Willy Schur, Charly Berger, Katharina Berger, Hanns Bergmann, Fritz Draeger, Max Harry Ernst, Fred Goebel, Karl Jüstel, Kurt Kramer, Erich Nadler, Friedrich Ohse, Boris Alekin, Otto Krieg, Fredy Walden, Albert Karchow, Walter Steinweg, Herbert Gaidzik, Arthur Urlop, Helmut Passarge, Theodor Popp, Alfred Schwarz, Fred Tasso, Georg Harry Tschersich.

París, principios de siglo. Sherlock Holmes (Albers) y su fiel Watson (Rühmann) aparecen en la ciudad para desenmascarar a una banda de falsificadores de moneda, sin que nadie —ni la policía— atine a pensar que ambos son personajes de ficción; sólo un señor inglés (Bildt) echa a reir histéricamente cada vez que alguien comenta la labor de los detectives. No es hasta el final, cuando ya han descubierto a los delincuentes, que se les intenta juzgar por la superchería, pero el señor inglés, que resulta ser el mismísimo Arthur Conan Doyle, los defiende diciendo que sus artes pesquisidoras son dignas de sus personajes.

Para los espectadores no alemanes la intriga resulta demasiado ingenua y su humor poco sutil, como tampoco es demasiado brillante el número musical de los protagonistas cantando «Jawohl, meine Herren!» mientras se enjabonan en la bañera. No obstante la citamos por ser una de las comedias más populares de la época, una muestra del cine de evasión que constituía el grueso de la producción bajo el nazismo y que en la actualidad sigue revalidando su éxito cada pocos meses por televisión. Indudablemente, en la buena acogida comercial fue factor clave la presencia de Albers y Rühmann, las estrellas más queridas del público alemán antes, durante y después del nazismo.

La golondrina cautiva (Zu neuen Ufern — 1937)

Producción UFA. *Dirección* Detlef Sierck. *Guión* Detlef Sierck y Kurt Heuser, según la novela de Lovis H. Lorenz. *Fotografía* Franz Weihmayr. *Música* Ralph Benatzky. *Decorados* Fritz Maurischat. *Longitud* 2.879 m. *Estreno* 31 de agosto.

Intérpretes Zarah Leander, Willy Birgel, Viktor Staal, Carola Höhn, Hilde von Stoltz, Erich Ziegel, Edwin Jürgensen, Jakob Tiedtke, Robert Dorsay, Iwa Wanja, Siegfried Schürenberg, Lina Lossen, Lissi Arna, Herbert Hübner, Mady Rahl, Lina Carstens, Paul Bildt, Horst Teetzmann, Horst Birr, Hans Kettler, Walter Schramm-Duncker, Fritz Hoopts, Franz Stein, Claus Pohl, Ekkehart Arendt, Hanns-Maria Böhmer, Curd Jürgens, Ilse von Colani, Walter Werner, Werner Pledath, Karl Hannemann, Hella Graf, Karl Auen, Hans Waschatko, Else Boy, Boris Alekin, William Huch, Max Wilhelm Hiller, Oskar Höcker, Paul Schwed, Hermann Pfeiffer, S. O. Schoening, Lilli Schönbörn, Ellen Bang, Hildegard Friebel, Hanna Mohs, Thea Truelsen, Olga Schaub, Hansjoachim Büttner.

En el Londres victoriano, la cantante Gloria Vane (Leander) es acusada de una estafa y deportada a Australia, donde debe cumplir siete años de reclusión en el presidio de Paramatta. En realidad, Gloria está encubriendo a su amante, el disoluto aristócrata Albert Finsbury (Birgel), que también emigra al Quinto Continente para huir de sus acreedores, pero a diferencia de la sacrificada Gloria su destino será mucho más cómodo, de secretario del gobernador. La sufrida ex cantante consigue salir de la cárcel a costa de aceptar ser la esposa de un colono, Henry Hoyer (Staal). Aunque éste es tan apuesto como comprensivo, Gloria sigue pensando en Albert y se escapa antes de la boda: al ver que su antiguo amor está cortejando a la hija del gobernador, decide volver a prisión para completar su condena, pero Henry, que la ama de verdad, le pide que vuelva con él.

Este melodrama de gran éxito comercial fue el comienzo de la breve pero intensa carrera de la sueca Zarah Leander como principal estrella femenina del cine de Goebbels. El ministro estaba literalmente obsesionado con Greta Garbo, e incluso parece que le llegó a hacer alguna oferta de trabajo que *la Divina*, por supuesto, ignoró; las frustraciones continuaron con Marlene Dietrich, con la que ni siquiera funcionaron las consideraciones de orden patriótico. La Leander, que se había labrado cierto nombre en Suecia y Austria como actriz de revista, le pareció la candidata ideal para sustituir a las dos divas esquivas pues su personalidad reunía elementos de ambas: por un lado era sueca y morena como la Garbo, y por otro poseía un vozarrón de contralto que recordaba a la Dietrich, aunque, eso sí, sin la sensualidad «weimariana» de aquélla. La primera película de Leander hablada en alemán, *Noche de estreno* (*Premiere*, 1936, dir. Geza von Bolvary), estaba rodada en Viena y no era nada del otro jueves, pero sirvió para captar el potencial de la actriz; la segunda fue esta *Golondrina cautiva*, que impuso entre el público la imagen que repetiría contumazmente en la decena de títulos que interpretó en el Reich: la mujer de mundo, aparentemente frívola y «pecadora», pero que carga en silencio con las culpas ajenas y debe sacrificar lo que más quiere (un hijo, por ejemplo) por los caprichos del Destino. Su discutible aspecto físico —en modo alguno juvenil, metida en carnes y de escaso *sex appeal* para los cánones actuales— mermó su atractivo fuera del territorio alemán y su colaboración con el nazismo no le proporcionó el reconocimiento de sus compatriotas al volver a Suecia en 1943, pero en la era Adenauer pudo recobrar parte de sus antiguas glorias y, de paso, convertirse en un ídolo del público *gay*.

Aunque algunos incidentes resultan algo forzados (el suicidio final de Albert, por ejemplo, no contribuye a definir el personaje), *La golondrina cautiva* se beneficia de la elegante dirección de Sierck, que saca buen partido de una ambientación «exótica» que recuerda la de algunos westerns y se permite un retrato bastante malintencionado de la clase alta británica, que puede tomarse tanto en un sentido de mera crítica social como de servicio a los intereses políticos del momento.

Patrioten (1937)

Producción UFA. *Dirección* Karl Ritter. *Guión* Philip Lothar Mayring, Felix Lützkendorf, Karl Ritter. *Fotografía* Günther Anders. *Música* Theo Mackeben. *Decorados* Walter Röhrig, Franz Kolhn. *Longitud* 2.638 m. *Estreno* 14 de mayo.

Intérpretes Lida Baarova, Mathias Wieman, Bruno Hübner, Hilde Körber, Paul Dahlke, Nikolai Kolin, Kurt Seifert, Edwin Jürgensen, Willi Rose, Ewald Wenck, Otz Tollen, Ernest Karchow, André Saint-Germain, Karl

Hannemann, Karl Wagner, Paul Schwend, Lutz Götz, Gustav Malmcke, Jim Simons.

Primera Guerra Mundial: un piloto alemán (Wieman) es derribado y cae en territorio francés. Para volver a sus líneas se viste de paisano y, fingiendo ser mudo, se introduce en una compañía teatral, donde pronto consigue el amor de la joven actriz y cantante Thérèse, también llamada Joujou (Baarova). Descubierto por los franceses, está a punto de ser ejecutado por espía y sólo lo salva el testimonio de Joujou; la pareja debe separarse, pero prometiendo reencontrarse después de la guerra. La trama, que mezcla sin la menor habilidad el patriotismo más estólido con unos números de revista seudoparisinos de un supino *kitsch*, intenta ver la guerra desde una perspectiva imparcial, pero a los autores se les nota enseguida que los franceses les caen fatal y los dejan en ridículo siempre que pueden, sean militares o civiles.

En realidad, el principal interés de *Patrioten* radica en ser la última película de la actriz checa Lida Baarova estrenada en el Reich. A pesar de su escasa personalidad y limitado atractivo físico, la Baarova tenía literalmente encandilado al Dr. Goebbels: el ministro, de sobras conocido por su voracidad sexual y la tranquilidad con que pasaba de una «conquista» a otra, se había enamorado sinceramente de la checa hasta el punto de que estaba decidido a separarse de su mujer. Pero Magda Goebbels se quejó al Führer y éste, que era muy mirado en cuestiones de moral conyugal, propinó un severo rapapolvo a su ministro y obligó a su amante a largarse *ipso facto* del país. Tras ver prohibida la última película que había interpretado, *Preußische Liebesgeschichte* (1938, dir. Paul Martin), Lida Baarova continuó su carrera en su país de origen y en Italia: lo que rodó en Praga no tuvo apenas difusión, pero en Roma consiguió destacar en el papel titular de *La Fornarina* (1943, dir. Enrico Guazzoni), en parte gracias a un plano de desnudo que en su momento escandalizó lo suyo al crítico del *Osservatore Romano*. Después de la guerra tuvo que emigrar a la Argentina para eludir acusaciones de colaboracionismo, y en los años cincuenta trabajó en varias películas españolas e italianas.

Un marido modelo (Der Mustergatte — 1937)

Producción Imagoton-Film. *Dirección* Wolfgang Liebeneiner. *Guión* Jacob Geiss, Hans Albin y Heinz Rühmann, según la comedia *Fair and Warmer* de Avery Hopwood. *Fotografía* Werner Bohne. *Música* Hans Sommer. *Decorados* Otto Gülstorff, Hans Minzloff. *Longitud* 2.752 m. *Estreno* 13 de octubre.

Intérpretes Heinz Rühmann, Leni Marenbach, Heli Finkenzeller, Hans Söhnker, Jola Jobst, Werner Fütterer, Leopold von Ledebur, Josi Holsten, Alexa von Porembsky, Rudolf Essek, Georg Heinrich Schnell, Hans Stiebner, André Saint-Germain, Max Holzboer, Antonie Jaeckel, Richard Ullrich, Werner Pledath, Otto Mathis, Armin Schweizer, Lisa Bonney, Angelo Ferrari, Werner Pledath, Otto Mathies.

Comedia inglesa de vocación vodevilesca adaptada al especial sentido del humor alemán y a los tics interpretativos de Heinz Rühmann, acreditado no sólo como protagonista sino también como «supervisor artístico» (la había representado en teatro infinidad de veces desde 1927 y el film puede considerarse un proyecto personal, a la manera de algunos de Emil Jannings). Rühmann demuestra tanto sus habilidades como —sobre todo entre espectadores no alemanes— sus limitaciones en el papel de William Bartlett, metódico y eficiente hombre de negocios londinense que como marido es un auténtico pelmazo. Los consejos de Jack, su mejor amigo (Söhnker), destinados a corregir esta situación y no perder a su mujer, Margret (Marenbach), lo llevan a ser descubierto por el amigo y la mujer en una situación francamente equívoca con la mujer del amigo, Doddy (Finkenzeller)... Los continuos enredos entre los cuatro personajes, que en escena demostraban cierta eficacia dentro de su estructura algo convencional, se suceden de forma algo acartonada en la versión cinematográfica hasta llegar a un final feliz en el que ambas parejas se reconcilian y William consigue mejorar su imagen ante la esposa.

La excesiva estupidez del personaje principal y la escasa picardía con que están presentadas situaciones teóricamente atrevidas, muy diferente a la tradición francesa en estos temas pero incluso lejos del original británico, hacen este film difícil de digerir en la actualidad. Con todo, en su momento fue un éxito comercial e incluso le valió un premio de interpretación al protagonista en Venecia, por lo que puede servir para ilustrar una determinada tendencia del cine comercial alemán de los años treinta y también para intentar entender (conseguirlo del todo lo veo difícil) las razones del «gancho» que tenía Rühmann entre el público y que le permitió gozar de una inmensa popularidad durante más de cuarenta años, totalmente ajeno a los cambios políticos que se sucedían en su entorno.

Der zerbrochene Krug (1937)

Producción Tobis-Magna. *Dirección* Gustav Ucicky (supervisión: Emil Jannings). *Guión* Thea von Harbou, según la comedia de Heinrich von

Kleist. *Fotografía* Fritz Arno Wagner. *Música* Wolfgang Zeller. *Decorados* Robert Herlth. *Longitud* 2.348 m. *Estreno* 20 de octubre.
Intérpretes Emil Jannings, Friedrich Kayssler, Max Gülstroff, Lina Carstens, Angela Salloker, Bruno Hübner, Paul Dahlke, Elizabet Flickenschildt, Walter Werner, Erich Dunskus, Gisela von Collande, Lotte Rausch.

Un pueblecito en los Países Bajos, siglo XVII. El juez Adam (Jannings) se despierta con una contusión en la calva, todavía más manifiesta por el hecho de haber perdido su peluca. Es evidente que no ha pasado buena noche, pero el día puede ser peor: va a tener que impartir justicia bajo el control de un juez inspector venido de la capital (Kayssler). Uno de los casos a estudio es el de la señora Rull (Carnsten), que denuncia que un desconocido entró en su casa por la noche y al escapar le rompió un valiosísimo jarrón. Además parece que la intención del intruso era colarse en el cuarto de la hija (Salloker), lo cual despierta los celos de su novio Ruprecht (Dahlke), que fue precisamente el que ahuyentó al desconocido tirándole un objeto a la cabeza: en la declaración, Ruprecht señala de forma inconsciente el chichón del magistrado, que por supuesto es el autor del desaguisado, cometido en plena borrachera. Para disimular, Adam intenta hacer recaer las culpas en el novio, pero la llegada de una sirvienta que ha encontrado la peluca perdida en casa de la señora Rull lo desenmascara y tiene que salir corriendo, perseguido por los iracundos vecinos.

Tomada de un clásico de la escena germánica (estrenado en Weimar en 1808), esta película puede considerarse más «teatro filmado» que auténtica adaptación, pues el guión apenas modifica el original: se mantiene la unidad de acción, tiempo y lugar que era preceptiva en los tiempos del *Sturm und Drang*, a excepción de unos planos de exteriores cuya única finalidad parece ser la de lucir un espléndido decorado de pueblo holandés. Sin negar a la pieza de Kleist sus reconocidos méritos, creemos que su humor no ha resistido bien el paso del tiempo, sobre todo si —como ocurre en la versión cinematográfica— se descuida la sátira del puritanismo y de la corrupción judicial para potenciar los aspectos más chuscos y localistas de la historia; contribuye activamente a ello la interpretación de Jannings, que ajeno a cualquier intento de dirección (no en vano se trata de «Ein Emil Jannings-Film») se muestra más gordo y zafio que nunca y exhibe todas las muecas posibles de su repertorio. En realidad, *Der zerbrochene Krug* desafía claramente aquel punto del ideario fílmico de Goebbels según el cual el cine nunca debe ser un servidor del teatro sino tener sus propias leyes, pero al Führer le encantó y se quedó una copia para su filmoteca particular, por lo que su fiel ministro tuvo que guardarse su opinión. Cinco años más tarde, en plena guerra, fue repuesta con todos los honores en el

UFA-Palast am Zoo como una auténtica obra maestra del cine, y en la actualidad sigue siendo útil como vehículo de difusión de la cultura alemana.

La Habanera (1937)

Producción UFA. *Dirección* Detlef Sierck. *Guión* Gerhard Menzel. *Fotografía* Franz Weihmayr. *Música* Lothar Brühne. *Decorados* Anton Weber, Ernst Albrecht. *Longitud* 2.692 m. *Estreno* 18 de diciembre.
Intérpretes Zarah Leander, Ferdinand Marian, Karl Martell, Julia Serda, Boris Alekin, Paul Bildt, Edwin Jürgensen, Carl Kühlmann, Michael Schulz-Dornburg, Rosita Alcaraz, Lisa Helwig, Geza von Földessy, Franz Arzdorf, Roma Bahn, Günther Ballier, Bob Bauer, Werner Finck, Karl Hannemann, Harry Hardt, Max Wilhelm, Hans Kettler, Werner Kepich, Carl Merznicht, Ernst Rotmund, Werner Scharf, Franz Stein.

De turista en Puerto Rico, la sueca Astrée (Leander) se enamora de un terrateniente local, don Pedro de Ávila (Marian), que la seduce con sus modos de donjuán y sus habilidades taurinas. A los diez años de casados, la vida de Astrée es un infierno: Pedro es un tirano machista que la tiene prisionera y esclavizada y su único consuelo es su hijo, que afortunadamente ha sacado un físico totalmente ario bien distinto al de su padre, que es el típico *greaser* permanentemente vestido de ranchero de Jalisco. Astrée será rescatada por el Dr. Sven Nagel (Martell), un compatriota que ha venido a la isla para investigar las causas de una grave epidemia contra la voluntad del malvado don Pedro, que, como vive del mercado frutero, no quiere que el precario estado sanitario local trascienda al exterior. *Justice poétique*, el hacendado morirá fulminado por la enfermedad que intenta camuflar y de esta manera su viuda podrá volver al mundo civilizado en compañía del doctor.

Este film, un típico melodrama para lucimiento de Zarah Leander muy similar a otros que comentamos en este libro, admite una lectura ideológica y otra meramente artística. La segunda puede despacharse en pocas líneas: es lo que hace unos años se definía como un típico producto *camp*, con el relato centrado en el sufrimiento femenino y una iconografía muy próxima a cierta mentalidad homosexual que todavía en la actualidad mantiene su vigencia (véanse, por ejemplo, los melodramas de mujeres de Almodóvar); por si hubiera alguna duda, no hay más que ver a Leander cantar la «Habanera» del título, que siempre ha sido un *must* en los espectáculos de travestidos. Por lo que respecta al «mensaje», demuestra un racismo tan repugnante como el de *Jud Süß*, pero como aquí los insultados son los latinoamericanos, a los críticos alemanes o anglosajones les parece lo más normal del mundo:[15] los sufrimientos de la aria Astrée aparecen claramente como un castigo por su horrible pecado, haberse unido carnalmente a un *untermensch*, y es sólo el atenuante de la inconsciencia y el engaño lo que le permitirá huir de ese purgatorio.

Un detalle anecdótico de esta *Habanera*, cuyo guionista no por casualidad era el significado publicista nazi Gerhard Menzel, es que los exteriores fueron rodados en Tenerife, entonces bajo control franquista, y que todo el supuesto ambiente puertorriqueño tiene ribetes fuertemente andaluces. Y es que para los nazis, tanto españoles como *latins* no tenían más mérito que servir de blanco para sus ejercicios de tiro.

Bajo palabra de honor (Urlaub auf Ehrenwort — 1937)

Producción UFA. *Dirección* Karl Ritter. *Guión* Felix Lützkendorf y Charles Klein, según un argumento de Kilian Koll, Walter J. Bloem y Charles Klein. *Fotografía* Günther Anders. *Música* Ernst Erich Buder. *Decorados* Walter Röhrig. *Longitud* 2.402 m. *Estreno* 11 de enero 1938 (Colonia).
Intérpretes Carl Raddatz, Fritz Kampers, Rolf Moebieus, Ingeborg Theek, Berta Drews, René Deltgen, Jakob Sinn, Käthe Haack, Evi Eva, Elisabeth Wendt, Heinz Welzel, Ludwig Schmitz, Willi Rose, Kurt Waitzmann, Wilhelm König, Franz Weber, Otz Tollen, Hadrian M. Netto, Heinrich Schroth, Iwa Wanja, Otto Graf, Lotte Werkmeister, Ewald Wenck, Ilse Fürstenberg, Karl Wagner, Hans Reinhardt, Knitsch, Ruth Störmer, Eduard Bornträger, Christine Grabe, Margot Erbst, Herbert Weissbach, Herbert Gernot, Fritz Claudius, Josef Dahmen, Beppo Brem, Gustav Mahncke, Charlie Kracker, Heinz Förster-Ludwig, Walter Schramm-Duncker, Oskar Sabo, Kai Möller, Karl Hannemann, Klaus Pohl, Aribert Grimmer, Horst Teetzman, Trude Lehmann.

Berlín, últimos días de la Primera Guerra Mundial. Una compañía se encuentra en la estación esperando el tren para el frente. El teniente que la manda decide dar un permiso de 6 horas a sus hombres, haciéndoles dar su palabra de que se reincorporarán (en una concesión a las tesis eugenésicas de 1937, les recuerda la conveniencia de hacerles un hijo a sus mujeres). A pesar de la inminencia de la derrota, todos volverán para cumplir con la patria, aunque ello les cueste la vida.

15. En su libro sobre Sirk, Jon Halliday ignora completamente el factor racial y llega a presentar la película como «anticapitalista». Edición española: *Douglas Sirk* (Madrid, Fundamentos, 1973), p. 49.

Karl Ritter, especialista en temas militares del cine alemán, reconstruye con precisión y relativa amenidad los hechos históricos que propiciaron el nacimiento del Nacionalsocialismo: a través de las peripecias de los distintos personajes —y especialmente la de uno de ellos (el que interpreta Carl Raddatz)— se nos muestra el alto nivel moral de los combatientes y la labor destructora de judíos y pacifistas que llevará a la «puñalada por la espalda» de noviembre. *Tendenzfilm* sin paliativos, *Bajo palabra de honor* sirve como ilustración de uno de los latiguillos contumaces de la propaganda nazi pero también merece cierta consideración desde un punto de vista estrictamente cinematográfico. La trama está bastante bien construida, las diversas historias dosifican con habilidad el humor, el drama y el mensaje, y la evocación del Berlín de 1918 recuerda en ocasiones algunas célebres películas del *Systemzeit*, sobre todo la escena del burdel, que es como un Pabst de rebajas. En 1956 se rodó un remake ambientado en la Segunda Guerra Mundial (dir. Wolfgang Liebeneiner), por supuesto más diluido en el plano ideológico.

Olimpiada (Olympia — 1938)

Producción Olympia-Film. *Dirección* Leni Riefenstahl (colaboración en el prólogo: Willy Zielke). *Fotografía* Hans Ertl, Walter Frentz, Guzzi Lantschner, Kurt Neubert, Hans Scheib, Andor von Barsy, Wilfried Basse, Franz von Friedl, Hans Gottschalk, Willi Hameister, Walter Hege, Werner Hundhausen, Heinz von Jaworsky, Hugo von Kaweczynski, Albert Kling, Ernst Kunstmann, Leo de Laforgue, Alexander von Lagorio, Otto Lantschner, Erich Nitzschmann, Ugo O. Schulze, Karl Vass. *Música* Herbert Windt, Walter Gronostay. *Asesor escenográfico* Robert Herlth. *Longitud* 3.429 m (primera parte), 2.722 (segunda parte). *Estreno* 20 de abril.

Visto el impacto de *El triunfo de la voluntad*, que convertía una manifestación política en obra de arte, no extraña que Leni Riefenstahl fuera la encargada de dejar constancia en celuloide del mayor espectáculo *apolítico* producido por el Tercer Reich, la XI Olimpiada de la Era Moderna. Desde un punto de vista tanto artístico como técnico, el resultado superó con creces al experimento anterior: además de disponer de unos medios técnicos todavía más por encima de lo que era habitual en un documental, la realizadora trabajó más de diez horas al día durante casi dos años, ya que su labor comenzó antes de los Juegos, ensayando tomas con deportistas de todas las disciplinas, y tras las dos semanas de filmar la actividad olímpica pasó a montar todo el material, que como es lógico fue lo más arduo de la empresa y le tomó la friolera de 18 meses. La Riefenstahl llevó su puntillo al extremo de probar las diversas marcas de negativo que existían en el mercado y utilizar cada uno en función del tipo de plano requerido: de esta manera la película Kodak se usaba para las figuras, la Agfa para los edificios, la Perutz para paisajes...

El material filmado, unos 400.000 metros en total, se sintetizó en dos largometrajes titulados *Olympia I: Fest der Völker* («Festival de los pueblos») y *Olympia II: Fest der Schönheit* («Festival de la belleza»), que se estrenaron en función de gran gala con asistencia de personalidades de la política y el deporte, separados por un intermedio de media hora.[16] La primera parte, la que tiene una mayor tensión narrativa, se concentra en carreras y saltos y tiene como estrellas principales a los atletas Jesse Owens y Kitei Son; aunque ninguno de los dos pertenecía a la «raza superior» (es bien conocido que Hitler se enfadó mucho con las victorias del americano y se negó a ser fotografiado dándole la mano), la cámara se recrea en sus movimientos como si fueran arios de pura cepa, lo cual ha incrementado la controversia que va implícita a la figura de Leni Riefenstahl. Parece que la clave reside en que, por encima de sus preferencias políticas (que probablemente eran tan superficiales como mudables), la realizadora tenía una confesada atracción por los cuerpos masculinos bien formados: esto ya queda de relieve en el elaborado prólogo que homenajea al deporte helénico, donde se nos muestra una serie de atletas desnudos y la cámara dedica mucha más atención a los hombres que a las mujeres, a pesar de que siempre se ha dicho que una de ellas era la propia Riefenstahl.[17] La segunda parte, algo más floja de ritmo, se inicia también con una especie de prólogo con los atletas entrenando y relajándose entre las competiciones (sin descuidar escenas de desnudos masculinos en la sauna) y tiene su clímax en lo que sin duda es uno de los momentos más recordados del film: los saltos de trampolín, en los que cámara, música y montaje hacen verdaderas filigranas con el descenso de los nadadores hasta el agua de la piscina (movimiento enlentecido, tomas subacuáticas, multiplicación de ángulos).

En la actualidad, *Olimpiada* puede considerarse totalmente anticuada en el sentido de que los acontecimientos que describe están mucho mejor servidos por la retransmisión televisiva, pero decir esto, aparte de ser una perogrullada, no impide reconocer que en su momento fue

16. En Madrid la segunda parte se estrenó una semana después de la primera, concretamente el 26 de junio de 1939, con el título *Juventud olímpica*.

17. En la película estas escenas son unos pocos minutos, pero existe un álbum de fotos fijas realizadas durante el rodaje (la mayoría por Willy Zielke) que dedica más atención al elemento femenino. La supuesta participación ante la cámara de la Riefenstahl se basa en una de estas fotos, donde se ve una mujer desnuda en escorzo dorsal, levantando los brazos, con un perfil nasal idéntico al de la realizadora.

un film insólito, modelo en su género y que ha marcado la pauta de todos los documentales posteriores dedicados a los Juegos Olímpicos.

La vuelta al hogar (Heimat — 1938)

Producción Tonfilmstudio Carl Froelich / UFA. *Dirección* Carl Froelich. *Guión* Harald Braun, según una adaptación de Otto Ernst Hesse y Hans Brennert de la obra teatral de Hermann Sudermann. *Fotografía* Franz Weihmayr. *Música* Theo Mackeben. *Decorados* Franz Schroedter. *Longitud* 2.780 m. *Estreno* 25 de junio (Danzig).
Intérpretes Zarah Leander, Heinrich George, Ruth Hellberg, Lina Carstens, Paul Hörbiger, Franz Schafheitlin, Georg Alexander, Leo Slezak, Hans Nielsen, Hugo Froelich, Babsi Schultz-Reckewell, Leopold von Ledebur.

1885. En una pequeña ciudad alemana se organiza un festival de música que contará con la participación de la diva norteamericana Maddalena Dall'Orto. La cantante en cuestión (Leander) resulta ser Magda von Schwartze, la hija de un coronel retirado (George) que abandonó la población hace años tras una trifulca con el padre. Magda regresa a la casa paterna, donde su hermana pequeña está a punto de casarse con un apuesto oficial de la guarnición local, y el padre, que bajo una fachada de duro esconde un corazón de oro, la perdona. Pero el pasado reaparece en forma del siniestro banquero Heller (Shafheitlin, con perilla y monóculo tomados de un villano del cine de los años 10), que fue el que motivó la huida de Magda, a la que sedujo y abandonó después de dejarla embarazada. Tras este encuentro, Magda confiesa a su padre que tiene una hija; hundido moralmente, el viejo coronel acude a Heller a pedirle una reparación a su infamia y, ante su sorpresa, el banquero se muestra dispuesto a casarse con su hija (la realidad es que necesita dinero para resolver una serie de trapacerías financieras). Mayor sorpresa y disgusto tiene el pobre hombre cuando Magda, con muy buen criterio, se niega a unirse a aquel indeseable por mucho que la moral lo exija. La situación límite se resuelve por la vía rápida con el suicidio del banquero, al que la policía iba a detener por estafador.

Aunque el título original es todo un programa —*Heimat* quiere decir hogar, pero tiene unas connotaciones espirituales y patrióticas mucho más complejas—, lo que el film realmente ofrece es un convencional melodrama en el que cuesta encontrar un mensaje claramente nazi: todo lo más, una reivindicación de los valores burgueses tradicionales como se podía ver en películas de países más democráticos. Presentado con cierta riqueza de medios, números musicales en tono mayor —Leander canta «Che farò senza Euridice» del *Orfeo* de Gluck (en alemán: «Ach, ich habe sie verloren») y un fragmento de la *Pasión según San Mateo*— y una típica interpretación *de bravoure* de Heinrich George, a Goebbels le pareció un ejemplo de lo que debía ser el cine comercial alemán: calidad y entretenimiento por encima de la ideología (fue Premio Nacional del año). Es una lástima que la dirección no demuestre la menor inventiva (a excepción de una tendencia a intercalar escenas en montaje paralelo, por otra parte no demasiado eficaz) e incluso incurra en pifias de orden técnico como la absurda grúa en la escena del baile —sin ninguna justificación narrativa en un film de planos fijos— o un salto de ejes que hasta el espectador más neófito capta.

Capricho (Capriccio — 1938)

Producción UFA. *Dirección* Karl Ritter. *Guión* Felix Lützkendorf, Rudo Ritter. *Fotografía* Günther Anders. *Música* Alois Melichar. *Decorados* Walter Röhrig. *Longitud* 3.034 m. *Estreno* 11 de agosto.
Intérpretes Lilian Harvey, Viktor Staal, Aribert Wäscher, Paul Kemp, Paul Dahlke, Anton Imkamp, Kate Kühl, Ursula Deinert, Margot Höpfner, Hedi Höpfner, Werner Stock, Annemarie Holtz, Erika Raphael, Margot Erbst, Martha von Kossatzki, Moja Petrikowski, Anna von Palen, Friedrich Gnass, Nico Turoff, Herbert Weissbach, Paul Schwed, Georg Georgi, Gudrun Ady, Thea Fischer, Elfriede Vollmer, Josef Dahmen, Heinz Berghaus, Karl Wagner, Wilhelm Egger-Sell, Michael von Newlinski, Arthur Reppert, Oskar Aigner, Karl Hannemann, Max Hiller, Wilhelm Gerber.

Francia en un impreciso siglo XVIII (que podría ser principios del XIX). Huérfana educada como un hombre por su abuelo, Madelone (Harvey) huye de una boda que no desea con un funcionario feo y gordo (Wäscher) disfrazada con ropas masculinas. En el camino se encuentra con dos amigos, uno de los cuales es Fernand, el apuesto primo de su supuesto novio (Staal). Tras varios equívocos de personalidad que quieren ser graciosos y picantes sin conseguirlo en ningún momento (la chica se presenta como un consumado seductor y dice llamarse «Don Juan de Casanova», *sic*), Madelone se casa con Fernand y se hace con el control del patrimonio familiar antes de que caiga en manos de un malvado tutor (Dahlke).

Uno de los films más ambiciosos y al mismo tiempo más estrafalarios producidos durante el Tercer Reich, que pretendía ser —como su título ya insinúa—una sofisticada y grácil parodia operística o, para ser más exactos, «operetística»: música y cantables evidenciaban fuertes resonancias clásicas, llegando incluso a citar el «Aria del Catálogo» del *Don Giovanni*. Por otra parte, había una intención de dar cierto ímpetu a la carrera de Lilian Harvey, que no conseguía revalidar en la Alemania nazi sus éxitos weimarianos y cuya imagen de simpatía y espontaneidad estaba empezando a dar señales de esclerosis. El film no consiguió ninguno de sus objetivos: si el guión sorprende relativamente por la teutónica pesadez de su humor, lo que es totalmente incomprensible es que se encargara la realización a Karl Ritter, cuya especialidad eran los temas militares y que se enfrenta a la farsa con una finura realmente cuartelera (por no decir paquidérmica), demostrando continuamente que no sabe cómo sacar partido de los abundantes medios puestos a su disposición. La Harvey hace lo que puede, pero se nota que el tiempo no pasa en balde: al año siguiente se iría de Alemania para no volver, tomando como excusa el que la UFA se negara por primera vez a pagarle una parte de su sueldo en moneda extranjera. En represalia, Goebbels retiró sus películas de circulación y prohibió en los periódicos toda referencia a la que había sido «la novia de Alemania».

Luna de mayo (Eine Nacht im Mai — 1938)

Producción UFA. *Dirección* Georg Jacoby. *Guión* Willi Clever. *Fotografía* Robert Baberske. *Música* Peter Kreuder, Friedrich Schröder. *Decorados* Max Mellin, Erich Grave. *Longitud* 2.411 m. *Estreno* 14 de setiembre (Wiesbaden).
Intérpretes Marika Rökk, Viktor Staal, Karl Schönböck, Oskar Sima, Gisela Schlüter, Albert Florath, Ingeborg von Kusserow, Mady Rahl, Franz Arzdorf, Ursula Herking, Ludwig Schmitz.

Inge, la atolondrada hija de un millonario (Rökk), tan mala automovilista como excelente actriz de revista, huye de su casa por miedo de que la vayan a meter en la cárcel por una infracción de tráfico. En la estación se encuentra un apuesto desconocido (Staal) con el que tiene una «noche loca» —aunque sin sexo— en un peculiar parque de atracciones en las afueras de Berlín. Tras varias peripecias, la pareja se separa e Inge vuelve a casa, desconsolada de haber perdido al amor de su vida, del que no sabe ni el nombre. Al día siguiente, cuando Inge actúa en el espectáculo del hotel que dirige su padre, reencuentra al desconocido... ¡trabajando de camarero!: las reticencias del padre ante la diferencia de clases son neutralizadas por el abuelo, que le recuerda que él también empezó por abajo, y todo acaba en boda (y en hijo, a juzgar por una breve coda con los protagonistas empujando un cochecito).

Para ser exactos, la intriga es casi más boba en el film que en esta esquemática sinopsis, pero lo que vale es el notable dinamismo de la puesta en escena, con un ritmo que no decae en ningún momento, un sentido del humor que sobrepasa un poco las conocidas limitaciones germánicas en este terreno y un buen aprovechamiento de todos los actores, incluso de Viktor Staal, que estaba encasillado en papeles de héroe unidimensional. Para entendernos, *Luna de mayo* es una adaptación al ambiente alemán de la *screwball comedy* de Hollywood, pero sin la coartada de la ambientación USA que usaba *El trío de la fortuna*. El film tiene un especial interés como descripción del personaje arquetípico de Marika Rökk, una de las actrices más populares de la época nazi: con innegables habilidades para la danza acrobática y mediana cantante, la srta. Rökk (o *Frau* Jacoby, ya que el director de sus mejores películas era su marido) era la persona ideal para aquellos *Revuefilme* que eran una parte importante en la producción de entretenimiento que tanto cuidaba Goebbels. Su personaje es el de la chica moderna de apariencia, pero en el fondo tradicional: aunque parezca dar facilidades a los hombres, no tarda en dejar claro (con algún bofetón si hace falta) que es decente, a pesar de que en algunos momentos podría ser etiquetada de algo, ejem... *allumeuse*, como cuando propone al galán bañarse desnudos en el lago bajo la luz de la luna (sin que él hubiera hecho ninguna insinuación) y una vez en el agua empieza a chillar por considerar que su pareja se acerca demasiado.

Caucho (Kautschuk — 1938)

Producción UFA. *Dirección* Eduard von Borsody. *Guión* Ernst von Salomon, Franz Eichhorn, Eduard von Borsody. *Fotografía* Willy Winterstein; tomas en Brasil, Edgar Eichhorn. *Música* Werner Bochmann. *Decorados* Anton Weber, Herbert Fröhberg. *Longitud* 2.851 m. *Estreno* 1 de noviembre (Hamburgo).
Intérpretes René Deltgen, Gustav Diessl, Vera von Langen, Roma Bahn, Herbert Hübner, Walter Franck, Hans Nielsen, Valy Arnheim, Hans Mierendorff, Paul Wagner, Karl Klüsner, Werner Scharf, Edwin Jürgensen, Erich Zieger, José Alcantra, Walter Süssenguth, Ernst Rotmund, Friedrich Gnass, Robert Dorsay, Pulip Manning, Otto Krone, Aribert Grimmer, Peter Busse, Eugen Pussert, Katja Bennefeld, Eugen von Bongardt, Louis Brody, Josef Stampe, Heinz Wemper.

1876. Brasil detenta el monopolio del caucho a base de un riguroso control aduanero y la imposición de penas durísimas (incluso la muerte) para todo aquel que intente sacar las semillas de la hevea fuera del país. Esta situación molesta considerablemente al poderoso Imperio Británico, que se ve obligado a depender de un país subdesarrollado, y para ponerle fin deciden enviar extraoficialmente a Henry Wickham, un intrépido agente secreto (Deltgen). Camuflado como un inocente cazador de mariposas, Wickham conseguirá la preciada semilla tras enfrentarse a peligros sin cuento en la selva amazónica.

Estimable muestra del cine comercial de la época, *Caucho* constituye una decidida y sorprendente exaltación del imperialismo británico. No sólo no se critican los métodos algo rastreros seguidos para dejar sin los ingresos del caucho a los brasileños, sino que a éstos se los presenta de forma claramente peyorativa: el hacendado Don Alonzo de Ribeira (Diessl), principal enemigo de Wickham no sólo por lo de las semillas sino por haberle enajenado los favores de la hija del cónsul inglés (Langen), es una versión algo suavizada del *greaser* machista y tirano que ya habíamos visto en *La Habanera*. A cambio, el agente «al servicio de Su Graciosa Majestad» es tan valiente como sacrificado: cuando el cónsul le informa de que puede salvar la vida si devuelve las semillas, pone los ojos en blanco y entona un pequeño discurso sobre la repercusión que su trabajo tendrá en la grandeza de Inglaterra.

Propaganda o no (es evidente que en el año del Pacto de Munich, los nazis no querían buscarle las cosquillas a los ingleses), esta película tuvo un origen totalmente casual, pues el argumento se confeccionó para aprovechar más de mil metros de celuloide impresionado en el Amazonas que la UFA había comprado y no sabía en qué utilizarlos. Tras vender la fábrica de tabaco de su padre, August y Franz Eichhorn organizaron una expedición al Amazonas para rodar imágenes que pudieran servir tanto para un documental como para un film de ficción. La expedición fue un desastre y, tras sufrir todas las calamidades posibles, los hermanos Eichhorn volvieron a Alemania completamente arruinados. De todas formas, el material filmado tenía algunas escenas realmente impresionantes —pirañas dejando a un animal en los puros huesos, un río plagado de cocodrilos y un maremoto— que se pudieron ensamblar de forma bastante convincente con el resto del film, rodado íntegramente en estudio a partir de un guión de Ernst von Salomon, escritor de ideas, si no nazis bastante ultramontanas,[18] que en la era Adenauer seguiría cultivando con Eduard von Borsody éxitos en el tema selvático con una versión femenina de Tarzán, *Liane, das Mädchen aus dem Urwald* (1956), en la cual la rubia Marion Michael lucía como único vestuario un taparrabos mucho más reducido que el de Johnny Weissmuller.

18. En su currículum constaba una temporada en la cárcel por complicidad en el asesinato en 1922 del judío Rathenau, ministro de Asuntos Exteriores de la República de Weimar.

Forja de héroes (Pour le Mérite — 1938)

Producción UFA. *Dirección* Karl Ritter. *Guión* Fred Hildebrand, Karl Ritter. *Fotografía* Günther Anders; tomas aéreas, Heinz von Jaworsky. *Música* Herbert Windt. *Decorados* Walter Röhrig. *Longitud* 3.303 m. *Estreno* 22 de diciembre.

Intérpretes Paul Hartmann, Albert Hehn, Herbert A. E. Böhme, Jutta Freybe, Carsta Löck, Fritz Kampers, Paul Otto, Josef Dahmen, Gisela von Collande, Willi Rose, Clemens Hasse, Malte Jaeger, Marina von Ditmar, Paul Dahlke, Wolfgang Staudte, Heinz Welzel, Heinz Engelmann, Otto Graf, Theo Shall, Lothar Körner, Elsa Wagner, Kate Kühl, Franz Weber, Karl Meixner, Friedrich Ettel, Ernst Dernburg, Otz Tollen, Wilhelm Althaus, Walter Bluhm, Heinz Wieck, Hans Rudolf Ballhausen, Hans Joachim Rake, Heinz Sedlak, Erik Radolf, Gustav Mahncke, K. A. Dennert, Heinrich Schroth, Hadrian M. Netto, Otto Krone, Franz Andermann, Jim Simmons, Adolf Fischer, Herbert Lindner, Georg Georgi, Nico Turoff, Hans Bergmann, Walter Lieck, Reinhold Pasch, André Saint-Germain, Waltraut Salzmann, Oskar Aigner, Ernst Sattler, Irene Kohl, Otto Sauer-Sarto, Martyha von Kossatzki, Fritz Petermann, Hildegard Fränzel, Heinrich Krill, Gaston Briese, Valerie Borstel, Herbert Schimkat, Aribert Grimmer, Fritz Claudius, Arthur Reppert, Karl Haubenreisser, Willy Gerber, Elvira Erdmann, Hanna Lussnigg, Serag Monier, Marianne Kiwitt, Dolly Raphael, Lily Schönbörn, Lutz Götz, Oscar Höcker, Ilva Günten, S. O. Schoening, Fritz Marlitz, Herbert Weissbach, Max Hiller, Josef Peterhans, Friedrich Gnass, Werner Stock, Eduard Bornträger, Gehrard Bienert, Helmut Passarge, Gerhard Dammann, Willi Witte, Walter Jensen, Heinz Rippert, Theo Brandt, Heinz Otte, Kurt Hinz, Martin Baumann, Egon Balogh.

Si en *Bajo palabra de honor* Ritter recordaba el sacrificio de los soldados alemanes en 1918, su siguiente exaltación militarista nos hace avanzar unos años y nos muestra la participación de los veteranos de la Gran Guerra en la creación del Tercer Reich. El protagonista, Prank (Hartmann), es un as de la aviación, condecorado desde antes de la guerra con la medalla que da título al film (su francófilo nombre se debe a haber sido creada en el siglo XVIII, en principio para recompensar labores más terrestres), que tras demostrar un heroísmo suicida durante la contienda se niega a aceptar la derrota y la desmilitarización de su país. En complicidad con otros excombatientes tan frustrados como él, se pone a trabajar clandestinamente para reconstruir la fuerza aérea alemana: bajo la fachada de una escuela de vuelo sin motor, los pilotos de la nueva Alemania empiezan a entrenarse. Cuando la policía le clausura la escuela debe partir al exilio, pero en el interior un grupo de industriales que detesta la República de Weimar tanto como él continúa la fabricación de aviones. La película se acaba con el discurso de Goebbels en el cual se restablece el servicio militar obligatorio, el 16 de marzo de 1935. Prank es nombrado coronel de la Luftwaffe.

Bastante menos sutil que *Bajo palabra de honor*, *Forja de héroes* es uno de esos films en los que la propaganda aplasta cualquier posibilidad de hacer buen cine, por mucho que algunos momentos (las escenas de aviación) estén conseguidos. Todo está supeditado al mensaje y su único interés es el de un documento histórico que nos muestra la mentalidad de los individuos que hicieron el Tercer Reich, recordándonos que Hitler no fue el inventor de la fórmula sino el portavoz del nutrido grupo de resentidos que no habían digerido la derrota de 1918 y no estaban dispuestos a que en Alemania se instaurara la democracia y la libertad de expresión. Cuando la comisión de control se presenta en el campo de aviación de Prank para desenmascarar sus actividades, hay un tiroteo y mueren dos policías; en el juicio que sigue, el héroe defiende sin ambages sus ideas: «No quiero saber nada de vuestra república. Odio la democracia como si fuera la peste. Os combatiré en todo lo que hagáis, pero si ponéis en marcha un auténtico ejército popular, que satisfaga las inquietudes de un ex combatiente, seré el primero en colaborar.»

El corazón inmortal (Das unsterbliche Herz — 1939)

Producción Tobis. *Dirección* Veit Harlan. *Guión* Veit Harlan y Werner Eplinius, según la obra teatral *Das Nürnbergisch Ei* de Walter Harlan. *Fotografía* Bruno Mondi. *Música* Alois Melichar, sobre temas de Bach. *Decorados* Hermann Warm, Johannes Massias. *Longitud* 2.941 m. *Estreno* 31 de enero (Nuremberg).
Intérpretes Heinrich George, Kristina Söderbaum, Michael Bohnen, Raimund Schelcher, Paul Wegener, Auguste Prasch-Grevenberg, Paul Henckels, Franz Schafheitlin, Eduard von Winterstein, Jakob Tiedtke, Ernst Legal, Wolf Dietrich, Hans Quest, Josef Dahmen, Bernhard Minetti.

Nuremberg a principios del siglo XVI. El famoso navegante y cartógrafo Martin Behaim (Bohnen) explica a su amigo el inventor Peter Henlein (George), su reciente naufragio y cómo ha sido incapaz de determinar el lugar concreto por culpa del mal funcionamiento de los relojes de péndulo del barco: estimulado por el relato de su amigo, Henlein se dedica febrilmente a la confección de un reloj portátil resistente a las agresiones. La dedicación a su trabajo hace que nuestro hombre descuide a su joven y bella esposa Ev (Söderbaum), que busca las atenciones del ayudante de su marido, Konrad (Schelcher). Al descubrir las inclinaciones adúlteras de la esposa sobreviene un incidente entre Henlein y su ayudante en el que éste dispara accidentalmente al inventor con un arma especial de doble bala: el cirujano consigue extraer una, pero la otra ha quedado alojada junto al corazón. A pesar del riesgo que supone, Heinlein no deja de trabajar en su invento hasta conseguir el reloj maravilloso, ese «huevo de Nuremberg» que al final le costará la vida. El entierro del inventor reviste características de acontecimiento nacional, con asistencia de Behaim y otras personalidades de la época.

Sacada de una obra teatral de Walter Harlan (el padre del realizador), *El corazón inmortal* se salta a la torera la cronología histórica —Behaim murió en 1507 en Lisboa tres años antes de que Henlein inventara el famoso reloj, y además el inventor no murió hasta 1542— para dar la pauta de cómo el cine nazi va a representar el «genio alemán» (de las ciencias, del arte o de la política): físicamente poco atractivo y ajeno a cualquier interés que no sea la gloria de su nación y el servicio a su pueblo; fuera de estas superiores obligaciones, ni la propia vida tiene importancia. El film de Harlan tiene todas las virtudes y defectos del cine histórico nazi: la fotografía y la ambientación son impecables, con una buena utilización de escenarios naturales de Nuremberg (el *gauleiter* de Franconia, el furibundo antisemita Julius Streicher, hizo sacar de las calles todos los signos de modernidad, incluidos cables del teléfono y del tranvía, y movilizó a las SA y las SS para hacer de extras), pero el guión tiende a la retórica y la dirección es pomposa y circunspecta, animada por esporádicos toques de ingenio como la escena en que la arrepentida Ev frota su cuerpo desnudo contra el de su marido en un intento de distraerlo de la obsesión investigadora que lo va a llevar a la tumba.

Der Schritt vom Wege (1939)

Producción Terra. *Dirección* Gustaf Gründgens. *Guión* Georg C. Klaren y Eckart von Naso, según la novela *Effi Briest* de Theodor Fontane. *Fotografía* Ewald Daub. *Música* Mark Lothar. *Decorados* Traugott Müller, Franz Koehn. *Longitud* 2.741 m. *Estreno* 9 de febrero.
Intérpretes Marianne Hoppe, Karl Ludwig Diehl, Paul Hartmann, Max Gülstorff, Paul Bildt, Käthe Haack, Hans Leibelt, Elisabeth Flickenschildt, Gisela von Collande, Renée Stobrawa, Erich Dunskus, Flora Berthold, Ursula Voss, Ursula Friese.

Aunque el título (que se podría traducir por «el desliz») despiste un poco, se trata de una adaptación del clásico de Theodor Fontane *Effi Briest* (1895), cuya protagonista es una especie de «Madame Bovary» de los tiempos de Bismarck. A los 17 años, Effi (Hoppe) se casa con el barón Intesttein (Diehl), un funcionario imperial que le dobla la edad. Aunque está sinceramente enamorada de su marido, el carácter adusto y doctrinario de éste y sus continuas ausencias por motivos de trabajo la hacen sucumbir a las insinuaciones de Crampas (Hartmann), un mayor de caballería retirado mucho más locuaz y divertido. De todos modos, la aventura es fugaz y Effi la corta definitivamente cuando Intesttein es trasladado a Berlín. Unos años más tarde el marido descubre accidentalmente unas cartas del antiguo amante de su mujer y, como corresponde a su rígido código del honor, mata en duelo a Crampas y repudia a Effi, a la que separa cruelmente de su hija. Mientras el barón es ascendido a ministro (su honorable conducta le ha valido tres meses de cárcel pero el aplauso de toda la sociedad), su mujer cae enferma y muere en casa de sus padres.

Sin ser una obra maestra, *Der Schritt vom Wege* es una cinta muy estimable que recoge con habilidad algunos de los motivos argumentales de la novela, incluso aquellos que podían ser menos agradables a la mentalidad nazi. Por un lado se presenta a Intesttein de forma totalmente negativa, como un individuo que sólo piensa en promocionarse, que se pasa el día haciendo la pelota a Bismarck —del que todos dicen que es un gran amigo— y que no corresponde a la ilusión adolescente de su esposa; aunque de forma discreta como corresponde al año de su realización, se deja bastante claro que no la tiene satisfecha en el plano sexual, y ésta es simplemente la razón del «desliz» de la esposa, que nunca llega a estar realmente enamorada de Crampas. La personalidad del marido y los incidentes posteriores quedan bien definidos en la escena en que Effi, recién instalada en el hogar conyugal, sale a dar un paseo con su perro y llega a la playa; la inmensidad del paisaje, con sus dunas y el horizonte marino, crean en la muchacha una sensación de belleza y libertad que es drásticamente abortada cuando se tropieza con un letrero que especifica: «prohibido bañarse por orden del prefecto, Barón von Intesttein». Pero la película no carga sólo en el marido la responsabilidad, sino en una sociedad represiva cuyas primeras víctimas son las mujeres y en la que la llegada de una cantante, sobrina del médico local (Flickenschildt), que no oculta su libertad de costumbres sexuales, desata el escándalo de la burguesía local. El ascenso social del barón, después de haber matado a un hombre y enterrar en vida a su mujer cuando podía perfectamente perdonar una ofensa de la que nadie estaba enterado, complementa esta sorprendente crítica social a la sociedad bismarckiana que, como hemos visto, era un poco el paradigma moral del nazismo.

Muy bien fotografiada y decorada, y con una banda sonora de resonancias *cesarfrankianas* que es una de las mejores del cine de la época nazi (en general poco dado a músicas de fondo), quizá lo menos conseguido de esta película es la interpretación, si bien más por *miscasting* que por ineficacia de los actores: a Marianne Hoppe le cuesta convencer de que tiene 17 años y algo parecido le pasa a Paul Hartmann, cuyo físico no resulta mucho más atractivo que el de Karl Ludwig Diehl y dificulta la comprensión del enamoramiento de la protagonista. No obstante éstas y otras objeciones menores, este film escasamente valorado por los historiadores (o más bien poco conocido) demuestra el talento de Gustaf Gründgens, uno de los actores de teatro más famosos de la época y en cuya personalidad está inspirado el protagonista de la novela *Mephisto* de Klaus Mann (llevada al cine por István Szabó en 1981).[19] A diferencia de casi todos sus compañeros, Gründgens no estaba expuesto a los caprichos de Goebbels ya que era el protegido de Hermann Goering y esto le permitía conatos de libertad como, por ejemplo, rechazar el papel del judío Süss. *Der Schritt vom Wege* no es, ni mucho menos, propaganda antinazi, pero tampoco demuestra la menor voluntad de colaboración.

La novela de Fontane ha tenido otras dos adaptaciones cinematográficas: *Rosen im Herbst* (1955, dir. Rudolf Jugert) y *Fontane Effi Briest* (1974, dir. Rainer Werner Fassbinder).

París 1900 (Bel Ami — 1939)

Producción Deutsche Forst-Filmproduktion / Wien-Film. *Dirección* Willi Forst. *Guión* Willi Forst y Axel Eggebreth, según la novela de Guy de Maupassant. *Fotografía* Ted Pahle. *Música* Theo Mackeben. *Decorados* Werner Schlichting, Kurt Herlth. *Longitud* 2.749 m. *Estreno* 21 de febrero. *Intérpretes* Willy Forst, Olga Tschechowa, Ilse Werner, Johannes Riemann, Hilde Hildebrand, Lizzi Waldmüller, Marianne Stanor, Aribert Wäscher, Willi Dohm, Hubert von Meyerinck, Hadrian Maria Netto, Hans Stiebner, Kalouf Ben Gassem, Werner Scharf, Egon Brosig, Eleonore Tappert, Paul Samson-Körner, Tatjana Sais, Richard Ludwig, Ilse Petri, Hildegard Busse, Werner Dunskus, Hans Waschatko, Walter Gross, Ewald Wenck, Bruno Ziener, Joe Furtner, Joachim Below, Walter Lieck.

Inspirada en la novela de Maupassant, la intriga narra las aventuras de Georges Duroy, alias Bel Ami (Forst), un *bon vivant* que, gracias a su gancho con las mujeres, va ascendiendo en el escalafón social hasta

19. La Hoppe era en aquellos momentos su esposa «oficial» (no hay ironía en esto; Gründgens era un homosexual confeso pero le gustaba mantener ciertos convencionalismos sociales, hasta el extremo de pedir el divorcio a su mujer cuando ésta quedó embarazada de otro hombre).

llegar a ministro de las Colonias y casarse con la hija de su predecesor en el cargo (el original literario no es tan espectacular: el matrimonio final es con la hija del director del periódico en que trabaja). Situados en 1939, no cuesta mucho suponer que esta historia, no precisamente ejemplar, fuera promovida por las autoridades con la aviesa intención de denigrar a los franceses, presentando una sociedad decadente de *gigolos* y *demi-mondaines* cuyo final inevitable era el que íbamos a presenciar dentro de poco, cuando sucumbiera ante un Reich digno y viril.

Por encima de las intenciones políticas, el actor y director Willi Forst, experto en evocaciones de la Viena ochocentista a la manera de Max Ophüls —su obra más famosa es *Mascarada* (*Maskerade*, 1934)— abordó la escabrosa trama con una ironía grácil y elegante que hacía disculpables tanto la conducta del supuesto héroe como de las damas ligeras que caen en sus brazos, e incluso conseguir que él mismo pasara por un irresistible seductor con un físico que, desde luego, no era el de Clark Gable, Tyrone Power o Errol Flynn: como decía uno de los pimpantes *couplets* que se oían en el curso de la acción, «Bel Ami, tienes suerte con las damas / no eres guapo pero tienes *charme* / no eres inteligente pero sí galante / no eres un héroe pero... ¡gustas!». La música era sin duda uno de los puntos de apoyo del film junto al elaborado aspecto visual, pródigo en decorados suntuosos con tendencia al *kitsch*.

En España, donde la censura era algo más tolerante con las producciones del Eje, *París 1900* fue un poco la gota que hizo rebosar el vaso. Consiguió ser autorizada por insistencia de la distribuidora CIFESA y —supongo— para no desairar a la delegación cultural del Reich, pero con la calificación «gravemente peligrosa» y tantos retoques que la intriga resultaba poco menos que ininteligible. Prueba de ello son los desconcertados comentarios de los críticos más predispuestos, como éstos de Antonio Mas-Guindal: «En la versión española varían bastante los acontecimientos de la trama, lo que tal vez influya en el resultado artístico de la cinta (...) Si *explicables confusionismos* (cursiva es nuestra) oscurecen la labor del realizador, una mirada atenta puede apreciar la calidad directiva de esta película, que buscó una personalidad distinta a la corriente.»[20] Lo del «resultado artístico» era un eufemismo por su carrera comercial, ya que tuvo que ser retirada furtivamente de cartel ante el enfado de la embajada alemana, que ya se había encontrado con situaciones parecidas y que no tardaría mucho en ver cómo sus películas iban desapareciendo de las pantallas españolas. Y siguiendo con referencias hispánicas, recordemos que el director de fotografía del film de Forst fue el americano Ted Pahle, que en 1940 se incorporaría con gran éxito a la cinematografía española.

20. *Primer Plano*, n.º 107, 1 de noviembre de 1942.

En 1955 se rodó una nueva versión de *Bel Ami*, dirigida por Louis Daquin en régimen de coproducción francoaustriaca, y que tuvo problemas con la censura francesa. El protagonista fue Johannes Heesters, antiguo galán de las operetas del periodo 1933-1945.

Canitoga (Wasser für Canitoga — 1939)

Producción Bavaria. *Dirección* Herbert Selpin. *Guión* Walter Zerlett-Olfenius, según la adaptación de Emil Burri y Peter Francke de la obra teatral de G. Turner Krebs. *Fotografía* Franz Koch. *Música* Peter Kreuder. *Decorados* Ludwig Reiber, Arthur Schwarz, Willy Depeneau. *Longitud* 3.270 m. *Estreno* 10 de marzo.
Intérpretes Hans Albers, Charlotte Susa, Hilde Sessak, Peter Voss, Josef Sieber, Heinrich Kalnberg, Andrews Engelmann, Karl Dannemann, Hans Mierendorff, Heinrich Schroth, Beppo Brem, Katja Benefeld, Peter Busse, Ernst Fritz Fürbringer, Henry Pless, Fritz Reiff, Arthur Reinhardt, Willy Roesner, Ernst Rotmund, Herta de Salvador, Arnulf Schröder, Carl Wery, Bruno Ziener.

En 1939 se estrenan *Gold in New Frisco* (distribuida en España con el impropio título de *Oro en San Francisco*, dir. Paul Verhoeven) y *Canitoga*. Ambas son muestras de lo que podríamos llamar «western a la alemana», o, mejor, «western a la Goebbels» si reservamos el primer término para las adaptaciones de Karl May que proliferarán en los años sesenta y consideramos que la ambientación de los films nazis es, en teoría, canadiense (básicamente para facilitar la utilización de paisajes alpinos). *Gold in New Frisco* —como ya hemos dicho, nada de *San Francisco*: el distribuidor español interpretó el extraño nombre del título a su manera— se desenvuelve en un tono ligero, casi de comedia, mientras que *Canitoga* tiene más pretensiones dramáticas, una estética de estudio claustrofóbica de interiores sombríos y exteriores artificiales, y es el que tuvo una mejor acogida comercial.

La base argumental no tiene excesivo atractivo ni verosimilitud: en la ciudad minera de Canitoga se está construyendo un acueducto, pero los que viven de comercializar bebidas alcohólicas sabotean continuamente la construcción con el peregrino razonamiento de que el agua es incompatible con el vicio. A cambio tiene más interés el personaje protagonista, en el que no cuesta encontrar resonancias hollywoodianas: un antiguo ingeniero militar venido a menos por culpa del whisky, que el popular Hans Albers compone con campechanía y sentido del humor; en una escena en que los asiduos del *saloon* local celebran el Año Nuevo se permite cantar una canción en su peculiar estilo, desde luego más propio del cabaret germánico que de Bing Crosby (escena que, por cierto, recuerda poderosamente una similar de la producción MGM *San Francisco*, 1936, dir. W. S. Van Dyke). Al final se redimirá con un acto heroico y morirá abrazado al mástil donde ondea la Union Jack: tras hacer el saludo militar sufre un colapso y en su caída desata la bandera, que cubrirá su cuerpo como una mortaja. Una curiosidad del film es su confusión estilística, que mezcla sin excesiva coherencia humor, aventuras, drama patriótico e incluso comedia musical en la increíble escena en que los ciudadanos de Canitoga homenajean al héroe en el Ayuntamiento y le cantan a coro «Goodbye Johnny».

Noche embrujada (Es war eine rauschende Ballnacht, 1939)

Producción Tonfilmstudio Carl Froelich / UFA. *Dirección* Carl Froelich. *Guión* Geza von Cziffra, según un argumento de Georg Wittuhn y Jean Victor; diálogos de Frank Thiess. *Fotografía* Franz Weihmayr. *Música* Theo Mackeben, sobre temas de Chaikovski. *Decorados* Franz Schroedter. *Longitud* 2.579 m. *Estreno* 15 de agosto.

Intérpretes Zarah Leander, Marika Rökk, Hans Stüwe, Aribert Wäscher, Leo Slezak, Fritz Rasp, Paul Dahlke, Karl Haubenreisser, Ernst Dumcke, Karl Hellmer, Karl Hannemann, Hugo Froelich, Wolfgang von Schwind, Kurt Vespermann, Franz Stein, Maria Loja, Eduard Bornträger, Grete Greff, Maria Reisenhofer, Leopold von Ledebur, Eva Immermann, Grete Greff, Armin Süssenguth.

Para celebrar el pacto de amistad nazi-soviético pareció oportuno a las autoridades del Reich dejar de presentar en el cine a los rusos como unos bolcheviques sanguinarios, por lo que se retiraron de las pantallas productos como *Lucha contra la muerte roja* y, a cambio, se pusieron en marcha películas que ofrecieran una visión más amable, ya que no de la Rusia comunista, por lo menos de la «Rusia eterna». La primera de la (corta) serie es esta *Noche embrujada*, un homenaje a Chaikovski a través de una anécdota sentimental totalmente desprovista de base histórica. Según la calenturienta mente de los guionistas, el insigne músico (Stüwe) está enamorado de una aristócrata infelizmente casada, Katharina (Leander). Como el compositor no tiene un kópek y además su música no acaba de gustar, ella financia en secreto la edición de sus obras: él se piensa que está triunfando por méritos propios y le propone abandonar a su marido, pero ella tiene que negarse porque, de acceder a sus deseos, ¿quién pagará la carrera del artista? Despechado, Chaikovski se casa sin amor con una bailarina que lo quiere con locura (Rökk), pero la abandona la misma noche de bodas para dedicarse en exclusiva a su arte.

Después de muchos años, tras triunfar en París, Chaikovski vuelve a Moscú en plena epidemia de cólera, donde reencuentra a Katharina que se acaba de separar de su marido. Un amigo común le pone al corriente de cómo Katharina se sacrificó por él, pero ya es tarde: el músico muere fulminado por el cólera, aunque confortado por la presencia de su amada.

Evidentemente, la biografía de Chaikovski en que se inspiraban los guionistas no era la misma que utilizó Ken Russell para hacer en 1970 *La pasión de vivir* (*The Music Lovers*), pues de la supuesta homosexualidad del compositor no hay la más mínima alusión como no sea la ambigua escena de la noche de bodas en la que deja «en blanco» a la ansiosa novia. En descargo de la cinta alemana debemos aclarar que en ningún momento pretende ser una aproximación biográfica rigurosa sino una fantasía romántica más o menos inspirada en la música de Chaikovski. Si la tomamos desde esa perspectiva puede valorarse el esfuerzo de producción, que consigue cierta atmósfera gracias al buen hacer de los responsables de fotografía y decorados. El reparto ofrece el atractivo de ver juntas a las dos primeras damas del cine nazi, bastante bien dirigidas por cierto (es uno de los mejores papeles de Marika Rökk); uno no puede por menos que preguntarse por qué en las últimas escenas el galán está mucho más envejecido que ellas, pero estos lapsus eran moneda corriente en el cine de aquellos años, y además ya se sabe que el pobre Piotr Ilich nunca estuvo muy bien de salud.

Roberto Koch, el vencedor de la muerte (Robert Koch der Bekämpfer des Todes — 1939)

Producción Tobis. *Dirección* Hans Steinhoff. *Guión* Walter Wassermann y C. H. Diller; argumento y supervisión de Paul Joseph Clemens y Gerhard Menzel, según el libro *Robert Koch, Roman eines großen Lebens* de Hellmuth Unger. *Fotografía* Fritz Arno Wagner. *Música* Wolfgang Zeller. *Decorados* Emil Hasler, Fritz Lück, Heinrich Weidemann. *Longitud* 3.169 m. *Estreno* 26 de setiembre.

Intérpretes Emil Jannings, Werner Krauss, Viktoria von Ballasko, Raimund Schelcher, Hildegard Grethe, Theodor Loos, Otto Graf, Peter Elsholtz, Bernhard Minetti, Friedrich Otto Fischer, Hilde Korber, Josef Sieber, Elisabeth Flickenschildt, Paul Bildt, Paul Otto, Lucie Höflich, Paul Dahlke, Rudolf Klein-Rogge, Jakob Tiedtke, Karl Haubenreisser, Eduard von Winterstein, Bernhard Goetzke, Gertrud Wolle, Werner Pledath, Karl Hannemann, Karl Platen, Walter Schramm-Duncker, Charlotte Schultz, Leopold von Ledebur, Josef Reithofer, Paul Hildebrandt, Karl Wagner, Franz Stein, Klaus Pohl, Karl Kahlmann, Kurt Felden, Alfred Heynisch, Wilhelm Egger-Sell, Paul Rehkopf, Robert Forsch, Georg Gartz.

Homenaje al gran médico alemán descubridor del bacilo de la tuberculosis cuya inspiración más directa es el film de la Warner *La tragedia de Louis Pasteur* (*The Story of Louis Pasteur*, 1936, dir. William Dieterle). El doctor Koch (Jannings) compagina sus actividades de médico en Wollstein con la investigación, llegando a practicar autopsias clandestinas para estudiar el tejido pulmonar de los tuberculosos fallecidos. Estas actividades son muy mal vistas por los fanáticos religiosos del pueblo, que lo consideran un demonio, mientras que su esposa (Grethe), más prosaica, le sugiere que debería ser más amable con los ricos del lugar en vez de perder el tiempo visitando gratis a los pobres; a cambio, Koch goza del apoyo incondicional de su joven ayudante Fritz (Schelcher) y su enfermera Elsa (Ballasko). Trasladado a Berlín, sus trabajos siguen sufriendo cortapisas, esta vez a cargo de los mezquinos burócratas ministeriales y la antipatía de Rudolf Virchow, «el Papa de la Medicina» (Krauss), que no quiere reconocer las teorías de un médico de pueblo que atribuye las enfermedades a agentes externos susceptibles de identificación. Animado por su fe inquebrantable, Koch acabará descubriendo el bacilo de su nombre e incluso el mismo Virchow reconocerá lealmente su éxito.

Como espectáculo cinematográfico no supera al film americano sobre Pasteur —que tiene esa brillantez narrativa que sólo Hollywood es capaz de conseguir—, pero dentro de ese subgénero difícil que son las biografías de científicos, este *Koch* es una obra muy estimable, sobre todo si consideramos que su enfoque es muy austero, ceñido a los hechos puramente científicos y sin ninguna concesión al *glamour* hollywoodiano: el *subplot* sentimental entre Fritz y Elsa, por ejemplo, apenas queda esbozado, y las escenas con cadáveres tienen un aroma demasiado macabro para los gustos americanos. La trama se desarrolla con esa lentitud que es propia del cine alemán de esos años pero en ningún momento llega a hacerse aburrida, pues Steinhoff pone el nervio necesario en escenas como la de la comunicación en la Academia, la tensa conversación en la morgue entre Koch y Virchow o la muerte del joven ayudante, sacrificado por la ciencia; sabe crear genuino suspense a partir de elementos tan poco prometedores como un microscopio o una tinción, y no descuida intercalar detalles que relajan la solemnidad del relato, como el de los niños abriendo las ventanas de la escuela para que entre el aire y se vayan las miasmas, ante la indignación del retrógrado maestro, o la visita médica de la hipocondríaca baronesa, a la que Koch cura sus males con el expeditivo método de echar sobre su cuerpo desnudo un cubo de agua fría; finalmente señalemos el gran partido que saca de unos *mattatori* como Emil Jannings y Werner Krauss, que demuestran su talento con una interpretación tan cálida como contenida.

Lo más discutible son, cómo no, las concesiones a la propaganda del momento, centradas en la configuración del personaje de Virchow y su enfrentamiento con Koch, por supuesto algo exagerado por necesidades del guión. Aunque la aproximación a Virchow es esencialmente respetuosa y al final se reconoce su *fair play*, su papel de enemigo del héroe es una excusa para la crítica de sus ideas políticas, que como se sabe eran muy progresistas para la época y totalmente opuestas al militarismo de Bismarck, «el canciller de hierro». Una de las primeras veces que un personaje cita a Virchow es con el apelativo de «¡ese demócrata!», que no debe entenderse en otro sentido que el peyorativo, y algo más adelante lo vemos discutiendo con Bismarck en el Reichstag, donde acaba siendo ridiculizado por su oponente ante el aplauso enfervorecido de los presentes (a diferencia de un film posterior, *Bismarck*, aquí el Parlamento aparece totalmente rendido al canciller, si bien es verdad que la escena tiene lugar después del triunfo en la guerra con los franceses). El mensaje político se remata con el discurso final del protagonista en la Universidad, donde, todavía conmovido por la muerte de Fritz, exalta la necesidad del sacrificio de la juventud para preparar un futuro mejor: «no hay progreso sin víctimas». Esta escena, de resonancias muy coyunturales en 1939, fue eliminada cuando el film se reeditó en los años sesenta.

El viaje a Tilsit (Die Reise nach Tilsit — 1939)

Producción Majestic-Film / Tobis. *Dirección y guión* Veit Harlan, según la novela de Hermann Sudermann. *Fotografía* Bruno Mondi. *Música* Hans-Otto Borgmann. *Decorados* Fritz Maurischat, P. Markwitz. *Longitud* 2.540 m. *Estreno* 2 de noviembre (Tilsit).
Intérpretes Kristina Söderbaum, Frits van Dongen, Anna Dammann, Wolfgang Kieling, Joachim Pfaff, Manny Ziener, Ernst Legal, Eduard von Winterstein, Clemens Hasse, Albert Florath, Babsi Schultz-Reckewell, Jakob Tiedtke, Heinz Dugall.

Al considerarse un remake del clásico de Murnau *Amanecer* y encima estar dirigida por el autor de *Jud Süß*, es difícil encontrar defensores de esta película en las historias del cine tradicionales. En sus memorias, Harlan insiste en que en ningún momento se había inspirado en Murnau, y lo bueno del caso es que tiene razón: su adaptación del relato de Sudermann tiene un planteamiento totalmente distinto, y a mi entender tan válido como el otro. Lo que en *Amanecer* era un estilizado y poético enfrentamiento entre el campo y la ciudad y una representación casi abstracta del amor, es en *El viaje a Tilsit* una historia más naturalista y cotidiana: en un pueblo pesquero de la Prusia Oriental, Elske es una devota esposa (Söderbaum) que está perdiendo el amor de su marido Endriks (Dongen) por culpa de Madlyn, una extranjera venida de la ciudad (Dammann). Las reacciones de los cónyuges están presentadas de forma bastante acorde con sus personalidades, igual que la del bruto y autoritario suegro —que no duda en azotar públicamente a la «otra»—, y el aspecto visual es distinto completamente al concebido por Murnau, sin duda inferior (o más bien adaptado a la iconografía del cine sonoro) pero no exento de virtudes: las escenas rodadas en las dunas bálticas, el deambular por Tilsit de la pareja, con Elske todavía insegura sobre si su hombre la matará, la tormenta y el naufragio, con la bella ocurrencia de la mujer llegando a la playa arrastrada por el caballo...

El punto de vista político sería totalmente anodino si no fuera por un detalle demasiado coyuntural como para ser involuntario: el presentar a la «mala» como polaca (para ser exactos, hay un diálogo en el que se duda sobre si es polaca o rusa, pero que vive en Varsovia). Es evidente que en una película de 1939 y cuya acción se sitúa al otro lado del «pasillo de Danzig», el hecho de que sea una polaca la que viene a amargar la vida a un honrado matrimonio alemán parece tener unas connotaciones malévolas, pero también hay que señalar que al final Madlyn es la primera en encontrar a la «resucitada» Elske y, arrepentida de su conducta, decide dejar en paz a la pareja. Una anécdota muy citada es que a Frau Goebbels la película no le hizo ninguna gracia, hasta el extremo de abandonar sin la menor discreción el cine donde tenía lugar el estreno oficial, pues vio en la historia del adulterio de un alemán con una extranjera una alusión a los amoríos de su marido con Lida Baarova.

Manos liberadas (Befreite Hände — 1939)

Producción Bavaria. *Dirección* Hans Schweikart. *Guión* Erich Ebermayer y Kurt Heuser, según la novela de Erich Ebermayer. *Fotografía* Carl Hoffmann. *Música* Lothar Brühne. *Decorados* Ludwig Reiber, Willi Depeneau. *Longitud* 2.703 m. *Estreno* 20 de diciembre (Munich).
Intérpretes Brigitte Horney, Olga Tschechowa, Carl Raddatz, Ewald Balser, Eduard von Winterstein, Paul Dahlke, Hänschen Pfaff, Franz Weber, Luise Hohorst, Otto Brefin, Erna Sellmer, Erika Helmke, Vera Hartegg, Hedwig Wangel, Albert Lippertz, Alfred Maack, Herbert Knoll, Ernst Joachim Schlieper, Georg Schmister.

Dürthen (Horney) es una rústica pastora que, a pesar de su absoluta falta de formación cultural, demuestra un auténtico talento artístico tallando figuritas en madera para su hijo. Tras la muerte accidental de éste, la muchacha se traslada a Berlín, donde se convertirá en una gran escultora. Una curiosa variante de los films sobre genios, en el sentido de que no se trata aquí de un personaje real como Mozart, Schlüter, Schiller, Koch o Diesel sino de uno imaginario que, además, es mujer. Pero la moraleja es la misma: genio se nace, no se hace; prueba de ello es que Dürthen es mucho mejor escultora que la rica y cultivada Kirsten Thomas[21] (Tschechowa), que sólo sabe hacer relamidas figuras en serie para adorno de interiores burgueses. Además, el genio debe estar por encima de las servidumbres de la vida cotidiana, y por lo tanto ella misma renuncia al sincero amor del «señorito» Joachim, el hijo de sus antiguos patronos (Raddatz), igual que rechaza la tardía oferta de matrimonio del capataz que era el padre de su hijo (Dahlke), y prefiere dedicarse en exclusiva al arte en la compañía, aparentemente asexual, del insigne escultor Wolfram (Balser).

Recibida con cierto entusiasmo en su momento, *Manos liberadas* ha perdido en la actualidad buena parte de su impacto: la trama, de desarrollo bastante lento y prolijo, está mal servida por una dirección muy plana que no controla demasiado a los actores; no obstante, tiene un interés histórico por su ilustración de los gustos artísticos oficiales. En este sentido hay dos escenas clave: una es la del concierto, en que se nos ofrece casi íntegra la Quinta Sinfonía de Beethoven para que podamos apreciar cómo la inculta Dürthen no puede contener unas lágrimas de la emoción estética que la música le produce, y la otra es la entrada en el taller de Wolfram, que podría ser perfectamente el de Thorak o el de Breker, con sus monumentales estudios anatómicos bien alejados de la abstracción judaizante.

El diablo de fuego (Der Feuerteufel — 1940)

Producción Luis Trenker-Film / Bavaria. *Dirección* Luis Trenker. *Guión* Luis Trenker, Hanns Sassmann. *Fotografía* Albert Benitz, Klaus von Rautenfeld, Albert Höcht. *Música* Giuseppe Becce. *Decorados* Ludwig Reiber, Erich Grave. *Longitud* 2.732 m. *Estreno* 5 de marzo.
Intérpretes Luis Trenker, Judith Maria Holzmeister, Fritz Kampers, Hilde von Stoltz, Claus Clausen, Erich Ponto, Bertl Schultes, Ernst F. Fürbringer, Vera Hartegg, Elise Aulinger, Walter Ladengast, Ludwig Kerscher, Ludwig Schmidt-Wildy, Friedrich Ulmer, Franz Herterich, Kurt Meisel, Sepp Nigg, Lore Schützendorf, Ferdinand Exl, Paul Mederow, Reginald Pasch, Karl

21. A título de curiosidad, recordemos que en la versión española los nombres de las protagonistas fueron simplificados en «Lucía» y «Elena».

Fochler, Franz Reich, Carl Balhaus, Toni Bichler, Gustav Decani, Julius Eckhoff, Toni Färber, Karl Gelfius, Luis Gerold, Leopold Kerscher, Manfred Meurer, Carl Heinz Peters, Klaus Pohl, Eugen Schöndorfer, Robert Thiem, Aruth Wartan.

Carintia, 1809. Los patriotas que luchan contra los franceses ven decaer sus ánimos cuando el emperador austriaco firma la paz con Napoleón, que promete una alianza mediante el matrimonio con la archiduquesa María Luisa. Sólo el bravo Sturmegger (Trenker) y algunos fieles intentan mantener la llama de la libertad, pero al final hasta el mismo héroe se ve criticado por sus propios compatriotas por su conducta casi suicida.

Nuevo toque de Trenker a las guerras napoleónicas con el que intentaba reverdecer los laureles de *Por la libertad*. El resultado es, como de costumbre en su autor, extremadamente desigual. Como espectáculo de acción tiene buen ritmo y algunas escenas francamente conseguidas, en especial la de la batalla en el río que acaba con la destrucción de la presa y la aniquilación de todo un regimiento francés, pero la parte narrativa es de una supina incoherencia, convirtiendo a anteriores esfuerzos de Trenker como *El emperador de California* o *Condottieri* en prodigios de armonía y verosimilitud. Las escenas se suceden sin otra lógica que no sea la de buscar el golpe de efecto: el héroe quiere atentar contra Napoleón (Ponto, que muestra un chocante parecido con Rowan Atkinson, el popular «Mr. Bean»), pero se lo encuentra de casualidad y lo único que hace es tener una educada discusión con él; el personaje de la espía francesa enamorada de Sturmegger (Stoltz) es puro tebeo; la victoria de las armas rebeldes es totalmente pírrica pues se consigue a base de la pérdida de gran parte de los hombres, y, para resolver el final, que nos deja al héroe en un cementerio, desesperado y totalmente incomprendido, se recurre a una forzadísima prosopopeya con sobreimpresión de batallones saliendo de las tumbas, despliegue de banderas y cargas de caballería que empalman con el año 1813 y la paz, simbolizada por Sturmegger, su mujer y su hijo sembrando. Todo ello aderezado, claro está, con los típicos planos de montañas y nubes y el fondo musical del inevitable Giuseppe Becce.

No sé si el desconcierto que este *Diablo de fuego* causa en el espectador actual tuvo su equivalencia en el momento de su estreno, dada la escasa fiabilidad de las reseñas contemporáneas. Es curioso destacar que en la inmediata posguerra el propio Trenker levantó la leyenda de que Goebbels estaba muy descontento con la película, por supuesto no por su dudosa calidad sino por ver en el protagonista una apología de la libertad y la rebelión; esto es difícil de demostrar porque no hay indicio de reacciones oficiales adversas, pero también es verdad que Trenker no dirigió ningún largometraje más durante el nazismo. En realidad parece que el cineasta-montañero no había querido involucrarse del todo con el régimen, y en aquel momento estaba siendo presionado para que se inscribiera en el partido y adoptara la nacionalidad alemana (oficialmente era italiano), teniendo que ceder finalmente en ambas cuestiones.

La estrella de Río (Stern von Rio — 1940)

Producción Tobis. *Dirección* Karl Anton. *Guión* Felix von Eckardt, según un argumento de H. F. Köllner. *Fotografía* Bruno Mondi. *Música* Willi Engel-Berger. *Decorados* Erich Zander, Karl Machus. *Longitud* 2.391 m. *Estreno* 20 de marzo.

Intérpretes La Jana, Gustav Diessl, Werner Scharf, Paul Otto, Fritz Kampers, Hubert von Meyerinck, Max Gülstorff, Harald Paulsen, Carl Günther, Harry Hardt, Olaf Bach, Wilfried Seyferth, Karl Dannemann, Gerhard Dammann, Ernst Rotmund, Alfred Haack, Ernst Dernburg, Henry Lorenzen, Kurt Iller, Else Reval, Charlie Kracker, Heinz Müller, Grete Reinwald.

Brasil. Un buscador furtivo de diamantes (Scharf) descubre en las tierras de don Felipe Escobar (Diessl) una piedra descomunal que, una vez tallada, gana fama internacional en Amsterdam con el apodo de «la estrella de Río». En el show que se organiza para presentarla ante los clientes la exhibe una bella bailarina, Conchita (La Jana), que es precisamente la novia del descubridor del diamante, que está purgando en la cárcel su conducta ilegal. Tras un intento de robar la piedra, Conchita vuelve a Brasil para encontrar que su novio, a causa de un malentendido relacionado con su liberación (gestionada por el hacendado ante la intercesión de Conchita), ya no la quiere. Entonces ella decide responder al amor de su ferviente admirador don Felipe.

Desde luego no es la intriga, decididamente banal y resuelta sin gran dinamismo por Anton, lo que más interesa de este film, sino el ser la última aparición (póstuma) de La Jana, fallecida el 13 de marzo de 1940 a resultas de una fulminante neumonía contraída después de haber bailado para los soldados en el frente (más de uno ironizó que lo exiguo de su vestuario no era lo más apropiado para una actuación al aire libre). Aunque al comentar *Truxa* ya hemos dicho que La Jana tenía sus limitaciones (su estilo de danza puede resultar demasiado mecánico y poco sensual para gustos no germánicos), de lo que no se puede hacer ninguna crítica es de su espléndido físico, que la hacía parecer más joven de lo que realmente era (cuando murió tenía 35 años, pero en pantalla aparentaba poco más de 20), y que junto a las circunstancias de su muerte contribuyó a hacer de ella un mito menor del cine nazi.[22] Al principio de *La estrella de Río* tiene lugar una espectacular escena coreográfica que cuenta entre lo más representativo del cine musical alemán; las restantes apariciones no son tan lucidas, pero no por culpa de ella —que se mueve con gracia y exhibe su anatomía con generosidad— sino por la repetición del mismo motivo musical.

En 1955 se rodó un *remake* con el mismo título pero distinta música y ambientación carnavalesca. Fue una coproducción germano-italiana dirigida por un veterano de la serie B hollywoodiana, Kurt Neumann.

La campaña en Polonia (Feldzug in Polen — 1940)

Producción Deutsche Filmgesellschaft. *Dirección* Fritz Hippler, Svend Noldan. *Música* Herbert Windt. *Estreno* 8 de febrero.

Bautismo de fuego (Feuertaufe — 1940)

Producción Tobis. *Dirección* Hans Bertram. *Música* Norbert Schultze. *Estreno* 6 de abril.

Dentro de la utilización del cine con finalidad propagandística que hacían los nazis, una manifestación original es la producción de unos documentales sobre las operaciones bélicas que eran verdaderamente pioneros en su estilo. La invasión de Polonia, primer triunfo del Reich, fue objeto de dos aproximaciones fílmicas diferentes en su origen pero bastante similares en su principal objetivo, que era impresionar (o más propiamente asustar) a los enemigos... pero no a los ya derrotados, sino a los «por derrotar».

La campaña en Polonia fue producida por el departamento cinematográfico del NSDAP por encargo directo de Goebbels y consistía básicamente en un montaje de escenas tomadas por los cámaras del *Deutsche Wochenschau* (el «NO-DO» alemán) y que ya habían sido vistas por los espectadores en las entregas semanales. La dirección se acredita a Fritz Hippler, pero no está muy clara cuál fue la real participación del *Reichsfilmintendant*; algunos documentos sugieren que Leni Riefenstahl supervisó el rodaje de algunas escenas, pero ella lo ha negado siempre.

22. En una reciente serie televisiva alemana de notable éxito en su país, *Der König von St. Pauli* (1998, dir. Dieter Wedel), sale una *stripper* (interpretada por Sonja Kirchberger) que se hace llamar La Jana.

La forma como se explica la campaña es la siguiente: primero, no se trata de una agresión sino de legítima defensa, pues los polacos no sólo martirizaban a la población de origen alemán sino que, apoyados por los imperialistas británicos, tenían ya muy elaborado un plan para invadir Alemania y convertir Berlín en Berlinske (entre otras maldades más refinadas); segundo, el énfasis de las imágenes y del comentario se pone en el «soldado desconocido» y se ignora a los oficiales de alta graduación (empezando por el comandante en jefe, Brauchitsch). Si en el primer punto todo el mundo estuvo de acuerdo, lo segundo sentó fatal entre los generales que tan orgullosos estaban de su hazaña.

Ante el tono escasamente laudatorio hacia los altos mandos que propugnaba el documental producido por el Partido (aunque, en honor a la verdad, apenas hay referencias a las SS y la música que se oye es toda militar), la Luftwaffe contraatacó rápidamente con la colaboración de la Tobis y el realizador Hans Bertram, que además de cineasta más o menos inspirado era piloto: el resultado fue *Bautismo de fuego*, visión aérea de la campaña de Polonia que entonaba los mismos latiguillos de la insolencia polaca y la injerencia británica pero sin olvidar las jerarquías (Goering tenía una aparición destacada) y con mucha más inventiva visual. El film de la Luftwaffe es una orgía filowagneriana de aviones, explosiones, incendios y destrucción generalizada (aunque sin que se vea ningún muerto, nacional o extranjero, al estilo de aquellos films japoneses de monstruos en los que se destrozan alegremente ciudades enteras) que tiene su clímax en las espeluznantes imágenes de Varsovia en ruinas.

La visión de estos dos films pone de relieve algunos aspectos de la historia de la guerra y del Tercer Reich. Por un lado asombra lo descarado de la propaganda: el narrador habla del gran poderío militar de los polacos, que han sido armados por los incordiantes ingleses, pero las imágenes no muestran ese poderío por ningún sitio (en realidad, el ejército polaco disponía de unos medios casi ochocentistas), y lo de las inquietudes expansionistas de Polonia suena casi a broma; no asombran tanto, desgraciadamente (después de saber lo que se hacía en los campos de concentración, puede decirse que no asombra nada) la prepotencia y satisfacción casi obscenas con que se presentan los destrozos causados al enemigo: es evidente que no se les pasaba por la cabeza que unos años más tarde sus mejores ciudades tendrían el mismo aspecto que Varsovia. También salen a la luz las divergencias entre el Partido y los militares, pero desde una óptica bien alejada de aquella tan complaciente hacia el estamento castrense que algunos films de la posguerra sobre generales «antinazis» nos han querido dar: lo que traslucen estos films (y el posterior *La victoria del Oeste*) es la inquietud de unos espadones de la vieja escuela prusiana ante la perspectiva de que el Partido no reconozca su contribución al nacimiento de la nueva Europa.

Dunia, la novia eterna (Der Postmeister — 1940)

Producción Wien-Film / UFA. *Dirección* Gustav Ucicky. *Guión* Gerhard Menzel, según el relato *Stancionnyj smotritel'* de Alexandr Pushkin. *Fotografía* Hans Schneeberger. *Música* Willy Schmidt-Gentner. *Decorados* Werner Schlichting, Kurt Herlth. *Longitud* 2.598 m. *Estreno* 25 de abril (Viena).

Intérpretes Heinrich George, Hilde Krahl, Siegfried Breuer, Hans Holt, Ruth Hellberg, Margit Symo, Erik Frey, Franz Pfaudler, Alfred Neugebauer, Leo Peukert, Reinhold Häussermann, Edwin Jürgensen, Auguste Pünkösdy, Oskar Wegrostek, Hugo Gottschlich, Anton Pointner, Karl Ehmann, Hedy Pfundmayr y su cuerpo de baile.

Adaptación del cuento de Pushkin, una de las *Historias de Belkin* (*Povjesti Belkina*) que narra la triste historia, tan arquetípicamente rusa, de Dunia (Krahl), la guapísima hija del jefe de una posta de diligencias (George) que un día «pica» en el anzuelo que le tiende Minski, un aristócrata de paso hacia San Petersburgo (Breuer). La chica acude a la ciudad a reunirse con el noble, pensando que éste está enamorado de ella y quiere casarse, pero en realidad sólo le interesa como amante, y ni siquiera en exclusiva; mientras, en la posta, el padre está desesperado por la pérdida de su hija, su único tesoro, lo que más quiere en el mundo. Lo que sigue ya no tiene mucho que ver con el original literario, aunque resulte cinematográficamente efectivo:[23] consciente de la pena que ha causado a su progenitor, Dunia le envía unas cartas en las que oculta su auténtica condición, diciéndole que se ha casado con Minski y es muy feliz. La situación se complica cuando el padre avisa que irá a San Petersburgo a hacerles una visita; Dunia ve que el mundo se le cae encima, y ruega a Minski que se preste a una ceremonia fingida de matrimonio para que su padre no se lleve un disgusto. Cuando el viejo jefe de posta llega a la ciudad, Dunia le confiesa que todavía no está casada pero que aprovecharán su visita para celebrar la boda. Todo funciona a la perfección: el padre no se da cuenta del engaño y se vuelve a la estepa completamente convencido de la felicidad de su hija. Nada más marcharse, Dunia se suicida, después de dejar un mensaje a Minski en que le pide como último favor que escriba a su padre comunicándole que ha muerto de enfermedad.

Como siempre que citamos en estas páginas al tándem Ucicky-Menzel es para relacionarlos con cine de propaganda, nos ha parecido «políticamente correcto» destacar una de sus obras ajena a cualquier ideología,

23. Desde luego, muy superior a la versión francesa de 1937, *Nostalgie* (dir. Victor Tourjansky), que hasta se permite un desambientado *happy end*.

por mucho que indirectamente pueda verse como un apoyo a la entente germano-soviética (igual que pasaba con *Noche embrujada*). Si *Dunia* sigue alguna pauta es la del melodrama de buena ley, destinado a conmover al espectador e incluso hacerle derramar unas lagrimitas con la complicidad de dos actores que dan a la perfección el *physique du rôle*: Hilde Krahl es tan hermosa, buena e inocente que hace casi increíble la maldad del pérfido Minski, y Heinrich George tiene ocasión de demostrar que era un gran actor más allá de aquellos acartonados portavoces de la ideología nazi que parecían ser su dieta interpretativa casi exclusiva; no vamos a negar que su actuación tiende al histrionismo, pero sabe transmitir al espectador las alegrías y sufrimientos de esa alma primaria sublimada por el amor paterno.

En 1955 se rodó un *remake*, con dirección de Josef von Baky.

Los 3 Codonas (Die 3 Codonas — 1940)

Producción Tobis. *Dirección* Arthur Maria Rabenalt. *Guión* Kurt Heuser, según un argumento de Joachim Friedrich Bremer y Lothar Maria Mayring. *Fotografía* Friedl Behn-Grund. *Música* Peter Kreuder. *Decorados* Emil Hasler. *Longitud* 2.978 m. *Estreno* 1 de agosto (Hamburgo).
Intérpretes René Deltgen, Annelies Reinhold, Lena Normann, Ernst von Klipstein, Josef Sieber, Kurt Leibfried, Udo Fanselau, Jutta Feuge, Harald Paulsen, Karl Kahlmann, Leopold von Ledebur, Ethel Reschke, Walter Lieck, Fritz Böttger, Paul Verhoeven, Paul Samson-Korner, Anton Pointner, Armin Schweizer, Margarethe Kupfer, W. H. König, Friedrich Ettel, Valy Arnheim, Otto Stöckel, Klaus Pohl, Friedl Haerlin, Peter Elsholtz, Paul Funk, Bernhard Goetzke, Karl Hannemann, Werner Pledath, Franz Arzdorf, Horst Birr, Angelo Ferrari, Armin Münch, Hans Waschatko, Paul Hildebrandt.

Presentada como la biografía de una célebre familia de trapecistas de origen mexicano que revolucionaron el concepto de las acrobacias circenses con sus saltos mortales, se trata de una de las mejores películas que se han realizado sobre el mundo del circo, mucho más realista y adulta que la archifamosa *El mayor espectáculo del mundo* de Cecil B. DeMille. La trama define con nitidez a los personajes: el atrevido pero algo desequilibrado Alfredo Codona (Deltgen), su más apacible hermano Lalo (Klipstein) y la hermana adoptiva, Vera (Normann), huérfana recogida por el padre (Sieber). Es gracias a los esfuerzos del viejo Codona que los hijos consiguen pasar de las barracas de feria a los grandes escenarios internacionales como el Ringling o el Wintergarten, donde consiguen realizar el hasta entonces imposible triple salto mortal. Entre los tres se establece una relación sentimental en la que Vera quiere a Alfredo y Lalo a Vera sin que ninguno de estos sentimientos sea compartido; un día Alfredo conoce a la trapecista alemana Lilian Leitzel (Reinhold), de la que se enamora locamente y con la que pronto se casa, pero cuando ella se mata al caerse en plena actuación, el hombre entra en una profunda depresión. Su hermano, sacrificando sus sentimientos, le ruega a Vera que acepte ser la pareja de Alfredo para estabilizar su conducta, pero es en vano. Enloquecido, Alfredo acepta un ofrecimiento de unos grandes almacenes de Nueva York para hacer el triple salto mortal entre dos rascacielos, sobre la calle y sin ningún tipo de protección. A pesar de la tensión, el trío resuelve la papeleta ante el asombro de los presentes, pero cuando después de la actuación Alfredo decide firmar contratos más delirantes, Vera le echa en cara su locura y egoísmo y le revela la noble conducta de su hermano, que renunció a ella para tranquilizar su espíritu. La reacción de Alfredo es brutal: saca una pistola de su bolsillo, mata a Vera y después se suicida.

Aunque algunas situaciones son imaginarias, el guión se ajusta bastante a la vida de los Codona y la evocación del ambiente es rica en detalles de gran credibilidad. No sólo el violento final, por truculento que parezca, es auténtico,[24] sino que también lo es la participación de los Codona en la famosa película de E. A. Dupont, *Varieté* (1925), circunstancia que se utiliza en la trama como insólito homenaje al cine mudo[25] y también para establecer un paralelismo entre los protagonistas de ambas cintas —triángulos sentimentales con final trágico los dos— en lo que constituye un originalísimo recurso narrativo. El buen pulso de la realización, la innegable espectacularidad de los números de trapecio y la convincente interpretación de los protagonistas le valieron a *Los 3 Codonas* una magnífica acogida comercial en su momento y en la actualidad todavía se deja ver, tanto por su acertada cohesión dramática como por la cuidada recreación del mundo circense de los célebres hermanos Ringling, a los que se presenta de forma caricatural y vagamente «judaizante», pero sin acritud. Cierto que no faltan algunas concesiones a la propaganda, como el gesto de Lilian de romper su contrato en América en 1914 «porque su patria la necesita» o la denuncia del gusto por el sensacionalismo típico de los Estados Unidos, pero sin pasar los límites de lo que era corriente en otras cinematografías.

24. El suicidio de Alfredo tuvo lugar en 1937 y la Leitzel se mató en 1931; ambos hechos tuvieron lugar de forma muy parecida a como se muestra en el film.

25. Un detalle, quizá no intencionado, es que no se cita para nada el nombre de Dupont (emigrado hacía años) pero sí, y varias veces, el del protagonista Emil Jannings, estrella del cine del Reich.

Die Geierwally (1940)

Producción Tobis. *Dirección* Hans Steinhoff. *Guión* Jacob Geis y Alexander Lix, según la novela de Wilhelmine von Hillern. *Fotografía* Richard Angst. *Música* Nico Dostal. *Decorados* Hermann Warm, Johannes Massias. *Longitud* 2.840 m. *Estreno* 13 de agosto (Munich).
Intérpretes Heidemarie Hatheyer, Eduard Köck, Sepp Rist, Winnie Markus, Leopold Esterle, Mimi Gstöttner-Auer, Ludwig Auer, Georg Vogelsang, Hans Adalbert Schlettow, Maria Hofen, Marta Salm, Käthe Merk, Anna Exl, Hans Kratzer, Gustav Waldau, Rolf Pinegger, Franz Ludwig, Hans Hanauer, Hans Jamnig, Luis Pedron, Sepp Kneisl, Aloys Kneisl, Marianne Stemberger, Elfriede Trebo, der Grüner Franzl.

En Alemania se denominan *Heimatfilme* a aquellos cuya intriga se desenvuelve en un ambiente rural y de alguna forma constituyen una exaltación de valores raciales; a veces son comedias, raramente son tragedias y lo más frecuente es que se trate de una historia dramática con algún elemento cómico intercalado. Puede considerarse todo un género y en modo alguno es exclusivo de la época nazi. *Die Geierwally* es la adaptación de una novela de 1875 que a su vez está basada en una leyenda tirolesa; fue la inspiración de Catalani para su ópera más conocida, *La Wally*, y en 1921 ya fue objeto de una versión cinematográfica a cargo de E. A. Dupont, con Henny Porten (y en 1956 de un *remake* en colores, dir. Franz Cap).[26] La versión de Steinhoff es uno de los mejores *Heimatfilme*, por no decir la obra maestra del género.

Valle del Ötz, en el Tirol, hacia 1840. Wally (Hatheyer) es la hija única de Fender (Köck), un campesino rico que la ha educado bajo una disciplina rígida y brutal, insatisfecho por no haber tenido un chico. Wally se hace famosa en la región por capturar la cría de un buitre con gran riesgo; el ave se queda con ella y la sigue a todas partes, por lo que se gana el apelativo de «Geierwally», o sea, «Wally la del buitre». Cuando el padre le impone un matrimonio de conveniencia, se rebela contra la autoridad paterna porque ella está enamorada de Josef, un cazador (Rist), y es castigada con el «exilio» a una inhóspita cabaña en las montañas. Al morir el padre se convierte en ama y, tras una serie de contratiempos, conseguirá el amor de Josef. A pesar de algunos baches de ritmo, sobre todo en la segunda mitad, el film asombra todavía por la fuerza del relato y de los personajes, sobre todo de la difícil relación amor-odio entre Wally y Josef. Lo que ella siente por él es, más que un «amor a primera vista», un *amour fou* casi surrealista, contrastado con

26. También hay una versión italiana que usa la música de Catalani, *Wally* (*La Wally*, 1931), dirigida por Guido Brignone.

el continuo desprecio del otro (es el primero en llamarla, despectivamente, «Geierwally» y la critica por ser poco femenina) y que desemboca en la violenta situación de celos que es el clímax de la trama: Wally insulta a la que supone amante de Josef y en realidad es su hija ilegítima (Markus); a causa de esto el cazador la humilla en el baile delante de todos y la heroína, despechada, incita a su frustrado novio (Esterle) a matar a Josef...; final que no se consuma por la intervención de la hija de Josef, que aclara su condición.

Aunque a ratos es algo teatral, la dirección de Steinhoff domina todos los recursos disponibles en un rodaje que no fue precisamente fácil, ya que se hizo casi totalmente en agrestes exteriores naturales. Sin querer quitarle méritos, hay que reconocer que contó con colaboradores de gran valía: el operador Richard Angst consiguió unas imágenes de gran belleza que ilustran perfectamente el espíritu panteísta que va implícito a la historia —a destacar el momento en que el viejo Klettermeier (Auer) conjura a los «espíritus de la montaña»—, la música tiene genuinas resonancias épicas, y todo el reparto cumple a la perfección con sus tipos, desde Heidemarie Hatheyer hasta el muy bien adiestrado buitre «Hansel», pasando por los muchos actores no profesionales reclutados *in situ*. Ésta y otras películas de Hans Steinhoff son, reconozcámoslo, la confirmación de algo que muchos se empeñan en negar: que el talento cinematográfico es compatible con el nazismo. El realizador no ocultó en ningún momento sus ideas, sólo que a diferencia de Harlan y Riefenstahl no tuvo necesidad de farfullar torpes excusas después de la guerra, pues murió en un accidente de aviación en mayo de 1945, cuando intentaba huir de los soviéticos.

Jud Süß (1940)

Producción Terra. *Dirección* Veit Harlan. *Guión* Veit Harlan, Ludwig Metzger, Eberhard Wolfgang Moller. *Fotografía* Bruno Mondi. *Música* Wolfgang Zeller. *Decorados* Otto Hunte, Karl Vollbrecht. *Longitud* 2.663 m. *Estreno* 24 de setiembre.

Intérpretes Ferdinand Marian, Heinrich George, Werner Krauss, Kristina Söderbaum, Malte Jaeger, Eugen Klöpfer, Hilde von Stoltz, Albert Florath, Theodor Loos, Walter Werner, Charlotte Schulz, Anny Seitz, Ilse Buhl, Jacob Tiedtke, Erna Morena, Else Elster, Emil Hess, Käte Jöken-König, Ursula Deinert, Erich Dunskus, Otto Henning, Heinrich Schroth, Hannelore Benzinger, Bernahrd Goetzke, Horst Lommer, Wolfgang Staudte, Eduard Wenck, Ingeborg Albert, Annette Bach, Irmgard Völker, Valy Arnheim, Franz Arzdorf, Walter Bechmann, Fred Becker, Reinhold Bernt, Louis Brody, Wilhelm Egger-Sell, Franz Eschle, Hans Eysenhardt,

Georg Gürtler, Oskar Höcker, Karl Iban, Willi Kaiser-Heyl, Franz Klebusch, Otto Klopsch, Erich Lange, Richard Ludwig, Paul Mederow, Hans Meyer-Hanno, Armin Münch, Edgar Nollett, Hellmuth Passarge, Josef Peterhans, Friedrich Petermann, Edmund Pouch, Arthur Reinhardt, Ernst Stimmel, Walter Tarrach, Otz Tollen, Max Vierlinger, Hans Waschatko, Otto Wollmann.

Teniendo en cuenta la importancia que los nazis daban al cine como arma de propaganda, no es extraño que sirviera para reflejar el antisemitismo del régimen. De todos modos, esta tendencia siguió un poco la evolución política global, ya que entre la toma de poder y la *Kristallnacht* (9 de noviembre del 38) no se produce ninguna película abiertamente antisemita; tiene su miga que Goebbels tuviera que importar una producción sueca —sí, sueca— titulada *Pettersson & Bendel* (dir. Per-Axel Branner) para mostrar en las pantallas del Reich una imagen caricatural y maliciosa de los judíos: estrenada en julio de 1935, fue repuesta con todos los honores en 1938. Durante estos primeros años de consolidación se prefirió «guardar las apariencias» de cara al exterior y disimular un poco los aspectos más desagradables del ideario nazi, pero esto no quiere decir que ese gran cinéfilo que era el Dr Goebbels no estuviera deseando dar forma fílmica a su odio por los judíos, que aparte de ser los principales enemigos de la civilización occidental eran —y esto es lo que más rabia le daba— los que controlaban el negocio cinematográfico en todo el mundo: de Alemania se les había podido expulsar, pero en Hollywood seguían siendo los amos.

Aunque no es hasta las primeras agresiones físicas a judíos (en la *Kristallnacht* hubo 91 muertos) que empiezan a tomar cuerpo los primeros proyectos fílmicos decididamente antisemitas, durante los años anteriores ya había una inequívoca preocupación del gobierno en este sentido. El 8 de noviembre de 1937 se inauguró en el Deutsches Museum de Munich la exposición *Der ewige Jude*, cuya finalidad era mostrar cómo la perversa penetración judía en todos los sectores de la sociedad amenazaba con destruir los valores de Occidente. Además de exponer cuadros estadísticos, mapas, imágenes de la vida en los ghettos y de judíos famosos, obras de «arte degenerado», relación de los judíos con el comunismo, etc., la muestra de Munich incluía también proyecciones de fragmentos de películas —que posteriormente serían integrados en el documental *Juden ohne Maske* (1937, dir. Walter Bötticher)—: en lo que se refiere a productos de ficción, muchas de las escenas seleccionadas mostraban a actores judíos de los tiempos de Weimar (Peter Lorre, Fritz Kortner), aprovechando planos que desfiguraban sus rasgos y les hacía parecer ejemplos vivientes de la condición infrahumana a que estaba adscrita su raza, pero también había espacio para el cine americano, que al cabo no era sino un feudo hebreo, para lo cual se había recurrido a la colección del *Reichsfilmarchiv* creado en 1935.

Estrenada en julio de 1940, *Die Rothschilds* (dir. Erich Waschneck), inaugura el que será el «gran año» del cine antisemita, que continuará con el estreno en setiembre de *Jud Süß* y en noviembre del documental *Der ewige Jude*. El film sobre los Rothschild no fue lo que se dice un taquillazo, pues la ya áspera propaganda estaba poco aliviada por un guión espeso y una puesta en escena mazacota y teatral. Muy distinta fue la acogida al siguiente esfuerzo antisemita, ya que *Jud Süß* batió records de taquilla en el Reich y países satélites.[27] Esta película, que fue personalmente supervisada por Goebbels desde el primer borrador de guión hasta el momento del estreno, fue presentada como una fidedigna reconstrucción histórica sobre un personaje real, Süss Oppenheimer, nacido de las relaciones extramatrimoniales de un aristócrata alemán con la hija de un cantor, que entre 1733 y 1737 administró las finanzas del duque de Württemberg de una manera que acabó por ponerle en contra los nobles locales, que a la muerte del duque consiguieron que fuera juzgado por malversación y condenado a la pena capital. En 1925 se publicó una novela de Lion Feuchtwanger que hacía un retrato favorable del personaje, presentándolo más como un chivo expiatorio que como un ambicioso sin escrúpulos, y de la que se hizo una adaptación cinematográfica en Inglaterra en 1934, *Ambición* (*Jew Suss* , dir. Lothar Mendes), protagonizada por el recién exilado Conrad Veidt.

Totalmente opuesto al concepto de Feuchtwanger, el guión definitivo del *Süß* nazi (gestado en 1939 por Ludwig Metzger pero sometido a innumerables modificaciones posteriores) prescindió de cualquier veleidad prosemita y presentó a Süss (Marian) como el típico judío intrigante que se aprovecha de la debilidad de carácter del duque (George) para mangonear en el país y permitir que sea literalmente saqueado por sus correligionarios (el gran actor Werner Krauss parece disfrutar lo suyo haciendo varios papeles, a cual más desagradable). Aunque la trama acumula un prolijo inventario de todas las maldades de los judíos, se guarda un golpe de efecto como *deus ex machina*, a saber: la violación de la virginal hija de un concejal (Söderbaum), que, no pudiendo soportar la humillación, se suicida. Ante esta suprema infamia, y coincidiendo con la muerte del duque por una apoplejía, los buenos alemanes se rebelan contra la judería, ejecutan a Süss en la plaza mayor de Stuttgart y promulgan unas drásticas leyes de «limpieza étnica».

27. En España no tuvo distribución comercial, como casi todos los films más propagandísticos del Tercer Reich, aunque se exhibió en pases semiprivados. Rafael de España, «Antisemitismo en el cine español». *Film-Historia*, vol. I, n.º 2 (1991), pp. 89-102.

Sobre *Jud Süß* se ha escrito mucho, y no sólo sobre el film sino sobre su realizador, Veit Harlan, que al acabar la guerra fue procesado por crímenes contra la Humanidad. Su defensa se basó en la «obediencia debida»: él hizo todo lo posible para rechazar el encargo, Goebbels era un demonio que lo obligaba con amenazas, él era un buen patriota, etc., etc...; al final se acabó condenando el film y absolviendo al director en el sentido de que no era el auténtico autor sino el servidor de designios ajenos. La triste realidad es que Harlan era uno de los directores estrella del Reich, creador de piezas clave de la propaganda nazi que comentamos en otras páginas de este libro (*El soberano*, *El gran rey*, o la que sería «última traca» del régimen, la espectacular *Kolberg*); quizá lo fuera más por oportunismo que por auténtica convicción, pero eso no le dispensa de responsabilidad. La imagen de los judíos que presenta el film está dirigida a crear odio en el espectador, y prueba de ello es que su visión era obligatoria para todos los miembros de las fuerzas de seguridad: un tal Stefan Baretzki, miembro de las SS que fue *Rottenführer* en Auschwitz, reconoció al ser juzgado por los aliados que los prisioneros habían sido tratados con más saña después de ver la película.[28] No obstante, conviene recordar que en su momento fue tanto un éxito comercial como de crítica: véase al respecto el elogioso comentario del joven Michelangelo Antonioni con motivo de la presentación en el Festival de Venecia.[29]

Das Fräulein von Barnhelm (1940)

Producción Bavaria. *Dirección* Hans Schweikart. *Guión* Ernst Hasselbach y Peter Francke, según la comedia *Minna von Barnhelm oder Das Soldatenglück* de Gottold Ephraim Lessing. *Fotografía* Carl Hoffmann. *Música* Alois Melichar. *Decorados* Ludwig Reiber, Rudolf Pfenninger. *Longitud* 2.688 m. *Estreno* 18 de octubre (Viena).
Intérpretes Käthe Gold, Ewald Balser, Fita Benkhoff, Paul Dahlke, Theo Lingen, Fritz Kaspers, Erich Ponto, Hans Leibelt, Paul Wagner, Max Eckard, Gustav Waldau, Ernst Fritz Fürbringer, Albert Lippert, Eduard von Winterstein, Ingolf Kuntze, Friedrich Ulmer, Annemarie Holtz, Erna Sellmer, Lisa Hellwig, Luise Hohorst, Else Kündinger, Kurt Stieler, Herbert Kroll, Otto Brefin, Fritz Reiff, Charles Willy Kayser, Peter Pasetti, Werner Vogeler, Julius Liedmüller, Kurt Eick.

1762: en una de las treguas de la Guerra de los Siete Años, las tropas prusianas se retiran a los cuarteles de invierno en la ocupada Sajonia. Un

28. Erwin Leiser, *Deutschland, erwache!*, *cit.*, p. 79.
29. Recogido en Sam Rohdie, *Antonioni* (Londres, British Film Institute, 1990), p. 29.

regimiento a las órdenes del mayor Tellheim (Balser), confisca el palacio de un terrateniente local, donde en aquel momento sólo habitan Minna (Gold), sobrina del noble y heredera de la casa Barnhelm, y sus criados. Tellheim recibe la orden de recaudar un impuesto especial de 50.000 táleros, pero los ciudadanos sólo consiguen 40.000: por ley de guerra, el oficial tendría que quemar las casas como represalia por no haber cumplido el pacto, pero, apiadado de las mujeres y niños que va a dejar a la intemperie, decide en el último momento pagar de su bolsillo el dinero que falta a cambio de un pagaré en el que los sajones se comprometen a devolverle lo prestado cuando acabe la guerra. Minna, que sólo veía al militar como un enemigo, lo ve ahora como un hombre de bien y se enamora de él. Cuando se reanuda la campaña, el mayor es herido en una batalla. Al año siguiente se firma la paz: en Berlín, en la posada «König der Spanien», Tellheim está de baja por lesión en un brazo y se encuentra en pésima situación económica, ya que su única fortuna era lo que prestó a los sajones y, para colmo, su noble gesto ha sido interpretado por sus superiores como un soborno y puede llevarlo a un consejo de guerra. La oportuna llegada de Minna, que se ha peleado con su tío porque no la deja casarse con un prusiano, aclarará la situación: Tellheim podrá casarse con Minna y reincorporarse a su regimiento con todos los honores.

Al igual que *Der zerbrochene Krug*, este film es también una adaptación de un venerable clásico de la escena alemana, la *Minna von Barnhelm* de Lessing, estrenada en 1769 y cuyo principal mérito es ser la primera comedia de tema contemporáneo. Pero a diferencia de la respetuosa filmación de Kleist, que no se dejaba una línea del original, en este caso el guión desarrolla la trama de forma más cinematográfica: en la comedia toda la acción se desarrolla en la posada donde el sufrido Tellheim, con un brazo mucho más inútil que en la película (en ningún momento se contempla su vuelta al ejército), consigue resolver sus problemas sin atentar a la «regla de las tres unidades», es decir, en menos de 24 horas y sin moverse del mismo escenario; si esta adaptación traiciona un poco a Lessing reforzando la nota sentimental y obviando la discreta ridiculización del honor militar, hay que reconocer que hace la película más digerible que el anterior esfuerzo kleistiano. La puesta en escena tiene cierta agilidad y, si la pareja protagonista resulta envarada y poco fotogénica, los secundarios están muy bien, en especial Fita Behnkof como la graciosa criadita Franziska y Theo Lingen como el afeminado chantajista francés.

La caballerosa conducta de los soldados con la población civil podría verse como una representación tendenciosamente idealizada de las tropas de ocupación nazis, pero el guión no lo orienta en este sentido sino más bien en el de que prusianos y sajones no dejan de ser hermanos de lengua y por lo tanto están destinados a entenderse. No obstante, como la situación se presta a interpretaciones confusas los censores aliados prohibieron la película sin contemplaciones en 1945, igual que hacían con todas en las que aparecían soldados del rey de Prusia. En realidad, el mensaje de *Das Fräulein von Barnhelm* es escasamente beligerante si lo comparamos con el de otras exaltaciones del militarismo germánico, y las escenas del final de la guerra —con el simbolismo del soldado que se saca el uniforme para tirar del arado— podrían verse, con un poco de buena voluntad, como pacifistas.

Corazón de reina (Das Herz der Königin — 1940)

Producción UFA. *Dirección* Carl Froelich. *Guión* Harald Braun, Jacob Geis, Rolf Reissmann. *Fotografía* Franz Weihmayr. *Música* Theo Mackeben. *Decorados* Walter Haag. *Longitud* 3.056 m. *Estreno* 1 de noviembre (Hamburgo y Munich).

Intérpretes Zarah Leander, Willy Birgel, Lotte Koch, Axel von Ambesser, Maria Koppenhöfer, Friedrich Benfer, Will Quadflieg, Ernst Stahl-Nachbaur, Walter Süssenguth, Odo Krohmann, Herbert Hübner, Emil Hess, Karl Haubenreisser, Rudolf Klein-Rogge, Annelise von Eschstruth, Ruth Buckhardt, Lissa Lesco, Margot Hielscher, Josef Sieber, Erich Ponto, Hubert von Meyerinck, Leopold von Ledebur, Eduard von Winterstein, Hans Hessling, Bruno Decarli, Heinrich Marlow, Ursula Herking, Leni Sponholz, Marianne Stanior, Fritz Brünske, Emil Hess, Henry Lorenzen, Hans Mierendorff, S. O. Schoening.

Castillo de Fotheringay, 1587. Enterada de que Isabel de Inglaterra (Koppenhöfer) ha denegado su petición de gracia, María Estuardo (Leander) recuerda su atribulada vida. Al volver de Francia se encuentra con el rechazo de la nobleza local y de la Iglesia reformada; ajena a la mezquindad que la rodea, María sólo se rige por los dictados de su corazón y va cometiendo una *gaffe* tras otra: se casa con el afeminado Lord Darnley (Ambesser), se deja influir por su consejero italiano Rizzio (Benfer), participa de forma involuntaria en la muerte de su marido y vuelve a casarse con el bravucón Lord Bothwell (Birgel), del que estaba enamorada desde el primer momento y que al final la traicionará cobardemente. Con el único consuelo de la religión y la tranquilidad de haber obrado siempre de buena fe, María sube al cadalso.

Hay una cierta tendencia entre los historiadores a despachar esta película como simple propaganda contra Inglaterra, y desde luego así la consideraron los censores aliados en 1945 cuando la pusieron en la «lista negra». La realidad es algo diferente. Cierto que Isabel está vista sin la religiosa admiración de que hacen gala productos pro-Imperio

Británico como *Fire Over England* (1937, dir. William K. Howard) o *The Sea Hawk* (1940, dir. Michael Curtiz) —enfoque, en definitiva, tan antihistórico como el del film alemán—, pero tampoco sin una malevolencia superior a la que muestran la *Maria Stuart* de Schiller, la *Maria Stuarda* de Donizetti, o incluso la anterior versión cinematográfica de John Ford (*María Estuardo*, 1936), obras a las que nadie había censurado por antiinglesas; para ser exactos, el personaje está visto desde una perspectiva irónica y no exenta de matices. Sus diálogos evidencian su carácter inflexible y sarcástico —cuando ordena decapitar a un ministro tan petulante como inepto, lo consuela con la siguiente frase: «No os preocupéis, no sufriréis...; una cabeza hueca pesa poco»— y a veces sale la mujer amargada por la falta de cariño, sobre todo al constatar cómo a su bella rival le sobran los pretendientes.

Este punto, por cierto, nos lleva a la clave narrativa de este *Corazón de reina*: no se trata tanto de tergiversar la Historia como de reducirla a historieta, a una especie de telenovela en la que los hechos se explican de forma tan neblinosa que serían casi indescifrables para el espectador si no se esquematizaran según la pauta ya conocida de los anteriores films de Zarah Leander. Ejemplos de imprecisión histórica son ignorar que María era la viuda del rey de Francia y que según la Iglesia de Roma tenía más derecho al trono de Inglaterra que la «bastarda» Isabel, «*figlia impura di Bolena*» según el libreto de la ópera de Donizetti; tal como lo expone el guión es imposible entender la enemistad entre las dos reinas y por qué una está tan interesada en eliminar a la otra. Por otra parte, si Isabel es la malvada «titular», bien poco favorecidos quedan todos los escoceses, empezando por ese Bothwell que empieza como un insolente fanfarrón, quintaesencia del machismo, y acaba como un miserable cobarde al que sus propios compatriotas dan ignominiosa muerte; el actor Willy Birgel, por cierto, está mucho mejor aquí que en sus habituales papeles de «héroe positivo».

Friedrich Schiller [Der Triumph eines Genies] (1940)

Producción Tobis. *Dirección* Herbert Maisch. *Guión* Walter Wassermann y C. H. Diller; argumento y supervisión de Paul Josef Cremers. *Fotografía* Fritz Arno Wagner. *Música* Herbert Windt. *Decorados* Franz Schroedter. *Longitud* 3.008 m. *Estreno* 13 de noviembre (Stuttgart).

Intérpretes Heinrich George, Horst Caspar, Paul Dahlke, Lil Dagover, Paul Henckels, Friedrich Kayssler, Eugen Klöpfer, Walter Franck, Herbert Hübner, Dagny Servaes, Hannelore Schroth, Paul Dahlke, Hans Nielsen, Hans Quest, Fritz Genschow, Franz Nicklisch, Wolfgang Lukschy, Hildegard Grethe, Lore Hansen, Just Scheu, Günther Hadank, Hans Leibelt, Bernhard Minetti, Albert

Florath, Walter Werner, Ernst Schröder, Edmund Lorenz, Arthur Anwander, Heinz Welzel, Fritz Eckert, Herman Relin, Lothar Körner, Friedrich Ettel, Paul Rebstock, Fritz Berghof, Eduard Bornträger, Herma Gees, Georg Güttler, Jens von Hagen, Karl Helge Hofstadt, Franz Klebusch, Bruno Peschel, Georg Porfe, Erik Radolf, Ferdinand Terpe, Wolf Trutz, Hugo Welle.

Años juveniles de Schiller (Caspar), cuando estudiaba medicina —por obligación, pues lo que le gustaba era la teología— en el Castillo Solitude bajo la paternal pero rígida vigilancia del autoritario duque de Württemberg (George). Su rebeldía ante este personaje confiere a la película un tono falsamente antidictatorial que ha desorientado a algunos historiadores; en realidad es la típica exaltación del genio «que se nace, no se hace», como le dice el protagonista al duque, al que se muestra como un obtuso patriarca en modo alguno identificable con un caudillo del siglo XX. Es Schiller —en representación del *genio alemán*— el auténtico conductor de pueblos, porque es el ser superior (el *übermensch* de Nietszche, o en su defecto, el propio Hitler), cosa que no son los caducos representantes de un autoritarismo paternal a los que, de todos modos, el film guarda cierto respeto pues son el crisol en cuya dureza se forjarán los genios de verdad. Incluso una peculiaridad de este déspota anticuado se presta a ambigüedad, cuando muestra a los cadetes que piensa educar en su colegio al hijo de Schubart, su principal opositor, al que ha hecho caer en una encerrona y hecho prisionero: este alarde de blandura, ¿no puede interpretarse como una señal de flaqueza, una falta de coherencia política que otros jefes más sabios no cometerán...?

La solidez del guión y de la puesta en escena confieren a esta cinta un buen nivel cualitativo, con el añadido de una rica ambientación que da efectivos detalles de época: los cadetes arreglándose la coleta mutuamente con sincronía digna de coristas de Broadway, el papel influyente de la amante del duque (interpretada de forma deliciosa por la veterana Lil Dagover), la primera representación de *Los bandidos* en Mannheim. El duelo interpretativo entre los dos protagonistas —que en algunos aspectos recuerda el enfrentamiento entre el «rey sargento» y el futuro Federico el Grande en la antes citada *El rey soldado*— es muy efectivo dentro de su esquematismo, aunque Horst Caspar, evidentemente peor actor que George, sólo parece capaz de plasmar su condición de genio a través de lo que parece un permanente estado febril.

Kora Terry (1940)

Producción UFA. *Dirección* Georg Jacoby. *Guión* Walter Wassermann y C. H. Diller, según la novela de H. C. von Zobeltitz. *Fotografía* Konstantin

Irmen-Tschet. *Música* Frank Fux; canciones de Peter Kreuder. *Decorados* Erich Kettelhut. *Longitud* 2.982 m. *Estreno* 27 de noviembre (Karlsruhe). *Intérpretes* Marika Rökk, Will Quadflieg, Josef Sieber, Will Dohm, Flockina von Platen, Herbert Hübner, Hans Leibelt, Ursula Herking, Franz Schafheitlin, Friedel Haerlin, Maria Koppenhöfer, Lotte Spira, Paul Bildt, Rudolf Carl, Andrews Engelmann, Erich Fiedler, Karl John, Ingolf Kuntze, Theodor Loos, Hubert von Meyerinck, Leo Peukert, Heinrich Schroth, Annemarie Steinsieck, Hans Stiebner, Jockel Stahl.

Las bailarinas gemelas Kora y Mara Terry (ambas Rökk) son iguales de físico pero totalmente distintas de personalidad: Kora es deslenguada, egoísta y ninfómana, mientras que Mara es una bendita que cuenta entre sus muchas bondades la de cuidar a la hija de su hermana, a la que ésta tiene totalmente descuidada. Una de las trastadas de Kora es robar —más por inconsciencia que auténtica maldad— un importante documento a un poderoso industrial enamorado de ella, que al ser puesto en evidencia se suicidará. Cuando están actuando en el norte de África, Kora ve la posibilidad de ganar unos billetes vendiendo a una potencia extranjera el documento, al que ella no daba ninguna importancia, pero ante esta defección patriótica Mara no pasa: cuando su hermana se niega a devolver el papel a su propietario, le pega un tiro; aunque sólo la hiere levemente, al retroceder cae por las escaleras y se mata. El fiel acompañante Tobs (Sieber) se ofrece a pasar por culpable de la muerte y Mara se convertirá en Kora para garantizar el porvenir de la sobrina. Al final, Kora / Mara se ve acusada de la muerte de Mara / Kora, y sólo la llegada de Tobs recién salido de la cárcel y una vieja radiografía aclararán el entuerto.

Uno de los mayores éxitos de Marika Rökk, que hoy en día se vería con más agrado si el guión no fuera tan liado y artificioso. Además, la situación de Mara disparando contra su hermana no es un hallazgo narrativo después de que se nos haya presentado al personaje como un ángel de bondad, y todavía es más chocante que, una vez aclarada la auténtica personalidad de la acusada, la Ley no piense en juzgarla por homicidio involuntario, como mínimo; en realidad, el juez no sólo la absuelve sino que le agradece el favor hecho a su país...: justicia de guerra, vamos. La flojedad dramatúrgica no está precisamente compensada por la pésima interpretación que la protagonista hace de la hermana malvada (como la buena queda algo mejor).

No obstante todo esto, el film merece la cita por sus espectaculares números coreográficos: las acrobacias de las gemelas, una sobre la otra, cabeza sobre cabeza; una danza oriental en la que Kora, en bikini de lentejuelas, se enrosca una aparatosa serpiente mucho antes que Salma Hayek en *Abierto hasta el amanecer*, o la escena de opereta de la más recatada Mara Terry. Un detalle que también merece ser evocado es que, en el momento de su estreno, las escenas en que aparecían juntas las gemelas se hicieron pasar como un triunfo de los efectos especiales cuando la realidad era mucho más prosaica, ya que se usó una doble tan increíblemente parecida a la Rökk que permitía fotografiarlas juntas sin que se notara la sustitución. El músico Peter Kreuder aporta un dato complementario muy evocador de la época: a la Rökk «falsa» la sacaron de un campo de concentración, y a cambio de sus servicios parece que se la puso en libertad.[30]

Bismarck (1940)

Producción Tobis. *Dirección* Wolfgang Liebeneiner. *Guión* Rolf Lauckner, Wolfgang Liebeneiner. *Fotografía* Bruno Mondi. *Música* Norbert Schultze. *Decorados* Erich Zander, Karl Machus. *Longitud* 3.188 m. *Estreno* 6 de diciembre.

Intérpretes Paul Hartmann, Friedrich Kayssler, Werner Hinz, Lil Dagover, Maria Koppenhöfer, Ruth Hellberg, Walter Franck, Käte Haack, Margret Militzer, Karl Schönböck, Günther Hadank, Helmuth Bergmann, Karl Haubereisser, Karl Meixner, Hans Junkermann, Jaspar von Oertzen, Franz Schafheitlin, Otto Gebühr, Paul Hoffmann, Theodor Tony, Bruno Hübner, Karl Fochler, Harald Paulsen, Eduard von Winterstein, Otto Graf, Otto Below, Otto Stoeckel, Erich Ziegel, Karl Heinz Peters, Ingolf Kuntze, Werner Pledath, Albert Venohr, Walter Werner, Robert Forsch, Bernhard Goetzke, Franz W. Schröder-Schrom, Wilhelm P. Krüger.

Si Federico el Grande era el gran caudillo alemán del pasado y por lo tanto el más idóneo para prefigurar a Hitler, no le iba a la zaga el artífice de la nacionalidad alemana, Bismarck. La intriga de esta *biopic* comienza en 1862, cuando Guillermo I (Kayssler) decide nombrar presidente del gobierno al enérgico *junker* Otto von Bismarck (Hartmann), cuya casi exclusiva motivación en la vida es sacar a Prusia del marasmo moral en que ha caído por culpa de un Parlamento dominado por intelectuales demócratas y pacifistas. Para él, la única manera de que Prusia se haga respetar en el mundo es con un ejército fuerte, no con poetas y artistas como pretende el jefe de la oposición, aquel Virchow (Haubenreisser) que ya vimos renuente a admitir los triunfos del genio alemán en *Roberto Koch el vencedor de la muerte*. Si la militarización del país es el primer paso, el siguiente es la unificación de todos los estados germánicos bajo la autoridad prusiana, desprendidos por fin de la tu-

30. Peter Kreuder, *Nur puppen habe keine Tränen. Ein Lebensbericht* (Bergisch-Gladbach, Lübbe, 1973), p. 233.

tela austríaca; para consumar sus ideales Bismarck cuenta con la colaboración del Ministro de la Guerra Roon (Bergmann) y del general Moltke (Hadank) —el prestigioso estratega habla en todas sus escenas con más aplomo que el oráculo de Delfos— y el rechazo de los parlamentarios traidores; no obstante, ese rechazo es de una supina ineficacia, pues cada vez que se oponen a los designios del «canciller de hierro», éste no se lo piensa dos veces y disuelve el Parlamento con la misma rapidez y tranquilidad de conciencia con que un niño desmonta de un palmetazo un juego de construcciones.

La intriga avanza pesadísima a través de inacabables diálogos filmados en plano-contraplano, salpicada con esporádicas rabietas del héroe (en especial cuando el enviado de Napoleón III le recuerda que prometió reubicar las fronteras en el Rin como pago a haberse inhibido de la guerra con Austria) y alguna escena de batalla, ninguna excesivamente espectacular por cierto. El plano final reproduce el célebre cuadro de Anton von Werner de la proclamación del Reich en la Galería de los Espejos de Versalles, justo después de la derrota del Segundo Imperio, y deja a Bismarck en su momento de gloria. La vejez y el (momentáneo) fracaso del protagonista, víctima no sólo de la canalla judeodemocrática sino también del escaso apoyo del nuevo emperador, Guillermo II, serán objeto de un film posterior, igual de soporífero y también dirigido por Liebeneiner, *Die Entlassung* (1942): al final de esta segunda parte, Bismarck nos recuerda por boca de Emil Jannings que sus ambiciosos proyectos sobre la supremacía de Prusia serán consumados algo más tarde por otro gran hombre: ¿adivinan quién?

Volviendo al primer *Bismarck*, debemos reconocer sin ambages que se trata de un tostón insufrible. Obsesionados por meter el mensaje en la cabeza del público a martillazos, los guionistas repiten incansablemente los mismos conceptos hasta provocar un efecto de saturación, susceptible de aparecer con tanta mayor rapidez cuanto menos aprecio se tenga por las glorias prusianas. Los actores deambulan como autómatas en sus estereotipados papeles de buenos o malos, y la única que va un poco a su aire es Lil Dagover, que parece tomarse a broma su papel de Eugenia de Montijo, recitando abundantes párrafos en francés. En la actualidad, *Bismarck* sólo tiene interés para los estudiosos del cine nazi, y es por eso que encuentra su espacio en estas páginas.

Der ewige Jude (1940)

Producción NSDAP. *Dirección* Fritz Hippler. *Guión* Eberhard Taubert. *Fotografía* A. Endrejat, A. Hafner, R. Hartmann, F. C. Heere, H. Kluth, E. Strohl, H. Winterfeld. *Música* Franz R. Fiedl. *Estreno* 28 de noviembre.

Satisfecho con la repercusión popular de sus films históricos antisemitas (por lo menos el dedicado a Süss), Goebbels quiso rematar la faena con una aproximación contemporánea y veraz, que pusiera de relieve la realidad del peligro judío. El resultado fue este *Der ewige Jude*, largometraje documental que toma el título de aquella exposición de 1937 y de la que podía considerarse una clara derivación. Fue producido directamente por el Departamento de Propaganda del Partido, esta vez sin utilizar a ninguna productora como tapadera, y las tareas de director y guionista las ejercieron dos fieles servidores de la causa.

Al presentarse no como una ficción reconstruida al estilo de *Die Rothschilds* o *Jud Süß*, sino como un reportaje tomado de la realidad, el potencial propagandístico de este film es muy superior al de los anteriores: judíos famosos que aparecen asociados a conductas reprobables (de Einstein a Chaplin pasando por casi todos los políticos de la República de Weimar); fragmentos de películas sacados de su contexto, como la ya citada *Casa de Rothschild*; planos de agresiva simbología como los de las ratas de alcantarilla y los encadenados que empalman la auténtica cara de los judíos con la que muestran en la sociedad «civilizada» (sin barba, trenzas, kipa ni caftán). Lo que el narrador no acierta a explicar demasiado bien es el mágico mecanismo por el que los *untermenschen* del principio, que malviven en unas condiciones de pobreza y suciedad extremas,[31] han podido convertirse en intelectuales, políticos e industriales de alto nivel económico, pero no se puede pedir raciocinio a un discurso marcado por la irracionalidad más absoluta y que sólo busca provocar la náusea en el espectador. El clímax de repugnancia viene dado por la filmación sin truco de un auténtico ritual de carnicería kosher (*shehitah*), en la que el matarife desangra una ternera. Por su innegable crudeza, esta escena encontró oposición en algunos medios, por lo que se decidió hacer una versión especial sin ella a fin de que pudiera ser vista por mujeres y niños; de esta manera, en el UFA-Palast am Zoo se hacían dos sesiones: a las 4 la versión *light* y a las 6.30 la íntegra.

A pesar del esfuerzo promocional y del innegable poder de convicción de las imágenes (un historiador actual dice, con cierta exageración, que la película «puede convertir en antisemita hasta a un judío»),[32] la reacción del público fue muy poco entusiasta, por no decir totalmente negativa, y se tuvo que reducir su explotación a circuitos no comerciales. *Der ewige Jude* fue, sin duda, uno de los grandes fracasos de la propaganda nazi y cerró el ciclo de películas antisemitas.

31. El narrador no informa de que las escenas en cuestión no han sido rodadas en auténticas viviendas sino en los ghettos insalubres donde los alemanes habían concentrado a los judíos polacos tras la ocupación.

32. Richard Taylor, *Propaganda in Film: Nazi Germany and Soviet Russia* (Londres, Croom Helm, 1979), p. 190.

Opereta (Operette — 1940)

Producción Deutsche Forst-Filmproduktion / Wien-Film / Tobis. *Dirección* Willy Forst. *Guión* Willy Forst, Exel Aggebrecht. *Fotografía* Hans Schneeberger. *Música* Willy Schmidt-Gentner. *Decorados* Werner Schlichting, Kurt Herlth. *Longitud* 3.060 m. *Estreno* 20 de diciembre (Viena).
Intérpretes Willy Forst, Maria Holst, Dora Komar, Paul Hörbiger, Leo Slezak, Edmund Schellhammer, Curd Jürgens, Trude Marlen, Siegfried Breuer, Gustav Waldau, Alfred Neugebauer, Theodor Danneger, Viktor Heim, Heinz Woester, Gisa Wurm, Wilhelm Leicht, Alfred Hülgert.

Viena, 1874. Franz Jauner (Forst), recién nombrado director artístico del Theater an der Wien, tiene una discusión con la *prima donna* Marie Geistinger (Holst) sobre la puesta en escena del nuevo estreno de Strauss, *Die Fledermaus*, por lo que renuncia y se pasa a la competencia, el Carltheater, donde cosecha un éxito tras otro con las operetas de Suppé y Millöcker. Jauner se hace famoso y se casa con su antiguo amor de juventud Emmi (Komar), aunque en el fondo sigue atraído por la Geistinger. Su imparable carrera le lleva a ser nombrado director de la Hofoper y del Ringtheater, pero un incendio en este último le lleva a los tribunales y le hace caer provisionalmente en desgracia. El apoyo de su mujer y de la propia Geistinger (que pronto morirá víctima de la tuberculosis) se concretarán en el apoteósico triunfo de *Der Zigeunerbaron* en el Theater an der Wien, en 1885.

Al hablar de *París 1900* ya hemos dicho de Willy Forst que su imagen no era la de un seductor de Hollywood, pero este déficit lo suplía con ese tópico encanto vienés del que *Opereta* es cumplida muestra: las melodías de Strauss, bellas damas y elegantes caballeros bailando al compás de tres por cuatro en recargados decorados, todo el universo grácil y efímero de la opereta...; no cuesta mucho suponer que Forst, como otros, se refugiaba en este mundo periclitado para huir de las miserias cotidianas. Lo suyo era una especie de resistencia, pero sin riesgo, ya que era necesaria para cubrir las necesidades de cine de entretenimiento del régimen. Y en cuanto a entretenimiento, *Opereta* tiene mucho que ofrecer, y de buena calidad: las reconstrucciones de las diversas obras tienen una espectacularidad que probablemente no tenían cuando se estrenaron (con una tendencia a incluir coristas en *topless* decididamente anacrónica) y algunos momentos son especialmente memorables, como la representación improvisada del *Fledermaus* en un café con Millöcker al piano y Strauss al violín, con perfecto movimiento de actores y de cámara. Desde el punto de vista histórico los «gazapos» más manifiestos se refieren a la figura de Marie Geistinger, que aparece como una espléndida rubia de veintitantos años desde 1874 (cuando tenía más de 40) hasta que la matan en 1885, y digo «la matan» porque el fallecimiento real no tuvo lugar hasta 1903, ¡tres años después que el de Jauner!; pero todo esto no tiene gran importancia si permite a Forst un *grand finale* con el héroe, solo en el escenario, recibiendo el aplauso enfervorecido del público y viendo con la imaginación el rostro de su musa difunta.

Un último inciso: el Carltheater, sede de tantos triunfos de Jauner, fue bombardeado (como tantos edificios ilustres de Viena, incluida la Ópera) poco después del estreno de *Opereta* y en 1951 tuvo que ser demolido. Ficción y realidad son a veces extraños compañeros de lecho.

Wunschkonzert (1940)

Producción Cine-Allianz-Tonfilm / UFA. *Dirección* Eduard von Borsody. *Guión* Felix Lützkendorf, Eduard von Borsody. *Fotografía* Franz Weihmayr, Günther Anders, Karl Drews. *Música* Werner Bochmann. *Decorados* Alfred Bütow, Heinrich Beisenherz. *Longitud* 2.832 m. *Estreno* 30 de diciembre. *Intérpretes* Ilse Werner, Carl Raddatz, Heinz Goedecke, Joachim Brennecke, Ida Wüst, Hedwig Bleibtreu, Hans Hermann Schaufuss, Hans Adalbert Schlettow, Malte Jaeger, Walter Ladengast, Albert Florath, Elise Aulinger, Wilhelm Akthaus, Walther Bechmann, Günther Lüders, Erwin Biegel, Ellen Hille, Rolf Heidel, Wilhelm König, Aribert Mog, Erich Stelmecke, Wolf Dietrich, Ewald Wenck, Werner Schott, Fritz Angermann, Max Wilmsen, Hans Sterneberg, Franz List, Reinhold Bernt, Erika Radolf, Rudolf Vones, Fred Goebel, Vera Hartegg, Vera Complojer; con la participación, en las escenas del concierto radiofónico, de Marika Rökk, Heinz Rühmann, Paul Hörbiger, Hans Brausewetter, Josef Sieber, Weiss-Ferdl, Wilhelm Strienz, Albert Bräu y la Filarmónica de Berlín.

El título hace referencia a un popular programa radiofónico de los domingos por la tarde en el que se atendían peticiones de determinadas piezas musicales a cargo de los mejores artistas del momento, pero antes de llegar al clímax que supone la retransmisión del concierto debemos explicar un poco la intriga del que fue uno de los films más taquilleros del momento, con una recaudación de 7,6 millones RM. En el Berlín olímpico de 1936 una joven provinciana, Inge (Werner), conoce al apuesto teniente de aviación Koch (Raddatz) y el amor surge entre ambos tras disfrutar durante unos días de las glorias deportivas del Reich. La intención de casarse queda frustrada al ser convocado el aviador para combatir en España con la Legión Cóndor; como la orden es secreta, el galán no puede ni despedirse de la chica, y ésta se piensa que la ha abandonado. Pasan los años. El piloto ha empalmado la campaña española con la europea y no ha podido restablecer el contacto con su amor olímpico. Mientras, en su pueblo, Inge ha visto cómo los jóvenes han sido movilizados; uno de ellos, Winkler, que pretende a la heroína sin éxito, vuela casualmente en la misma escuadrilla que Koch, ascendido a capitán. Por fin llega la escena del concierto radiofónico, en el que pueden escuchar el himno olímpico a petición de un tal capitán Koch, y entonces Inge se da cuenta de que su antiguo enamorado la lleva todavía en su corazón: todo es cuestión de esperar al triunfo definitivo de las armas alemanas.

El éxito de *Wunschkonzert* se basa en su astuta combinación de elementos sentimentales, de comedia y patrióticos, todos en perfecta sintonía con el *zeitgeist* de 1940 y ensamblados por un acontecimiento tan coyuntural como era el concierto radiofónico conocido y seguido por todo el público. La amplia secuencia de la retransmisión en directo incluye números de música «culta» y «ligera» (con algún chistecito intercalado a cargo del cómico de cabaret Weiss-Feindl): entre los primeros tenemos la obertura de *Le nozze di Figaro* dirigida por Eugen Jochum, mientras que los segundos están representados por las actuaciones de Marika Rökk y Heinz Rühmann, que cantan éxitos de sus últimas películas (de *Luna de mayo* y *El paraíso de los solteros*, respectivamente). Por otra parte, la anécdota sentimental (que hasta la prensa oficial consideró bastante vulgar y cursi) se integra en el marco de los grandes acontecimientos recientes y sólo adquiere su auténtica significación en el contexto del devenir histórico del Reich; es decir, que lo importante no es que los enamorados puedan consumar su relación, sino que cada uno cumpla con su deber, luchando por la patria él y esperando fielmente en la retaguardia ella (la imagen final es una apoteosis militar, no el típico beso de los decadentes productos hollywoodianos). Para entender la motivación propagandística de *Wunschkonzert* hay que enmarcarla en una serie de *women's pictures* destinadas a reforzar la moral de eso que una novelita española de aquellos años (y de la que se sacó una película) llamaba «el frente de los suspiros», y de las que también son buenos ejemplos *¡Adiós, Francis!* y *El gran amor*.

La victoria del Oeste (Sieg im Westen — 1941)

Producción Noldan-Produktion / UFA. *Dirección* (sin crédito) Fritz Hippler, Svend Noldan, Fritz Brunsch. *Música* Herbert Windt; prólogo, Hans Horst Sieber. *Estreno* 31 de enero.

Aunque Goebbels no había visto con muy buenos ojos la iniciativa de *Bautismo de fuego*, prefirió callarse para evitar líos con Goering. Pero los altos mandos militares, que todavía no habían digerido el desplante de *Campaña en Polonia*, le dieron otro pequeño disgusto con un nuevo documental bélico, esta vez dedicado a la campaña del Oeste. Parece ser que hizo lo posible por obstaculizar la producción y puso pegas a las sucesivas versiones, pero cuando el montaje definitivo fue aprobado por Hitler no tuvo más remedio que resignarse: la publicidad de *La victoria del Oeste* deja bien claro que se trata de «ein Film des Oberkommandos des Heeres» y en ningún sitio consta crédito de director.[33]

Este documental de considerable metraje (unas dos horas de proyección) tiene mucha más ambición que los anteriores. Cuenta, por ejemplo, con un extenso prólogo (*Der Entscheidung entgegen*, «hacia la decisión») en la que se nos recuerda lo que ha sido la historia de Alemania desde la Primera Guerra Mundial mediante una sucesión de tópicos historiográficos nazis que van de la «puñalada por la espalda» de 1918 hasta la «intolerable agresión polaca» de 1939. A continuación entramos ya en materia: *Der Feldzug*, «la campaña», una sucesión de impactantes imágenes que impresionaron profundamente a los espectadores de la época, no sólo por la calidad de la fotografía y la expresividad del montaje sino también por el intranquilizador mensaje que transmitía. El ejército alemán aparece como una máquina imparable que liquida en un santiamén cuanta resistencia se le opone, y aquí sí puede justificar la capacidad del enemigo: en unos planos robados a los franceses podemos apreciar, por ejemplo, todo el potencial defensivo que suponía la Línea Maginot (aunque en la práctica fue deshecha sin grandes esfuerzos por las *Panzerdivisionen*). En un alarde de sutileza bastante lógico, el film procura no humillar excesivamente a los enemigos vencidos, aunque les echa algunas pullas de tipo racial: la presencia de soldados africanos entre el ejército francés se toma como prueba de su inferioridad moral. El trato más duro lo reciben los ingleses, a los que se presenta como unos cobardes «que tiran la piedra y esconden la mano» y la retirada de Dunquerque se acompaña de un comentario verbal y musical irrisorio.

Al igual que pasaba con los documentales sobre Polonia, tampoco en *La victoria del Oeste* hay concesiones al NSDAP (apenas se ven esvásticas, algo bien raro en un film de propaganda) y a cambio se cita escrupulosamente a todos los generales habidos y por haber: Brauchitsch, por ejemplo, recibe cumplida satisfacción tras haber sido «ninguneado» en *La campaña de Polonia*. Esto quiere decir que todo el mensaje de te-

33. Todo el trabajo fue estrechamente supervisado por el coronel Hesse, jefe de propaganda de la Wehrmacht. El montaje y los gráficos animados parecen ser responsabilidad absoluta de Svend Noldan.

rror que destila *La victoria del Oeste* es, como ya hemos dicho con respecto a los otros documentales, responsabilidad exclusiva del Alto Mando del Ejército, y por eso no podemos sentir ninguna pena por los militares que en 1944 fueron ejecutados por atentar contra Hitler cuando las victorias se habían convertido en derrotas

Ohm Krüger (1941)

Producción Tobis. *Dirección* Hans Steinhoff, con la colaboración de Herbert Maisch y Karl Anton. *Guión* Harald Bratt y Kurt Heuser, según la novela *Mann ohne Volk* de Arnold Krieger. *Fotografía* Fritz Arno Wagner, Friedl Behn-Grund, Karl Puth. *Música* Theo Mackeben. *Decorados* Franz Schroedter. *Longitud* 3.620 m. *Estreno* 4 de abril.
Intérpretes Emil Jannings, Lucie Höflich, Werner Hinz, Gisela Uhlen, Ferdinand Marian, Ernst Schröder, Gustaf Gründgens, Hans Adalbert Schlettow, Eduard von Winterstein, Fritz Hoopts, Max Gülstorff, Elisabeth Flickenschildt, Hedwig Wangel, Alfred Bernau, Franz Schafheitlin, Walter Werner, Otto Wernicke, Hedwig Wangel, Flockina von Platen, Friedrich Ulmer, Harald Paulsen, Hilde Körber, Hans H. Schaufuss, Karl Haubenreisser, Karl Martell, Walther Süssenguth, Hans Stiebner, Paul Bildt, Otto Graf, Armin Schweizer, Rudolf Blümmer, Louis Brody, Werner Pledath, Ernst Demburg, Wolfgang Lukschy, G. H. Schnell, Jack Trevor, Werner Stock, Heinrich Schroth, Louis Ralph, Gertrud Wolfe, Josef Dahmen, Friedel Heizmann, Gehrard Bienert, Aribert Grimmer, Theodor Tony, Erich Hecking, Paul Rehkopf, Viktor Gehring, Käthe Jöken-König, Arthur Reinhardt, Charlotte Vetrone, Willi Grunwald, Astrid Seiderer, Ingeborg Johannsen, Joe Münch-Harris, Ferdinand Terpe, Wolf Trutz, Walter Schram-Duncker, Josef Reithofer.

Tras una especie de tolerancia hacia el Imperio Británico en los años de preguerra (ya hemos visto el sentir claramente positivo de *Caucho*, e incluso la ambigüedad controlada de *Corazón de reina*), el cine alemán descarga por fin en 1941 todo su arsenal propagandístico contra los ingleses. *Mein Leben für Irland* (estrenada en abril de 1940) y *El zorro de Glenarvon* (*Der Fuchs von Glenarvon*), dirigidas ambas por Max W. Kimmich —oscuro cineasta cuyo principal mérito era ser cuñado de Goebbels—, son un panegírico de la lucha independentista irlandesa en la que los sacrificados patriotas deben enfrentarse a unas tropas de ocupación crueles y traicioneras. Estas dos películas tienen un *handicap* evidente (pero que pasó desapercibido al ministro), y es que ese odio al inglés invasor puede ser interpretado de forma contradictoria por el público de los países ocupados por el Eje o con cierta inestabilidad sociopolítica: véase al respecto lo que pasó en España con *El zorro de Glenarvon*, que al poco del estreno vio prohibida su exhibición «por orden superior» en Cataluña y el País Vasco, donde la exaltación pro-irlandesa podía estimular analogías con los sentimientos nacionalistas de ambas comunidades.[34]

Otro apartado en el que se podía explayar el odio al inglés era el del colonialismo: uno de los latiguillos del nacionalismo alemán era el obstruccionismo ejercido por el Imperio británico contra cualquier aspiración expansionista del (segundo) Reich en tierras africanas o asiáticas, y esa es la casi exclusiva finalidad de *Carl Peters* (dir. Herbert Selpin), estrenada en marzo del 41. Los datos biográficos que han llegado del tal Peters lo presentan como un aventurero sin excesivos escrúpulos, pero según el film es un intrépido (y atractivo: lo interpreta Hans Albers) colonizador alemán cuyos patrióticos empeños son boicoteados por los británicos en contubernio con la «quinta columna» de parlamentarios socialistas judíos (una clara alusión a la República de Weimar). La frustración colonial alemana queda reflejada en un explícito monólogo del protagonista: «En el reparto del mundo que empezó en el siglo XV, Alemania no ha recibido nunca nada (...) Si nuestra nación quiere obtener algo ha de ser gracias a hombres de acción que no se amedrenten cada vez que los ingleses levanten una ceja.» La poca sutileza del mensaje no contribuye a hacer digerible un film ya de por sí mal escrito y peor dirigido, que no tuvo una gran acogida popular. Afortunadamente para las intenciones de Goebbels, un mes más tarde se pudo estrenar otro film supuestamente biográfico, *Ohm Krüger*, que, aparte de sus muy superiores méritos cinematográficos y propagandísticos, conduce el mensaje antibritánico de forma más directa y eficaz.

Por supuesto, *Ohm Krüger* tampoco manifiesta una gran fidelidad a los hechos históricos, pero la desfachatez con que lo hace resulta de una sorprendente modernidad.[35] Véase, por si hubiera dudas, lo que dice el *filmdramaturg* Ewald von Demandowski en el folleto editado para la distribución en Francia: «Un film histórico no es un museo. Sólo el nombre de los personajes es histórico; las ideas son actuales (...) El cine histórico es espejo del pasado, protección ante el presente y guía para el futuro»;[36] es difícil encontrar unas afirmaciones más programáticas. La idea para la película vino del actor Emil Jannings, que debió de leer

34. Teodoro González Ballesteros, *Aspectos jurídicos de la censura cinematográfica en España* (Madrid: Universidad Complutense, 1981), p. 223.

35. O posmodernidad, en el sentido que le dan historiadores como Robert Rosenstone, *El pasado en imágenes*, Barcelona, Ariel, 1997.

36. «Le film historique et nous». Texto incluido en el folleto promocional *Ohm Krüger. Un film d'Emil Jannings de la Tobis* (París, Tobis, 1941).

en las páginas de *Mein Kampf* la impresión que le había causado al joven (y tanto: ¡10 años!) Hitler la lucha de los bóers contra el Imperio británico y pensó que el papel de Paulus Krüger, el caudillo del Transvaal de origen alemán al que sus compatriotas llamaban cariñosamente «tío» Krüger, venía que ni pintado para su lucimiento. El Estado apoyó con todos sus recursos el proyecto, que resultó una auténtica superproducción; aunque la responsabilidad artística recayó en Steinhoff, uno de los mejores directores del régimen, se organizaron dos equipos de refuerzo a las órdenes de profesionales tan competentes como Herbert Maisch y Karl Anton.

Tal como se reconstruye en el film, la guerra de los bóers es un episodio vergonzoso de la historia contemporánea, en el que los honrados y laboriosos colonos holandeses son expoliados y masacrados por los británicos, que no son más que una banda de ladrones, estafadores y asesinos entre los que no se salva nadie: Joseph Chamberlain, Secretario de Estado para las Colonias, es un dandy cínico y amanerado, Cecil Rhodes un salteador de caminos,[37] la Reina Victoria una vieja borracha, Kitchener un carnicero, y hasta aparece un oficial gordinflón y viscoso que es un remedo de Churchill, aunque no se le mencione por el nombre. De todo el contundente aparato propagandístico, lo que más destaca en la actualidad es la forma como atribuye a los ingleses de 1900 las mismas atrocidades que los alemanes estaban cometiendo en 1941 pero que, evidentemente, no reconocían como propias: hay un momento en que Kitchener declara la «guerra total» anticipándose al discurso de Goebbels del 18 de febrero de 1943; a los bóers no se les concede categoría militar y son tratados como «bandidos», igual que a los partisanos de los países ocupados; la soldadesca británica se ceba en la población civil, hacinando a mujeres y niños en campos de concentración donde se les deja morir de hambre, donde el supuesto Churchill le pega dos tiros a una de las mujeres que se quejaba de los malos tratos y el hijo de Krüger, Jan, es ahorcado públicamente ante los ojos de su mujer, en una sucesión de estampas que podrían estar «tomadas del natural» de cualquier campo de exterminio nazi. La precisión de la puesta en escena y las impecables composiciones de todo el reparto casi consiguen que tal acumulación de tremendismos acabe por encoger el corazón de los espectadores, en un intento bastante conseguido de que todos coreen la última frase de Jan Krüger, «¡Maldita sea Inglaterra!».

37. En la versión británica de la vida de Rhodes, *Rhodes el conquistador* (*Rhodes of Africa*,1936, dir. Berthold Viertel) el personaje está mitificado como un carismático explorador elegido por el Destino para ofrecer África a la reina de Inglaterra, querido y respetado por los nativos pero incomprendido por algunos mezquinos (como los bóers, por ejemplo).

De todos modos, a *Ohm Krüger* le pasa lo mismo que a muchos films de propaganda nazi (lo hemos comentado al respecto del tan emblemático *Triunfo de la voluntad*): *sólo convence a los ya convencidos*. Los personajes son rígidos arquetipos, puros títeres que pretenden ilustrar un mensaje preconcebido pero que en ningún momento explican de forma humana su supuesta bondad o maldad. Los bóers son los buenos «porque sí», y lo mismo puede decirse de los británicos: en realidad, el «entrañable» tío Krüger es un viejo cascarrabias y prepotente que no estimula la más mínima simpatía, y si los oficiales ingleses son altivos y crueles con sus enemigos, en esto no tienen nada que envidiar a sus colegas de la Wehrmacht.

Die schwedische Nachtingall (1941)

Producción Terra. *Dirección* Peter Paul Breuer. *Guión* Gert von Klass y Per Schwenzen, según la obra teatral *Gastspiel in Kopenhagen* de Friedrich Forster-Burggraf. *Fotografía* Ewald Daub. *Música* Franz Grothe. *Decorados* Robert Herlth, Heinrich Weidemann, Johannes Massias. *Longitud* 2.644 m. *Estreno* 9 de abril.

Intérpretes Ilse Werner, Joachim Gottschalk, Karl Ludwig Diehl, Emil Hess, Aribert Wäscher, Hans Leibelt, Hans Hermann Schaufuss, Ernst Sattler, Volker von Collande, Marianne Simson, Jeanette Bethge, Kate Kühl, Siegfried von Geldern, Erwin Hoffmann, Walter Bechmann, Ruth Lommel, Erich Dunskus, Angelo Ferrari, Werner Stock, Elga Brink, Jacob Tiedtke, Wilfred Seyferth, Alwin Lippisch, Franz Stein, Bernhard Goetzke, Charlotte Schellhorn, Ingeborg Albert, Konrad Cappi, Elsa André-Beyer, Franz Arzdorf, Max Dietze, Irene Fischer, Gustl Kreusch, Peter Leska, Willy Melas, Hans Reiners, Ernt Rotmund, Otto Sauer-Sarto, Karl Wagner, Hans Waschatko, Bruno Ziener.

Englobada en la serie «exaltación de los valores nórdicos», esta novelita rosa homenajea al mismo tiempo a la soprano Jenny Lind («el ruiseñor sueco») y al famoso cuentista danés Hans Christian Andersen. La forma de hacer coincidir a los dos personajes y el idilio triangular entre el escritor (Gottschalk), la cantante (Werner, doblada la voz en las partes cantadas por Erna Berger) y el primer ministro de Dinamarca (Diehl) es tan forzada como fantasiosa, pero ofrece algunas acotaciones coyunturales de cierto interés. La heroína, por ejemplo, aparece como una mujer muy libre para la época (tanto la de Andersen como la del nazismo), ya que se hace amante del ministro sin ningún reparo y cuando éste la requiere en matrimonio con la única condición de que abandone el teatro, ella se niega en redondo. Y todavía hay más: cuando descubre que Andersen está totalmente colado por ella y que estaba deshecho por su aventura con el ministro, le exige a él que la acompañe en sus giras por el mundo, pero al tomar conciencia de que eso sería la ruina profesional para el escritor le sugiere con buenas palabras la separación, pues cada uno debe «consumirse en su arte».

A pesar de su confusa base histórica, el film se beneficia de la excelente factura formal que era habitual en el cine nazi y la evocación de época tiene detalles interesantes, como el elogio del escultor neoclásico Thorvaldsen (Hess), lógico ya que su estilo no dejaba de ser una premonición de los escultores favoritos del régimen. En el plano de la historia musical se nos recuerda la labor de Andersen como libretista de óperas —aunque esa *Agnese* que supone el debut en Copenhague de la heroína no la hemos podido identificar— y se reconstruye la puesta en escena dc *La flauta mágica* (en la que la Lind hace de Reina de la Noche) con el famoso decorado de Karl Friedrich Schinkel; las breves giras internacionales de la diva son objeto de alusiones muy indirectas, sin mencionarse para nada la pintoresca *tournée* por los Estados Unidos que le montó el famoso empresario circense Barnum.

No podemos acabar el comentario de esta película sin recordar un lamentable episodio relacionado con ella y que afecta al intérprete de Andersen, Joachim Gottschalk. Sin llegar a ser una estrella, era un galán popular entre el público, con un físico en la línea «Clark Gable», más próximo a René Deltgen que a «guaperas» como Hans Albers o Willy Fritsch. Gracias a esto se le toleraba el horrible pecado (igual que a Albers, Henny Porten u Otto Wernicke) de estar casado con una judía, por supuesto a condición de no exhibirla en público. En un alarde de inconsciencia (o de rebeldía, nunca se sabrá), a Gottschalk se le ocurrió traer a su mujer a la fiesta celebrada con motivo del estreno de *Die schwedische Nachtingall*, presentándosela a varios personajes importantes que ignoraban su condición racial. Cuando la cosa trascendió, el escándalo fue mayúsculo: aquellos eximios representantes de la raza superior habían saludado a una miserable judía; ¡esto no se podía permitir! A los pocos días, los Gottschalk recibieron en su casa una orden de la Gestapo conminando a la mujer y a su hijo de 8 años a prepararse para la deportación: desesperados e impotentes, el actor y su mujer se suicidaron después de matar al niño.[38] La historia de Gottschalk es, como la de Ana Frank, uno de esos casos individuales que dan «cara y ojos» a la maldad intrínseca del nazismo y desautorizan cualquier justificación.

38. En 1947 la DEFA produjo *Ehe im Schatten*, cinta de Kurt Maetzig inspirada en estc incidente.

...reitet für Deutschland (1941)

Producción UFA. *Dirección* Arthur Maria Rabenalt. *Guión* Fritz Reck-Malleczewen, Richard Riedel y Josef Maria Frank, según material biográfico recopilado por Clemens Laar. *Fotografía* Werner Krien. *Música* Alois Melichar. *Decorados* Otto Hunte, Karl Vollbrecht, Herbert Nitzschke. *Longitud* 2.513 m. *Estreno* 11 de abril (Hannover).
Intérpretes Willy Birgel, Gerhild Weber, Herbert A. E. Böhme, Gertrud Eysoldt, Willi Rose, Hans Zesch-Ballot, Paul Dahlke, Rudolf Schündler, Walter Werner, Herbert Hübner, Walter Lieck, Ewald Wenck, Armin Schweitzer, Gerhard Dammann, Hans Quest, Marianne Stanior, Wolfgang Staudte.

En 1918, el terrateniente, jinete de competición y capitán de caballería barón von Langen (Birgel) es herido en el frente y separado de su fiel caballo Harro. La herida lo deja temporalmente postrado en una silla de ruedas; su recuperación física se enlentece tanto por sus dificultades económicas (los usureros asedian sus propiedades) como por la depresión que le produce la posibilidad de no volver a montar. Mientras, Harro está en manos de plebeyos que lo utilizan como bestia de carga; un día, nota la presencia de su antiguo amo y se reúne con él, abandonando el carro del que tiraba. El reencuentro es para Langen un acicate para volver a la hípica: jinete y caballo «cabalgarán para Alemania» ganando una medalla tras otra.

Basada en una historia real, las peripecias de los protagonistas (especialmente del equino) tienen un claro valor simbólico: la Alemania humillada en la Gran Guerra, mortificada por judíos y comunistas en la posguerra, es regenerada por un ser elegido, proveniente de la aristocracia rural y que practica un deporte de señores (la perspectiva de trabajar sus campos ni se le pasa por la cabeza, por supuesto). Sus valores patrióticos, la carismática composición de Willy Birgel y la entonada puesta en escena de Rabenalt hicieron de *...reitet für Deutschland* un considerable éxito de taquilla; en 1945 fue puesta en el «índice» de films prohibidos, pero en 1952 reanudó su triunfal carrera una vez cortadas algunas escenas de cariz antisemita.

¡Adiós, Francis! (Auf Wiedersehen Franziska — 1941)

Producción Terra. *Dirección* Helmut Käutner. *Guión* Helmut Käutner, Curt J. Braun. *Fotografía* Jan Roth. *Música* Michael Jary. *Decorados* W. A. Hermann. *Longitud* 2.736 m. *Estreno* 24 de abril (Munich).
Intérpretes Marianne Hoppe, Hans Söhnker, Fritz Odemar, Rudolf Fernau, Hermann Speelmans, Margot Hielscher, Herbert Hübner, Josefine Dora,

Frieda Richard, Klaus Pohl, Ursula Herking, Erich Ziegel, Rudolf Kalvius, Traute Baumbach, Marianne Baeckmann, Edith Hildebrand, Gustl Kreusch, Ruth Kruse, Vera Mayr, Ernö René, Annemarie Schäfer, Marianne Stanior, Hans Wallner, Beryl Roberts, Louis Brody.

Nueva variación sobre el tema del «frente de los suspiros» (*vid. Wunschkonzert*, 1940), con la peculiaridad de que el director es Helmut Käutner, el «resistente antinazi» oficial, que en esta ocasión no tiene más remedio que aportar su granito de arena a la propaganda bélica. Michael (Söhnker), intrépido reportero siempre viajando por los sitios más peligrosos del planeta, conoce un día a Franziska (Hoppe) y hace el amor con ella pero advirtiéndole que lo suyo no es la vida sedentaria. Al cabo de un tiempo se vuelven a encontrar, y de nuevo se separan con un «Auf Wiedersehen, Franziska!». Al enterarse de que la chica está embarazada, Michael acepta casarse, pero esto no implica que se quede de una vez en casa. Franziska lo espera paciente, educando a su hijo y tallando los juguetes y figuritas de madera con los que se ha ganado siempre la vida. En uno de sus viajes, Michael decide por fin abandonar su vida aventurera tras la impresión que le produce la muerte violenta de su mejor amigo; cuando llega a casa resulta que estalla la guerra y debe partir de nuevo, esta vez como soldado. Como toda buena alemana, Franziska supedita sus sentimientos a las necesidades de la Patria.

Historieta sentimental más bien blanda y cursi cuyo único interés radica en algunos apuntes sobre la situación de la mujer en el Tercer Reich. Por ejemplo, se la muestra como trabajadora (en las películas de esta época raramente se ve trabajar a las mujeres), pero sin moverse de casa y en una actividad decididamente menor y sin relieve social. Por otra parte, aunque al principio alardea de independencia y parece aceptar la aventura de un día con un criterio abierto, en el siguiente encuentro deja claro que su auténtica vocación es la de abnegada esposa, y en la última despedida que muestra el film asume plenamente que es «el reposo del guerrero», como tantas otras alemanas: «Por primera vez, nuestra despedida tiene un sentido», le dice al marido cuando en la estación se intercambian el enésimo adiós. No obstante circulan algunas copias en las que no figura ese final, sin duda a causa de manipulaciones de posguerra destinadas a levantar el veto de distribución que la censura aliada había puesto al film.

En 1957 se realizó un *remake*, con el título *Franziska* (dir. Wolfgang Liebeneiner) en el que se eliminaron las referencias a la guerra y se añadió un auténtico final feliz, con el marido renunciando definitivamente a sus escapadas.

Friedemann Bach (1941)

Producción Terra. *Dirección* Traugott Müller. *Guión* Helmut Brandis y Eckart von Naso, según un argumento de Ludwig Metzger. *Fotografía* Walter Pindler. *Música* Mark Lothar. *Decorados* Artur Günther, Werner Eplinius, Hertha Böhn. *Longitud* 2784 m. *Estreno* 25 de junio (Dresde). *Intérpretes* Gustaf Gründgens, Camilla Horn, Eugen Klöpfer, Wolfgang Liebeneiner, Leny Marenbach, Lina Lossen, Lotte Koch, Wolf Trutz, Ernst Dernburg, Johannes Riemann, Franz Schafheitlin, Hermine Körner, Otto Wernicke, Paul Bildt, Sabine Peters, Gustav Knuth, Annemarie Steinsieck.

Si en el panteón de genios alemanes había un compositor que pudiera acceder al título de precursor del ideario hitleriano, éste es sin duda Wagner; los festivales de Bayreuth eran toda una exhibición del orgullo cultural alemán y el Führer no dejaba ningún año de hacerse la foto con Frau Winifred. Sin embargo, el cine nazi no demostró el menor interés por la figura del genio de Bayreuth, por mucho que sus ideas ultranacionalistas y antisemitas encajaran a la perfección con las necesidades del momento. Es por esto que sorprende todavía más este *Friedemann Bach*, que aborda la vida de un músico que no ha dejado en la historia la misma huella que su famoso padre Johann Sebastian, al que por cierto tampoco se le dedicó ninguna aproximación fílmica. Para ser exactos, Wilhelm Friedemann Bach no estaba desprovisto en modo alguno de talento: virtuoso del clave y del órgano, sentó las bases de las sonatas y los conciertos para piano tal como hoy los entendemos, pero este talento no fue del todo reconocido en su momento, tanto por el peso de la sombra de su genial padre como por falta de dedicación, pues parece que era un poco tarambana y dado al alcohol. La motivación para llevar al cine esta figura menor hay que buscarla en el actor y director teatral Gustaf Gründgens (del que ya hemos citado antes su meritoria adaptación de *Effi Briest*), que debió considerar que este «genio fracasado» era ideal para lucir sus dotes histriónicas. Prueba de ello es que, si bien no dirigió la película, la produjo y supervisó estrechamente, aparte de colocar de realizador titular a su decorador habitual, Traugott Müller.

En el film, la vida del hijo mayor de Bach es convenientemente mixtificada para hacer de él una figura trágica que quema su vida en defensa de sus ideas renovadoras. Lo que realmente provoca el fracaso del protagonista es el carácter demasiado «revolucionario» de su estilo, que le hace ser rechazado por los poderes civiles y religiosos que en aquellos tiempos eran la única posibilidad de subsistencia de un artista. Para recordarnos que no sólo era un subversivo de la música, se incluye un episodio en el cual se enamora de una bailarina —que entonces era sinónimo de mujer ligera—, la Fiorini (Horn), y compone para ella un ballet, poniéndose en evidencia delante de la corte de Sajonia y decepcionando a la condesita Antonia Kollowrat (Marenbach), que estaba perdidamente enamorada de él y le había dado esperanzas de matrimonio. Pese a los desvelos de Antonia, que nunca lo abandonará a pesar de sus desplantes, nuestro héroe va de mal en peor y acaba tocando el violín en una compañía de cómicos de la legua. En un altercado con un detractor de su padre es gravemente herido y muere en casa de su hermano Emanuel (Liebeneiner), que sí ha hecho carrera como músico de corte.

Parece superfluo insistir en que la vida de Friedemann ha sido drásticamente simplificada en todos los aspectos, tanto positivos como negativos, y algunos detalles son fantasía pura, como el hecho de que la muerte le sobrevenga relativamente joven cuando en realidad tenía más de 70 años (quizá a Gründgens no le apetecía maquillarse de anciano) o insinuar que podría haberse casado con una condesa en una época en la que la separación de clases era absoluta. Lo que mejor se conserva del film es la realización, algo casi paradójico si consideramos que su director no firmó ninguna película más: la primera escena, con Bach padre (Klöpfer) practicando con sus hijos y discípulos, es formidable, pero el resto no desmerece en absoluto. Como Müller era escenógrafo, cuida mucho el aspecto visual y de ambientación y consigue un sabor de época muy por encima de lo que entonces era habitual en el cine histórico: la representación teatral, por ejemplo, aunque no acierte del todo en la coreografía, tiene una verosimilitud en cuanto a decorados y vestuario que no se ve en otros films sobre músicos del pasado.

Stukas (1941)

Producción UFA. *Dirección* Karl Ritter. *Guión* Felix Lützkendorf, Karl Ritter. *Fotografía* Heinz Ritter, Walter Meyer, Walter Rosskopf, Hugo von Kaweczynski. *Música* Herbert Windt. *Decorados* Anton Weber. *Longitud* 2.761 m. *Estreno* 27 de junio.

Intérpretes Carl Raddatz, Marina von Ditmar, Albert Hehn, Egon Müller-Franken, O. E. Hasse, Hannes Stelzer, Karl John, Herbert Wilk, Ernst von Klipstein, Johannes Schütz, Heinz Wemper, Karl Münch, Adolf Fischer, Lutz Götz, Beppo Brem, Josef Dahmen, Erich Stelmecke, Georg Thomalla, Fritz Wagner, Else Knott, Ursula Deinert, Lilly Schönbörn, John Pauls-Harding, Eduard von Winterstein, Otz Tollen, Ethel Reschke, Gothart Portloff, Erik Radolf, Hans Wallner, Paul Mehler, Willi Witte, Botho Kayser, Willy Schulte-Vogelheim, Ronald Werkenthin, Georg Profe, Theodor Rocholl, Tima Stuloff, Bill Bocketts, Arthur Kühn, Michael von Newlinski, Nico Turoff, Ludwig Wolfram, Werner Faust, Herbert Gärtner, Josef Gindorf, Oskar Kinne, Wolfgang Molitor.

A diferencia de Hollywood, en Berlín no se pudieron realizar demasiadas películas sobre los triunfos de las diversas armas del ejército alemán: de hecho, tras la derrota en Stalingrado se cortó en seco la producción de este tipo de cintas, hasta el punto de que una de ellas, *Besatzung Dora*, sobre las hazañas de la Luftwaffe en la campaña de Rusia, tuvo que ser prohibida al ser presentada a censura en noviembre de 1943, ante el ridículo que suponía oír a los protagonistas hablar de instalarse como granjeros en los territorios ocupados.

El director de *Besatzung Dora*, Karl Ritter, había podido explayar su ardor guerrero en un anterior *epic* aeronáutico, *Stukas*, extravagante mezcla de militarismo y melomanía que muestra a los aviadores desde una perspectiva bien diferenciada de la de productos hollywoodianos tipo *Air Force* (1943, dir. Howard Hawks). En el film americano los pilotos son los portavoces de una democracia y por lo tanto aparecen como obreros o intelectuales, mientras que Ritter deja bien claro que los integrantes de su escuadrilla pertenecen a una elite, o, dicho de forma más propia, a una *herrenvolk*: visten elegantes uniformes, tocan el piano y rechazan cualquier actividad impropia de su clase. Cuando uno de ellos es herido y siente su ánimo flaquear, el tratamiento es una visita al Festival de Bayreuth: después de una cuidada representación wagneriana, el espíritu de Siegfried le insufla el coraje necesario para reunirse con sus compañeros en la lucha contra la «pérfida Albión» en una escena cantada que haría reír si no fuera porque está filmada totalmente en serio.

Ich klage an (1941)

Producción UFA. *Dirección* Wolfgang Liebeneiner. *Guión* Eberhard Frowein y Wolfgang Liebeneiner, según un argumento de Harald Bratt y algunos elementos de la novela *Sendung und Gewissen* de Hellmuth Unger. *Fotografía* Friedl Behn-Grund. *Música* Norbert Schultze. *Decorados* Fritz Maurischat, Fritz Lück. *Longitud* 3.407 m. *Estreno* 29 de agosto.

Intérpretes Paul Hartmann, Heidemarie Hatheyer, Mathias Wieman, Margarete Haagen, Harald Paulsen, Charlotte Thiele, Christian Kayssler, Franz Weber, Bernhard Goetzke, Hans Nielsen, Ilse Fürstenberg, Albert Florath, Werner Pledath, Franz Schafheitlin, Otto Graf, Ernst Sattler, Hellmuth Bergmann, Erich Ponto, Karin Evans, Franz Weber, Karl Dannemann, Ernst Legal, Karl Haubenreisser, Walter Janssen, Just Scheu, Leopold von Ledebur, W. P. Krüger, Curt Lucas, Hansi Arnstaedt, Wolfgang Osterholz, Harry Hardt, Hintz Fabricius, Willi Rose, Helmut Kollek, Werner Siegert, Hans Ulrich Bach, Gertrud Roloff, Eva Blut, Carla Werner, Barbara Clemen, Roswithe Koennecke, Paul Rehkopf, Karl Mikulski.

Hanna Heyt (Hatheyer) es la joven esposa de un médico ilustre que un día descubre que padece una esclerosis en placas, afectación neurológica incurable que va deteriorando progresivamente las funciones vitales. Persona activa y con inquietudes artísticas —tiene el primer síntoma cuando tocando el piano se da cuenta de que la mano izquierda no le responde—, la muchacha acaba por contemplar la posibilidad de una muerte digna antes del hundimiento definitivo. El profesor Heyt (Hartmann), que aparte de enseñar anatomía se dedica a la investigación biomédica, pone a todo el personal de su laboratorio a la búsqueda de una posible cura, pero cuando tiene que rendirse a la fatal evidencia accede a la petición de su esposa y la ayuda a morir, en una escena de inevitable tensión dramática resuelta con una iluminación sombría de gran efecto y, cosa rara, sin apoyo musical.[39]

Hasta aquí la película plantea un conflicto ético y lo resuelve desde un punto de vista tan válido como cualquier otro, si bien puede, lógicamente, ser aceptado o no por el espectador; las escenas del juicio que siguen revelan un poco más las intenciones subyacentes. Desde el primer momento se ve que el acusado tiene a su favor a los personajes «conscientes», que de alguna manera son los portavoces de la ideología oficial, muy en especial el juez, que en la toga lleva cosida el (reglamentario) emblema del Reich. Los que no comprenden al Dr Heyt lo hacen por resentimiento personal (el cuñado) o sentimentalismo (la fiel criada), mientras que el médico amigo del matrimonio que diagnosticó el cuadro y se escandalizó por la actuación del marido (Wieman), tras haber visto el horrible destino de unos niños afectos de esclerosis cuyos sufrimientos no pueden tener fin por culpa de un artículo del Código Penal, declara a favor del acusado: si el Estado tiene que velar por sus ciudadanos, también debe evitar el dolor innecesario. La película acaba con un contundente plano fijo de Heyt en que éste lanza una sentida diatriba (el «yo acuso» del título) contra «una ley injusta que nos impide servir al bienestar del pueblo»; el veredicto se deja al criterio del espectador...

Al presentar la defensa combinada del bien común y del individual como atribuciones legítimas del Estado, y además referida a la eliminación física de una persona, es cuando el dilema personal se convierte en material propagandístico, sobre todo si lo relacionamos con un decreto legalizador de la eutanasia firmado por Hitler en octubre de 1939 (aunque fechado en el primero de setiembre) y que dio origen a una campaña de eliminación de enfermos mentales que funcionaba a pleno

39. Sólo hay fondo musical en las portadas y *end title*. Parece que en los films de la época nazi se pasaba de partituras invasivas (como algunas de Giuseppe Becce o Herbert Windt) al silencio más sepulcral sin término medio.

rendimiento cuando *Ich klage an* fue estrenada en el verano de 1941. Y al decir enfermos mentales no cuesta mucho incluir también a todos aquellos que presentaban alguna «tara» física o mental de cualquier tipo: comunistas, gitanos, homosexuales y, por supuesto, judíos. Cuando en la actualidad vemos fotos de aquella galería de adefesios que eran los jerifaltes nazis —si Goebbels era cojo y esmirriado, Goering era un obeso glotón y Hitler sólo tenía un testículo, aparte de que tenían que guatearle los uniformes para aumentar sus hombros—, sus criterios sobre el perfeccionamiento racial no pueden por menos de dejarnos estupefactos.

Komödianten (1941)

Producción Bavaria. *Dirección* G. W. Pabst. *Guión* Axel Eggebrecht, Walter von Hollander y G. W. Pabst, según la novela *Philine* de Olly Boeheim. *Fotografía* Bruno Stephan. *Música* Lothar Brühne. *Decorados* Julius von Borsody, Hans Hochreiter. *Longitud* 3.072. *Estreno* 5 de setiembre.
Intérpretes Käthe Dorsch, Hilde Krahl, Henny Porten, Gustav Diessl, Richard Häussler, Friedrich Domin, Ludwig Schmitz, Sonja-Gerda Scholz, Lucie Millowitsch, Bettina Hambach, Walter Janssen, Alexander Ponto, Viktor Afritsch, Curt Müller-Stahl, Harry Langewisch, Arnulf Schröder, Hans Stiebner, Kurt Stieler, Leopold von Ledebur, Reginald Pasch, Ullrich Haupt, Erna Sellemer, Janne Furch, Edith Meinel, Alice Franz, Maria Sigg, Gertrud Schneider, Margarete Henning-Roth, Barbara Pleyer, Ernst Legal, Erich Dunskus, Nikolai Kolin, Karin Evans.

Entre 1925 y 1932, G. W. Pabst fue considerado uno de los principales realizadores del cine alemán, tanto por el valor estético de sus obras como por lo que suponían de expresión de ideas avanzadas, si bien hay que reconocer que lo segundo se pone cada vez más en duda. Cuando la toma del poder por los nazis se exilia y no consigue reverdecer en el extranjero los viejos laureles; un intento de penetrar en Hollywood con la Warner Bros. se salda con un sonoro fracaso y debe volver a Europa. Por una extraña paradoja del Destino, este autor de films pacifistas, internacionalistas e incluso subversivos para los criterios de la época, se encuentra en Austria precisamente cuando estalla la guerra en 1939 y no puede o no quiere abandonar el territorio del Reich, postura que le valdrá el rechazo definitivo de una crítica que ya le había vuelto la espalda por el bajo nivel de sus últimas realizaciones. Después de la guerra, Pabst aclaró que su intención al volver a Austria era despedirse de su madre antes de embarcar nuevamente para América, pero una intervención quirúrgica urgente lo obligó a quedarse.

Obligado a trabajar para Goebbels —que estaba feliz de contar con uno de los grandes cineastas de la Alemania pre-nazi—, Pabst hizo lo posible por rechazar films de propaganda y buscó refugio en el cine histórico pensando que lo comprometería menos, sin darse cuenta de que este género era todo un caballo de batalla del nazismo y permitía tanta o más propaganda que cualquier historia contemporánea. *Komödianten* es una de esas evocaciones de «grandes alemanes», concretamente de una actriz del siglo XVIII, Caroline Neuber —*die Neuberin*—, que dedicó su vida a dignificar y modernizar el teatro alemán, que antes de Lessing sólo ofrecía traducciones del francés mixtificadas con intermedios humorísticos a cargo del *Hanswurst*, una especie de bufón especializado en chistes obscenos y escatológicos. En la película, Caroline (Dorsch) es la directora de una compañía de cómicos que no sabe cómo sacarse de encima al *Hanswurst* (Schmitz), que sabotea sus intentos de hacer teatro serio y, para colmo, es el principal atractivo comercial de sus funciones, provocando la hilaridad del público con sus gracias. Al final, la Neuber perderá la batalla contra el *Hanswurst* y morirá en la miseria, pero una de sus discípulas, Philine (Krahl) recogerá la llama y, con el apoyo de Lessing (Müller-Graf) y la subvención de la duquesa de Weisenfels (Porten), conseguirá construir el Teatro Nacional Alemán.

Para alguien que conozca las grandes películas de Pabst anteriores a 1933, *Komödianten* es una experiencia insólita: imposible imaginar una puesta en escena tan rutinaria, sin el menor hallazgo narrativo o visual y, además, con una dirección de actores pésima (la protagonista no puede estar peor) tanto más evidente cuanto que se trata de una película sobre comediantes. Los únicos intentos de lucimiento se dan en las escenas que transcurren en Rusia, que están claramente inspiradas en el *Capricho imperial* (*The Scarlet Empress*, 1934) de Josef von Sternberg —hasta la composición de Gustav Diessl como el favorito de la emperatriz recuerda a la de John Lodge— pero sin alcanzar en ningún momento la brillantez del original; la escena más espectacular es una aburrida bacanal cuya única motivación es la de presentar a los rusos como salvajes *untermenschen*. Pero dejando aparte sus inexistentes méritos cinematográficos, hay dos aspectos de *Komödianten* que merecen cierta atención. Uno es su carácter vagamente feminista: el guión está tomado de una novela escrita por una mujer y todos los personajes positivos son mujeres (ninguno de los varones que sale tiene gran valor humano, con excepción del profesor Gottsched y Lessing). El otro es su aproximación al *Hanswurst*, al que se presenta como un derivado de la *commedia dell'arte* pero sin la poesía implícita a los personajes italianos; no cuesta mucho ver en su vulgaridad, en sus groseras alusiones al sexo y a determinadas funciones fisiológicas, todo aquello que Goebbels había dejado claro en sus discursos que debía ser eliminado del cine alemán: en una diáfana manifestación de las técnicas propagandísticas nazis, la evocación del mundo teatral del setecientos servía para dar la pauta de lo que tenía que ser el cine de la época actual. Puede ser que Pabst no captara la intención, aunque el desinterés que trasluce su trabajo y el hecho de que la caracterización del repulsivo *Hanswurst* sea la misma que lucía Emil Jannings en *Der zerbrochene Krug*, film tan estimado por Hitler, dejan cierto margen de duda.

Annelie [La historia de una vida] (Annelie [Geschichte eines Lebens] — 1941)

Producción UFA. *Dirección* Josef von Baky. *Guión* Thea von Harbou, según la obra teatral de Walter Lieck. *Fotografía* Werner Krien. *Música* Georg Haentzschel. *Decorados* Emil Hasler, Otto Gülstorff. *Longitud* 2.700 m. *Estreno* 9 de setiembre.
Intérpretes Luise Ullrich, Karl Ludwig Diehl, Werner Krauss, Kathe Haack, Axel von Ambesser, Josefine Dora, Albert Hehn, John Pauls-Harding, Johannes Schütz, Eduard von Winterstein, Ilse Fürstenberg.

Entre las muchas paranoias de la propaganda nazi, una no precisamente despreciable era el estímulo de la maternidad. La reivindicación de la familia era en realidad una consecuencia y no una causa de aquello: sin hijos, la familia tenía una importancia relativa y el régimen permitía repudios, *ménages-à-trois* e incluso fecundaciones «programadas» a cargo de escogidos sementales de raza aria. La obsesión por una descendencia sana se reflejaba a todos los niveles; la literatura, por ejemplo, asisitió a un florecimiento de novelas «eugenésicas», la mayoría de ambiente rural (el sempiterno culto *Blut und Boden*), que asimilaban en el mismo mensaje la fertilidad humana con la agrícola y en la que se podían leer sentencias como la siguiente: «Un matrimonio sin hijos no es tal matrimonio sino una forma disimulada de prostitución, y una mujer que mantenga relaciones sexuales sin desear hijos no es, desde el punto de vista moral, mucho mejor que una mujerzuela.»[40] Nótese que en este comentario sólo se considera a la mujer como responsable de lascivia egoísta: parece que si el hombre disfruta del sexo sin ánimo de reproducir, su culpa no tiene tanta importancia. Todo esto se imbrica, como es lógico, en el discurso sexista del Reich, donde la mujer había perdido las libertades conseguidas en la década anterior y estaba de nuevo relegada al entorno tradicional de las «tres K»: *Kinder, Kirche, Küchen* (niños, iglesia, cocina).

40. Citado por Richard Grunberger, *Historia social del Tercer Reich* (Barcelona, Destino, 1976), p. 372.

Annelie, que, como el subtítulo indica, nos explica la vida de una arquetípica mujer alemana, es la plasmación cinematográfica de estos criterios. La acción comienza en 1871 con el nacimiento de la protagonista: de niña la vemos como una jovencita algo atolondrada que siempre llega tarde a sus citas, pero que al conocer al hombre de su vida, el Dr. Laborius (Diehl) se convierte en una esposa y madre ejemplar. La felicidad doméstica se ve interrumpida por la muerte del marido en la guerra del 14, y a partir de aquí nuestra heroína se dedicará en exclusiva a la formación de sus tres hijos. En 1941 cumple 70 años en compañía de sus nueras y nietos (los hijos están en el frente, por supuesto) y, después de rememorar su vida, considera que ha cumplido con su deber de mujer alemana y muere en paz.

El guión de Thea von Harbou —después de Leni Riefenstahl, la única presencia femenina importante en la creación fílmica del Reich— deja clara la función de la mujer en la sociedad nazi: fidelidad al marido, aunque muerto, y crianza de nuevos alemanes; además, descarta cualquier finalidad moral o religiosa y confiesa abiertamente que la auténtica misión de estas Annelies es garantizar al Estado carne de cañón. Como es lógico, el mensaje no queda expresado de forma tan cruda sino camuflado en una «película para mujeres» con el apoyo de la convincente interpretación de Luise Ullrich: en realidad, muchas alemanas de 1941 sentían el destino de Annelie como suyo y convirtieron el film en un notable éxito de taquilla, pasando por alto algunas manifiestas incoherencias cronológicas de la trama y el aire un poco impersonal de la puesta en escena.

Heimkehr (1941)

Producción Wien-Film / UFA. *Dirección* Gustav Ucicky. *Guión* Gerhard Menzel. *Fotografía* Günther Anders. *Música* Willy Schmidt-Gentner. *Decorados* Walter Röhrig. *Longitud* 2.632 m. *Estreno* 10 de octubre (Viena). *Intérpretes* Paula Wessely, Peter Petersen, Carl Raddatz, Attila Hörbiger, Bertha Drews, Otto Wernicke, Elsa Wagner, Ruth Hellberg, Werner Fütterer, Hermann Erhardt, Franz Pfaudler, Gerhild Weber.

Dentro del apartado de films didácticos sobre las causas de la Segunda Guerra Mundial destacan dos consagrados a explicar el por qué del ataque a Polonia: *Feinde*, estrenado más de un año después de la invasión, en noviembre de 1940, y *Heimkehr*. El primero es una producción de la Bavaria cuya intriga es prácticamente un refrito de *Fugitivos*, con la diferencia de que aquí los alemanes huyen de la brutalidad polaca en vez de la soviética (para el caso es lo mismo, pues todos son razas inferiores). Dirigida sin excesiva brillantez por Victor

Tourjansky, la película intenta demostrar que la situación de los pobres alemanes que vivían en Polonia era sencillamente insostenible y no había más remedio que ayudar a esos compatriotas que, según informa el letrero inicial, «habían sido privados de derechos, expropiados, esclavizados y aterrorizados por los polacos con el consentimiento de los británicos; (...) decenas de miles de alemanes fueron deportados en condiciones deplorables y 60.000 fueron brutalmente asesinados». Aunque *Feinde* no se abstiene lo más mínimo de presentar polacos sucios, borrachos y crueles, su iconografía resulta anodina comparada con *Heimkehr*, una delirante apoteosis del sufrimiento alemán y del salvajismo polaco a cargo del notorio tándem Menzel-Ucicky.

La acción comienza en marzo de 1939. En un pueblo cercano a la frontera, la movilización general ha despertado los sentimientos antialemanes del populacho, que destroza la escuela de la comunidad germana y quema los libros. El doctor Thomas (Petersen) y su hija Maria, la maestra (Wessely), van a protestar al alcalde, pero no les hace el menor caso; en un cine, unos fanáticos agreden al novio de Maria por no haber querido cantar el himno nacional y a resultas de los golpes muere horas después (en el hospital se niegan a atenderlo); unos pilletes disparan contra el Dr. Thomas y lo dejan ciego; un polaco de rasgos escasamente humanos descubre que una muchacha alemana lleva un colgante con la cruz gamada bajo la blusa y acto seguido es lapidada... De atrocidad en atrocidad llegamos por fin al primero de setiembre: cuando la sufrida colonia alemana se reúne para oír por la radio el discurso del Führer en el que declara la guerra, son apresados por la policía y encerrados en condiciones infrahumanas en una siniestra mazmorra en espera de ser fusilados al alba, sin distinción de sexo ni edad. La oportuna llegada de la Wehrmacht frustrará tan sanguinarios propósitos y los alemanes recuperarán su *Vaterland*.

La acumulación de situaciones límite, el agresivo naturalismo de las escenas de terror, la densidad ideológica de los diálogos, los devaneos seudoexpresionistas de la fotografía, todo hace de *Heimkehr* un clásico del film de propaganda, con la peculiaridad de que esas barbaridades que unos energúmenos patrioteros y cobardes cometen con mujeres, niños y ancianos son una reproducción exacta de la conducta de los alemanes en el ghetto de Varsovia y en tantos otros lugares donde demostraron claramente quién pertenecía a la «raza superior».

Frauen sind doch bessere Diplomaten (1941)

Producción UFA. *Dirección* Georg Jacoby. *Guión* K. G. Külb, Gustav Kampendonk. *Fotografía* Konstantin Irmen-Tschet, Alexander von Lagorio

(color). *Música* Franz Grothe. *Decorados* Erich Kettelhut. *Longitud* 2.611 m. *Estreno* 31 de octubre.
Intérpretes Marika Rökk, Willy Fritsch, Aribert Wäscher, Georg Alexander, Carl Kühlmann, Hans Leibelt, Rudolf Karl, Leo Peukert, Erich Fiedler, Karl Günther, Rolf Heidel, Ursula Herking, Herbert Hübner, Erika von Thellmann, Edith Oss, Eva Tinschmann, Erwin Biegel, Ewald Wenck, Inge Landgut, Alexandra Nadler, Franz Arzdorf, Walter Bechmann, Hintz Fabricius, Perry Klein, Peter Leska, Herbert Weissbach, Willi Witte.

1848. Los ciudadanos de Bad Homburg están desesperados por la orden de cierre del Casino, que es una fuente de ingresos para todos. Como último recurso, el director de la institución (Kühlmann) pide a su bella sobrina Marie-Luise (Rökk) que seduzca al oficial (Fritsch) que debía llevar a cabo la clausura *manu militari*: la muchacha no sólo consigue embobar al militar sino también el indulto para el Casino: las mujeres son, desde luego, las mejores diplomáticas. Historieta de consternante banalidad que Jacoby resuelve con cierto garbo gracias a un holgado presupuesto que le permite, entre otros alardes, un espectacular número musical de ambiente español con todos los tópicos al uso, en el que la Rökk comienza su actuación vestida de majo (lo que aprovecha para hacer carantoñas a las damas del público en una especie de parodia de Marlene Dietrich) pero acaba con un vestuario de *faralaes* más acorde a su sexo.

En realidad, la principal motivación de este film era servir de «prueba de fuego» del Agfacolor, que se usaba por primera vez en un largometraje de ficción (el experimento era pionero en Europa, donde hasta la fecha sólo los ingleses habían hecho películas en color). Debido a contratiempos con la nueva técnica, el rodaje fue especialmente accidentado: comenzó en julio de 1939, fue interrumpido en diciembre, reemprendido en julio del año siguiente y, aunque la filmación propiamente dicha acabó en setiembre, la posproducción y distribución quedó atascada porque a Goebbels le desagradó ostensiblemente el resultado. Tras asistir a la proyección, el ministro montó en cólera diciendo que el sistema alemán de color era una auténtica birria comparado con el de films americanos capturados como botín de guerra (entre ellos, ni más ni menos que *Lo que el viento se llevó*). La copia que se pasa frecuentemente en televisión hace un poco exagerados los exabruptos de Goebbels: desde luego, los colores son temblones y demasiado apastelados, pero también es verdad que el Agfacolor nunca consiguió equipararse al Technicolor ni siquiera después de la guerra. Por lo que respecta al público, tan ajeno a las rabietas de Goebbels como a los avances técnicos de Hollywood, parece que disfrutó muchísimo con el film, pues fue el de mayor taquillaje en el año 1941 después de *Wunschkonzert* (que se estrenó el 30 de diciembre del año anterior); en noviembre de 1944 había recaudado 8 millones RM, lo que casi cuadruplicaba el coste de producción.[41]

Quax, el piloto rompetechos (Quax, der Bruchpilot — 1941)

Producción Heinz Rühmann-Produktion / Terra. *Dirección* Kurt Hoffmann. *Guión* Robert A. Stemmle, según un argumento de Hermann Grote. *Fotografía* Heinz von Jaworsky. *Música* Werner Bochmann. *Decorados* Otto Moldenhauer, Rudolf Linnekogel. *Longitud* 2.524 m. *Estreno* 16 de diciembre (Hamburgo).

Intérpretes Heinz Rühmann, Lothar Firmans, Karin Himboldt, Hilde Sessak, Harry Liedtke, Elga Brink, Franz Zimmermann, Kunibert Gensichen, José Held, Günther Markert, Manfred Heidmann, Leo Peukert, Lo Etthoff, Georg Vogelsang, Beppo Brem, Lutz Götz, Irene Fischer, Arthur Schröder, Walter Holten, Helmut Weiss, Alfons Teuber, Erich Kestin, Markus Staffner, Walter Lieck, Otto Braml, Karl Etlinger, Karl Heidmann, Wilhelm Bendow, Gertrud Wolle, Walter Bechmann, Gerhard Dammann, Emanuel Matousek, Werner Stock.

En una pequeña ciudad de Baviera, el director de una agencia de viajes (Rühmann) ha ganado en un concurso la inscripción gratuita a una academia de vuelo deportivo. Su conducta petulante y sarcástica le hacen ganarse una bronca tras otra de su instructor (Firmans), pero poco a poco aprenderá el valor del compañerismo y la disciplina y se convertirá en un consumado piloto, además de conquistar el corazón de Marianne (Himboldt), la hija de un terrateniente local. En la última escena lo vemos convertido en instructor de vuelo, dispuesto a convertir a unos novatos en auténticos «héroes del aire».

La génesis de esta película, que fue puesta en la «lista negra» en 1945 a pesar de que los aviadores que salían eran todos civiles y no había la menor alusión a la guerra, hay que buscarla en la peculiar situación en que se encontraba su protagonista. Las jerarquías nazis sabían que Rühmann era un ídolo de masas y que nunca se había revelado como opositor al régimen, pero tenía dos puntos negros en su currículum: uno, estar casado con una judía, y otro, no haber hecho ninguna contribución directa a la propaganda política. En 1941 lo primero ya había sido subsanado: tras una conversación con Goering se le propuso a Frau

41. No se entiende el comentario del generalmente riguroso David Stewart Hull según el cual el público rechazó sonoramente el film y tuvo que ser retirado (*Film in the Third Reich*, *cit.*, p. 205).

Rühmann el divorcio y subsiguiente matrimonio de conveniencia con un ciudadano de un país neutral (sueco) que la dejara a salvo de la deportación, con lo cual el actor pudo casarse sin remordimientos con su compañera de escena Hertha Feiler, de pura raza aria.

Por lo que respecta a la propaganda, era evidente que la personalidad fílmica de Rühmann dificultaba su inclusión en intrigas demasiado ideológicas, ya que el mensaje podía ser mal interpretado por el público. Pero como el popular cómico era también un consumado piloto (amigo personal de Ernst Udet, el as de la aviación que poco después moriría en circunstancias poco claras en plena divergencia con el nazismo), se pensó en utilizar sus aficiones en una trama que, de forma solapada, imbuyera en el espectador valores de clara significación paramilitar. En este aspecto la película fue todo un acierto, pues el mensaje quedó totalmente cifrado tras una serie de situaciones aeronáutico-humorísticas ambientadas en los idílicos paisajes de la zona del Chiemsee, y supuso uno de los mayores éxitos de taquilla de los años de guerra. Tras un breve eclipse causado por el fervor antinazi volvió a explotarse con la misma aceptación, y en la actualidad no pasan más de tres meses sin que la televisión pública alemana la exhiba en el horario de máxima audiencia.

En 1945 se rodó una secuela, *Quax in Fahrt* (dir. Helmut Weiss), también muy apolítica, en la que el único detalle original —de tintes casi freudianos, por cierto— era que el héroe se casaba, pero no con su anterior novia Marianne sino con una tal Renate, interpretada casualmente por Hertha Feiler. Dada la fecha de producción, no extraña que la película quedara archivada hasta 1953, cuando se estrenó con el título de *Quax in Afrika*.

El gran rey (Der große König — 1942)

Producción Tobis. *Dirección y guión* Veit Harlan. *Fotografía* Bruno Mondi. *Música* Hans-Otto Borgmann. *Decorados* Erich Zander, Karl Machus. *Longitud* 3.233 m. *Estreno* 3 de marzo.

Intérpretes Otto Gebühr, Kristina Söderbaum, Gustav Fröhlich, Hans Nielsen, Paul Wegener, Paul Henckels, Elisabeth Flickenschildt, Kurt Meisel, Harry Hardt, Hilde Körber, Claus Clausen, Claus Detlev Sierck, Herbert Hübner, Hans Hermann Schaufuss, Franz Schafheitlin, Otto Wernicke, Jacob Tiedtke, Bernhard Goetzke, Leopold von Ledebur, Ernst F. Fürbringer, Lola Müthel, Hilde von Stoltz, Paul Westermeier, Karl Hellmer, Eric Radolf, Franz Nicklisch, Otto Henning, Reginald Pasch, Josef Peterhans, Heinrich Schroth, Jaspar von Oertzen, Otto Graf, Otz Tollen, Ernst Dernburg, Auguste Pünkösdy, Carl Günther, Heinz Salfner, Anton

Pointner, Hans Stiebner, Hans Sternberg, Armin Schweizer, Maria Krahn, Wolf Trutz, Heinrich Marlow, Alexander Kökert, Günther Markert, Louis Rainer, Herbert Gernot, Ferdinand Asper, Fany Cotta, Hans Eisenhardt, Leonore Ehn, Arthur Eugens, Franz Fiedler, Hugo Flink, Erich Gast, Knut Hartwig, Clemens Hasse, Jürgen Hollmers, Käthe Jöken-König, Hubert Kiurina, Maria Loja, Hermann Mayer-Falkow, Hans Meyer-Hanno, Michael von Newlinski, Louis Ralph, Hans Reiners, Just Scheu, Werner Schott, Walter Steinweg, Ernst Stimmel, Willi Witte.

A diferencia del cine soviético, que no se cortaba a la hora de sacar a Stalin como héroe de la pantalla, Goebbels no permitió alusiones directas a la figura del Führer en films de ficción, limitando sus apariciones a las auténticas de los noticiarios. A cambio, sí adoptó una técnica también usada con éxito en la URSS, que era la de adjudicar las supuestas cualidades del gran hombre actual a un personaje insigne del pasado. Entre los candidatos más preclaros a hacer de premoniciones de Hitler había dos que refulgían con luz propia: Federico II de Prusia y Bismarck. El primero era una auténtica fijación del espíritu conservador alemán y había sido visitado por el cine en varias ocasiones; sólo en la época sonora tenemos los siguientes títulos, todos con Otto Gebühr interpretando a «der alte Fritz»: *Concierto histórico* (*Das Flötenkonzert von Sanssouci*, 1930, dir. Gustav Ucicky), *La bailarina de Sans-Souci* (*Die Tänzerin von Sans-Souci*, 1932, dir. Friedrich Zelnick), *El himno de la libertad* (*Der Choral von Leuthen*, 1933, dir Carl Froelich y Arsen von Cserepy) y, ya en pleno nazismo, *Federico el Grande* (*Fridericus*, 1936, dir. Johannes Meyer). Pero todos estos títulos tienen unas inquietudes limitadas y no van mucho más allá de lo meramente anecdótico; muy diferentes son las intenciones de *El gran rey*, cuya narrativa está perfectamente ajustada a las necesidades del momento.

Aunque un letrero al principio afirme que el rodaje se comenzó en 1940, lo que el film nos explica corresponde a primeros de 1942, cuando Estados Unidos ha entrado en guerra y la invasión de la Unión Soviética no ha resultado ser la *Blitzkrieg* que se esperaba. El guión, centrado en un estrecho margen cronológico, comienza en 1759 con la derrota prusiana en Kunersdorf. Con los austriacos y los rusos a las puertas de Berlín, el Estado Mayor insta a Federico (Gebühr de nuevo) a pedir la paz incondicional, pero el rey, inasequible al desaliento, hace oídos sordos a tan cobardes propuestas y afronta él solo la decisión de continuar la guerra. Gracias a sus dotes estratégicas y fuerza de voluntad, la fortuna se pondrá nuevamente de parte de Prusia, y sus ejércitos derrotarán el año siguiente a los austriacos en Torgau y en 1762 en Schweidnitz.

La figura de este rey «solo ante el peligro» quería ser un claro reflejo de Hitler ante la situación bélica de 1942, llegando incluso a ofender a los militares, a los que se presenta como unos derrotistas (la Wehrmacht expresó su desagrado por la forma como se presentaba a los generales de Federico). No obstante, el Ministerio de Propaganda dio consignas estrictas a los medios de no expresar de forma definida el paralelismo entre el gobernante del pasado y el del presente, sobre todo porque «la sensación de derrota que refleja el principio del film no tiene nada que ver con la triunfal campaña actual» (*sic*). Conforme a su voluntad propagandística, el guión se arregla la Historia a su manera, y pasa por alto que las victorias de Federico se debieron en gran parte a que los rusos, por conflictos internos (Catalina la Grande murió por esas fechas), dejaron en la estacada a sus aliados austriacos; si todavía estuviera vigente el pacto germano-soviético ese detalle se podría haber aprovechado, pero tal como estaba el frente oriental no era cuestión de agradecerles favores a la vieja Rusia: en consecuencia, el papel del general Chernichev (Wegener) tuvo que ser totalmente rehecho. Siguiendo con la pauta establecida en *El rey soldado*, se refuerza todo aquello que sea favorable al principio de autoridad según el cual el jefe siempre tiene razón, como en el *subplot* concerniente al sargento Treskow (Fröhlich), que consigue la victoria en Torgau actuando por su cuenta, tras lo cual el rey primero lo asciende a oficial (por su hazaña) pero después lo hace arrestar y le niega la condecoración (por desobediente).

Como espectáculo, la película resulta escasamente divertida, pues los apabullantes medios de producción (ingentes masas de soldados y caballos para las escenas de batallas) están totalmente supeditados a la propaganda. Las escenas dialogadas tienen el defecto habitual de casi todos los films de este periodo, a saber, estar filmadas con cámara fija en cansinos planos medios y americanos. La interpretación es en general ajustada, aunque también es verdad que para Gebühr no era ningún problema representar al «viejo Fritz». Kristina Söderbaum carga con el único papel femenino, la mujer del infortunado Treskow, que, tras una conversación con el mismísimo emperador (destinada, suponemos, a conmover al auditorio), se da cuenta de la soledad de los jefes y de lo duro y difícil que es mandar.

El gran amor (Der große Liebe — 1942)

Producción UFA. *Dirección* Rolf Hansen. *Guión* Peter Groll y Rolf Hansen, según un argumento de Alexander Lernet-Holenia. *Fotografía* Franz Weihmayr. *Música* Michael Jary. *Decorados* Walter Haag. *Longitud* 2.738 m. *Estreno* 12 de junio.
Intérpretes Zarah Leander, Viktor Staal, Grethe Weiser, Paul Hörbiger, Wolfgang Preiss, Hans Schwarz jr, Julia Serda, Viktor Janson, Paul Bildt,

Leopold von Ledebur, Erich Dunskus, Wilhelm Althaus, Olga Engl, Karl Etlinger, Ilse Fürstenberg, W. P. Krüger, Walter Lieck, Hugo Froelich, Henry Lorenzen, Hermann Pfeiffer, Grete Reinwald, Armin Schweizer, Ewald Wenck, Gothart Portloff, Just Scheu, Erna Sellmer, Agnes Windeck.

Primeros meses de guerra. En un permiso de 24 horas, el teniente de la Luftwaffe Paul Wendlandt (Staal) pasa la noche con la estrella de la revista Hanna Holberg (Leander). A la mañana siguiente el piloto desaparece, llamado por el deber, y Hanna no vuelve a verlo hasta pasadas varias semanas. La reunión es igual de fugaz, pero esta vez el galán aclara su situación, ya que Hanna lo conoció vestido de civil. Tras varios encuentros deciden casarse, pero el día antes de la boda el teniente es llamado para una misión secreta, que después resulta ser la invasión de la URSS. A pesar de los obstáculos, el amor de la cantante no disminuye lo más mínimo: cuando se entera de que el piloto ha sido herido, abandona sus contratos para dedicarse a él en exclusiva, aunque tenga que pasar sola muchas horas esperando el triunfo final de las armas del Reich.

Uno de los mayores éxitos de Zarah Leander, a pesar de que se la ve menos esbelta que nunca (la afición de la diva a comer y beber era de dominio público, y debía someterse a drásticas dietas antes de empezar un rodaje) y el aspecto mucho más juvenil de Viktor Staal da a su idilio unas engorrosas connotaciones edípicas. Estas objeciones no impiden considerar *El gran amor* una obra maestra del cine de propaganda, en la línea filo-hollywoodiana que Goebbels quería, haciendo que el espectador tome conciencia de la situación actual a través de una fachada comercial de comedia romántica. Llama la atención cómo se habla sin el menor apuro de las incidencias bélicas —los bombardeos, el racionamiento, las parejas separadas quién sabe si para siempre, la ocupación de países extranjeros—, pero esta tranquilidad tiene su explicación en el panorama optimista que la guerra tenía todavía para el Reich: nótese que todas estas referencias a la realidad cotidiana desaparecerán en los films rodados después de Stalingrado. La trama amorosa, si bien va dirigida a un público básicamente femenino, está resuelta con habilidad y pretende gustar a todo el mundo. Si la pareja protagonista no ofrece grandes matices interpretativos, hay dos personajes secundarios que aportan más calor humano: el *manager* de Hanna (Hörbiger), compositor de sus canciones y acompañante musical perpetuo, imposiblemente enamorado de ella, y la simpática criada Käthe, interpretada por Grethe Weiser, una actriz que no tuvo las oportunidades que se merecía por su más que notable vis cómica (en *La mujer de mis sueños* repitió el personaje, aunque con menos relieve).

En 1945 *El gran amor* fue prohibida por los aliados, pero en 1960 volvió a explotarse con algunos retoques, entre ellos el añadido de un letrero inicial que justificaba la ambientación bélica y la supresión de la escena en que Hanna canta para las tropas de ocupación en París, entre las que se veían algunos uniformes con el emblema de las SS.

Rembrandt (1942)

Producción Terra. *Dirección* Hans Steinhoff. *Guión* Kurt Heuser, Hans Steinhoff, según la novela *Zwischen Hell und Dunkel* de V. Tornius. *Fotografía* Richard Angst. *Música* Alois Melichar. *Decorados* Walter Röhrig. *Longitud* 2.910 m. *Estreno* 17 de junio.
Intérpretes Ewald Balser, Hertha Feiler, Gisela Uhlen, Elisabeth Flickenschildt, Paul Henckels, Theodor Loos, Aribert Wäscher, Hildegard Grethe, Wilfried Seyferth, Paul Rehkopf, Rolf Weih, Clemens Hasse, Helmut Weiss, Heinrich Schroth, Robert Bürkner, Karl Dannemann, Hans Hermann Schaufuss, Erika von Thellmann, Eduard von Winterstein, Walter Lieck, Hans Stiebner, Heinrich Marlow, Fritz Hoopts, Ernst Legal, Franz Stein, Viktor Janson, Ernst Rotmund, Otto Stoeckel, Franz Schafheitlin, Jack Trevor, O. E. Hasse, Werner Scharf, Michael Tacke, Liselotte Walter, Hans Mierendorff, Ernst Dernburg, Otto Braml, Herbert Gernot, Alwin Lippisch, Willi Kaiser-Heyl, Bruno Hellwinkel, Josef Peterhans, Kurt Hagen, Werner Bernhardy, Jens von Hagen, Michael von Newlinski, Karl Meixner,Fred Beckers, Helmut Brendsen, Walter Bechmann, Hans Faust, Peter Leska, Theodor Vogeler, Walter Schramm-Duncker, Theo Tony, Nikolai Kolin, Angelo Ferrari, Karl Platen, Werner Pledath, Peter Busse, Erich Dunskus, Erik Radolf, Emmerich Hanus, Erich Schubert, Valy Arnheim, Franz Weber, Walter Ladengast, Wolf Trutz, Liselott Schaak, Hans Waschatko, Eduard Börntrager, Konrad Cappi, Kurt Gerke, Egon Vogel, Maria Loja, Julius Brandt, Fritz Berghoff, Edgar Nollet.

Dentro de la exaltación de grandes hombres de la Historia, el cine nazi guardaba un espacio para aquellos ilustres representantes de la raza aria que —nadie es perfecto, ya se sabe— no habían tenido el honor de nacer en territorio alemán. Aparte de las consideraciones étnicas, es probable que hubiera una intención de halagar a aquellos países sometidos por la violencia al influjo nazi: ya hemos visto los homenajes a Jenny Lind y Andersen en *Die schwedische Nachtingall* o a los holandeses (bóers) en *Ohm Krüger*. Con *Rembrandt* Holanda recibe un nuevo encomio a través del que fuera su más grande pintor en un film que su director, el politizado Hans Steinhoff, quiso presentar como una obra exclusivamente artística, alejada de cualquier interés político. Sobre las ambiciones del realizador hay un detalle significativo: en la portada, el crédito dc dirección utiliza, en vez del modesto término oficial

Spielleitung, el más rimbombante (y habitualmente reservado al mundo teatral) de *Inszenierung*.

La trama recoge la vida de Rembrandt (Balser) a partir del momento en que recibe el encargo de pintar la «Ronda de noche»;[42] el protagonista se encuentra en la cima de su éxito profesional y personal, ya que está enamoradísimo de su joven esposa Saskia (Feiler). Pero la felicidad no dura mucho: la salud de Saskia, nunca demasiado boyante, se deteriora progresivamente y acaba muriendo el mismo día en que las autoridades de Amsterdam desautorizan el cuadro de Rembrandt y se niegan a pagarle lo pactado. La sirvienta Gertie (Flickenschildt) intenta aprovecharse de la situación y se insinúa descaradamente a su amo, para el que posa desnuda, pero Rembrandt la rechaza. El consuelo sentimental lo encontrará en los brazos de otra criada, Hendrickje (Uhlen), pero su situación económica se va haciendo cada vez peor, víctima de los acreedores, de la falta de encargos porque sus obras no encajan con los gustos burgueses y de las denuncias de Gertie, que lo acusa de haberle hecho promesas de matrimonio. Hendrickje muere al ir de parto y esto hunde definitivamente al artista. La última escena nos lo muestra en sus últimos días, viviendo humildemente y concentrado en experimentos pictóricos que a nadie interesan; con un florín que un comerciante le da como limosna, para humillarlo, soborna al conserje del ayuntamiento para que le deje subir a la buhardilla a ver por última vez su cuadro de la Ronda, que yace olvidado entre trastos inútiles. Su sonrisa irónica y desencantada, exagerada por la luz de la vela, nos dice que su vida no ha sido en vano.

En 1936, Alexander Korda ya había intentado una biografía de Rembrandt, pero el resultado es decididamente inferior a la de Steinhoff: no por los medios de producción, que son equiparables, pero sí por la estructura narrativa, una torpe sucesión de bloques cerrados en sí mismos y reñidos con lo que debe ser la ilación cinematográfica. Aparte de su mejor construcción dramática, el film alemán es también más sólido visualmente, consiguiendo con iluminación y escenografía una atmósfera auténticamente rembrandtiana, y el enfrentamiento entre la mezquindad burguesa y el idealismo del genio tiene una más contundente expresión a la que no son ajenas, por supuesto, las pautas específicamente nazis en estos temas y que ya hemos visto en films similares. No obstante, la ideología que transmite este *Rembrandt* puede desgajarse de sus orígenes y ser interpretada de forma más abstracta: algunos autores critican la aparición de unos usureros de aspecto marcadamente he-

42. El título del cuadro, que se adjudicó *a posteriori*, se ha revelado como erróneo después de la restauración de 1946, pues la nocturnidad se debía a oscurecimiento de la tela, pero lo utilizamos por ser el más común.

braico, pero aparte de que el film no insiste mucho en este detalle, tampoco puede verse como una gran incorrección histórica. Y ya que hablamos de Historia, señalemos que el guión se permite algunas licencias: Rembrandt no le hizo precisamente ascos a Gertie; Hendrickje no murió de parto; la decadencia económica se debió no tanto a factores externos (es inexacto que dejara de tener encargos) como intrínsecos, pues parece que el maestro era un tanto manirroto y se gastaba más de lo que ganaba. Por otra parte, la escena de la subasta, en la que coleccionistas de todo el mundo vienen a Amsterdam a reconocer el talento del artista, sirve para ilustrar algo que es cierto: aunque los mercachifles de sus país no lo reconocieran, el genio de Rembrandt nunca dejó de ser alabado en los círculos artísticos internacionales.

¡Terror! ¡GPU! (GPU — 1942)

Producción UFA. *Dirección* Karl Ritter. *Guión* Felix Lützkendorf, Andrews Engelmann y Karl Ritter, según una idea de Andrews Engelmann. *Fotografía* Igor Oberberg. *Música* Herbert Windt. *Decorados* Heinrich Weidemann, Johannes Massias. *Longitud* 2.717 m. *Estreno* 14 de agosto.
Intérpretes Laura Solari, Andrews Engelmann, Marina von Ditmar, Will Quadflieg, Karl Haubenreisser, Hans Stiebner, Maria Bard, Helene von Schmithberg, Albert Lippert, Wilhelm Meyer, Karl Klüssner, Ivo Veidt, Walther Rolstzko, Nico Turoff, Lale Andersen, Wladimir Majer, E. A. Schaah, Karl Hannemann, Lilly Schönbörn, Theo Schall, Arthur Reinhardt, Ferdinand Clasen, Walter Brückner, Hans Bergmann, Ernst Grohnert, Siegfried Niemann, Gerda von der Osten, Hans Meyer-Hanno, Heinz Wamper, Heinrich Trxbömker, Gösta Richter, Viggo Larsen, Julius Eckhoff, Walter Lieck, Karl Wagner, Bill Bocketts.

En pleno apogeo de la campaña de Rusia, nada mejor que un film furibundamente anticomunista para caldear el ambiente, sobre todo si tenemos en cuenta que el cine nazi no había producido demasiadas obras orientadas definidamente en ese sentido. A pesar de su claro carácter de ficción, *¡Terror! ¡GPU!* se presentaba como poco menos que un documental sobre las actividades demoniacas de la policía política soviética, esa GPU cuyas siglas correspondían, si tenemos que hacer caso al letrero que abre el film (un detalle insólito es que no aparecen créditos, sólo el rombo de la UFA), a *Grauen* («horror»), *Panik* («pánico») y *Untergang* («destrucción»). Si para algo sirve esta entrada es para comprobar que la imaginación de los guionistas era muy superior a sus conocimientos, pues en 1939, año en que se desarrolla la intriga del film, la GPU ya no existía como tal: sus atribuciones habían sido trasladadas al NKVD en 1934 y su ex jefe, Iagoda, ejecutado en 1938. En realidad, los guionistas se muestran ajenos a cualquier puntillo historicista y elaboran una trama tan complicada e incoherente, con acumulación de efectismos y continuos saltos de lugar (varias escenas se rodaron en exteriores naturales en París), que acaba por marear y desinteresar al espectador.

El prólogo, ambientado en plena Revolución rusa, ya nos pone en situación con la imagen de Boksha, sucio y bestial comisario bolchevique que asesina con sus propias manos a un honrado matrimonio burgués con sus dos hijos pequeños; en la escena que sigue, ya en 1939 y en un país báltico, vemos al antiguo matarife reciclado en elegante hombre de mundo, con esmoquin y todo. Aquí conviene recordar que Andrews Engelmann, el actor que interpreta a Boksha con toda la truculencia que era de esperar, es el autor del argumento original y coguionista. El hombre va tan atildado para asistir a un concierto organizado por el Partido cuya principal estrella es la violinista Olga Feodorovna (Solari), aparentemente fiel agente de la GPU pero que en realidad es la única superviviente de la familia asesinada por Boksha en busca de venganza. Los esfuerzos de Olga por deshacerse de Boksha se entremezclan de forma bastante embarullada con la peripecia de Peter, un joven independentista lituano (Quadflieg) al que los agentes soviéticos manipulan en su beneficio, convirtiéndolo en un terrorista; a su vez este Peter se enamora de Irina, la secretaria del hombre de negocios cuya muerte ha causado sin saberlo (Ditmar) y, tras recorrerse media Europa perseguidos por los sicarios de Stalin, acaban encerrados y torturados en una checa en los sótanos de la representación comercial de la URSS en Rotterdam. En un final delirante, Olga consigue que Boksha sea eliminado por sus propios correligionarios después de denunciar en Moscú que el supuesto bolchevique se había falsificado un pasaporte francés y comprado una señorial mansión en la Bretaña para vivir como un burgués, y por lo que respecta a Peter e Irina, son liberados por las tropas alemanas en su imparable campaña del Oeste.

La sinopsis que hemos expuesto es un intento por hacer comprensible lo que en el film es un crescendo de persecuciones, violencias y salidas de tono cuya única motivación es denunciar la labor criminal de las organizaciones comunistas, desde Moscú a París pasando por Kaunas, Riga, Gotemburgo y Rotterdam. Los agentes de la GPU son una especie de gángsters que obran a su antojo en todas partes, secuestran y asesinan sin que nadie les diga nada y sus infiltrados entre la clase obrera occidental organizan huelgas y sabotajes para desestabilizar la economía del mundo libre. Los autores construyen todo el film en función del mensaje que les interesa comunicar, ajenos a cualquier sutileza, a la eventual inteligencia del espectador y al hecho de que la caracterización de esos siniestros matones con sus abrigos de cuero es la misma que en Hollywood adjudicaban entonces a la Gestapo y que servirá para ulteriores esfuerzos antinazis; un ejemplo de su obcecación es el final en el que los representantes de la URSS en Rotterdam, ante el avance de la Wehrmacht, queman los documentos comprometedores y liquidan a tiros a los prisioneros en sus celdas, cuando en realidad no tenían nada que temer ya que, en esa fecha, alemanes y soviéticos eran amigos. La puesta en escena de Ritter, basada en la pura acción física, tiene algunos momentos buenos —la muerte de Boksha, atraído por lo que piensa que es el violín de su amante, tiene un impacto que recuerda el *Scarface* de Howard Hawks—, pero no sirve para reforzar un contenido tan inane como inverosímil. De la interpretación, muy floja en general, sólo destaca el flagrante exceso de Andrews Engelmann, actor habitualmente secundario que, como hemos dicho antes, se tomó esta película como un proyecto propio; si estamos atentos, en un intermedio musical de escaso relieve podemos reconocer a Lale Andersen, la que alcanzara coyuntural fama cantando *Lili Marleen*.

Diesel (1942)

Producción UFA. *Dirección* Gerhard Lamprecht. *Guión* Frank Thiess, Gerhard Lamprecht, Richard Riedel. *Fotografía* Georg Krause. *Música* Hans Otto Borgmann. *Decorados* Erich Kettelhut. *Longitud* 2.995 m. *Estreno* 13 de noviembre (Augsburgo).

Intérpretes Willy Birgel, Hilde Weissner, Paul Wegener, Arthur Schröder, Josef Sieber, Erich Ponto, Hilde von Stoltz, Walter Janssen, Heinrich Troxbömker, Herbert Gernot, Werner Pledath, Hubert von Meyerinck, Carl Heinz Peters, Hannes Schulz, Heinrich Marlow, Albert Florath, Heinz Ewelt, Roma Bahn, Josef Dahmen, Gerhard Dammann, Robert Forsch, Hildegard Grethe, Karl Hannemann, Otto Henning, Ellen Krug, Viggo Larsen, Olga Limburg, Hadrian Maria Netto, Leo Peukert, Hermann Pfeiffer, Klaus Pohl, Ilse Stobrawa, Rudolf Vones, Franz Weber, Paul Westermeier, Franz Zimmermann.

Que el ingeniero e inventor Rudolf Diesel (1858-1913) sea un figura importante en la historia de la tecnología no quiere decir que su vida tenga un gran interés dramático, o al menos, así parece confirmarlo esta coyuntural aproximación fílmica, mal servida por un guión prolijo y monótono y que sólo se aguanta por el alarde de producción, con ese lujo visual y gusto por el detalle que es típico de los films históricos alemanes de los años cuarenta.

El esquema narrativo es el de siempre: Diesel (Birgel) sólo vive para su idea, ajeno a cualquier interés material; aunque no haga caso a su familia y les haga pasar penurias (abandona un trabajo remunerado por considerarlo indigno de su genio), su mujer (Weissner) lo aguanta todo con una fe de proporciones wagnerianas (desde luego, no le pasará lo que a Elsa de Brabante). En su lucha, Diesel encuentra unos valedores que son, cómo no, los representantes del poderío alemán: los industriales Butts (Wegener) —«el Bismarck de la industria pesada» según nos informa un personaje— y el no menos insigne Krupp, al que se presenta fugazmente pero con el mismo halo casi divino que en cine envuelve a Federico el Grande o Stalin. También tiene sus rivales, pero están muy mal definidos: ese «profesor Lüders» que le tiene tirria desde el primer momento, obtuso y engreído representante de la ciencia tradicional, es una versión pobre de aquel Virchow que se metía con el bueno de Koch en el film de 1939; después de varios intentos frustrados, consigue poner un pleito a Diesel por medio de otro inventor que tenía una patente parecida, pero el héroe acaba triunfando.

La escena final, deliberadamente o por un lapsus del director, está resuelta de una forma muy elíptica que le quita bastante impacto: el juicio se celebra *off screen* y sólo vemos a la mujer esperando en un café ante el edificio del tribunal. A cambio, sí es acertado no hacer ninguna alusión al auténtico final de Diesel, muerto en alta mar en circunstancias que tanto podrían tratarse de un accidente como de un homicidio o un suicidio. La intriga histórica va enmarcada en unos planos actuales que muestran la validez del invento de Diesel: comienza por un U-Boot y acaba con más submarinos, y aviones, tractores, trenes, etc.; justo es reconocer que no se enfatiza lo relacionado con el esfuerzo bélico, pero lógicamente —dada la fecha de producción— se insinúa bastante.

Andreas Schlüter (1942)

Producción Terra. *Dirección* Herbert Maisch. *Guión* Helmut Brandis y Herbert Maisch, según la novela *Der Münzturm* de Alfons von Czibulka. *Fotografía* Ewald Daub. *Música* Wolfgang Zeller. *Decorados* Robert Herlth. *Longitud* 3.078 m. *Estreno* 19 de noviembre.

Intérpretes Heinrich George, Olga Tschechowa, Mila Kopp, Dorothea Wieck, Theodor Loos, Marianne Simson, Karl John, Herbert Hübner, Ernst F. Fürbringer, Eduard von Winterstein, Karl Hannemann, Emil Hess, Robert Taube, Max Gülstorff, Paul Dahlke, Christian Kayssler, Trude Haefelin, Franz Schafheitlin, Otto Graf, Ernst Legal, Paul Westermeier, Ernst Rotmund, Karl Hannemann, Peter Elsholtz, Helmut Heyne, Hans Meyer-Hanno, Carl Günther, Herwart Grosse, Valy Arnheim, Hans Waschatko, Klaus Pohl.

Momentos de la vida del escultor barroco Andreas Schlüter (George), considerado como el «Miguel Ángel prusiano»: el ápex de su gloria es la creación de la estatua ecuestre del Gran Elector, que en un arriesgado alarde funde en una sola pieza (1696), mientras que su gran fracaso —en parte por haberse guiado por intereses ajenos a los del arte puro— es el derrumbamiento de la torre de la Casa de la Moneda por él diseñada (1706). El final nos sugiere que recuperará la confianza de los poderosos, pero no nos dice nada sobre su oscura muerte en San Petersburgo en 1714.

Un ejemplo más de lo que se entendía en el Tercer Reich por cine histórico, desde luego algo bien distinto a los criterios de Hollywood. Como ya hemos visto en esfuerzos anteriores, no hay *love interest*; el protagonista es un gordo de aspecto impresentable; guión y diálogos son espesos y difíciles de seguir, etc.; pero a cambio hay una sorprendente recreación de época imposible de encontrar en las rosáceas biografías *Reader's Digest* salidas de la soleada California, apoyada fundamentalmente en un trabajo escenográfico del gran Robert Herlth —al que sólo se le pueden reprochar unos forillos demasiado evidentes— y en una puesta en escena cuidada al detalle, sobre todo en los momentos espectaculares, con continuos y elaborados movimientos de cámara. En la escena de la fundición de la estatua confluyen los principales alardes de iluminación, escenografía y efectos sonoros.

Desde el punto de vista del contenido nos encontramos de nuevo con esa predilección del cine nazi por los rebeldes y la apariencia no demasiado digna ni correcta de los personajes que representan la autoridad, opción poco aconsejable en un estado totalitario pero que a pesar de ello era tolerada e incluso fomentada por los censores del Reich. La moraleja global, también estricta y disciplinada, es que no se puede hacer una gran creación sin un convencimiento de base, y que si el artista transige con el poder y las riquezas, sus sueños caerán por tierra como la torre de Schlüter, pues no olvidemos que, como dice el protagonista, «la vida pasa, pero la obra queda».

La ciudad soñada (Die goldene Stadt — 1942)

Producción UFA. *Dirección* Veit Harlan. *Guión* Alfred Braun y Veit Harlan, según la obra teatral *Der Gigant* de Richard Billinger. *Fotografía* Bruno Mondi. *Música* Hans Otto Borgmann, sobre temas de Smetana. *Decorados* Erich Zander, Karl Machus. *Longitud* 3.004 m. *Estreno* 24 de noviembre. *Intérpretes* Kristina Söderbaum, Eugen Klöpfer, Rudolf Prack, Paul Klinger, Kurt Meisel, Annie Rosar, Liselotte Schreiner, Dagny Servaes, Hans Hermann Schaufuss, Ernst Legal, Inge Drexel, Walter Lieck, Frieda Richard,

Maria Hofen, Else Ehser, Hugo Flink, Jaromir Krejci, Robert Forsch, Josef Dahmen, Valy Arnheim, Ernst Rotmund, Konrad Cappi, Maria Loja, Harry Hardt, Karl Harbacher, Emmerich Hanus, William Huch, Josef Reithofer, Max Rosenahuer, Franz Schöber, Hans Sternberg, Rudolf Vones.

En la Bohemia rural, Thomas, un señorito de la ciudad (Prack) seduce a su prima Anuschka (Söderbaum) con el señuelo de llevarla a vivir con él en Praga, «la ciudad dorada». Desobedeciendo a su padre (Klöpfer) —sudete que cometió el error de casarse con una praguense que luego lo traicionó—, Anuschka se marcha con Thomas, pero al poco tiempo el seductor la abandona después de haberla dejado embarazada. Incapaz de soportar la vergüenza y consciente de que no puede pedir el perdón de su padre, la chica se suicida tirándose a un lago.

Presentada como la culminación del Agfacolor, este título arrastra una buena fama de éxito comercial que permite considerarlo como una obra de entretenimiento relativamente digna y sin ningún mensaje político: en realidad, la intención no es tan limpia. Aunque un espectador extranjero que no distinga los apellidos de los personajes puede verlo como el típico drama de confrontación de valores campo-ciudad, o sea, virtud contra vicio, en su país de origen quedaba claro que los «malos» son checos y los «buenos» alemanes (sudetes). Desde el punto de vista estrictamente cinematográfico, su visión decepciona un poco actualmente: tiene la baza del color, que todavía mantiene algo del impacto que debió tener en las copias de estreno, pero la planificación es un tanto apelmazada, sin el más mínimo alarde iconográfico (como no sea la maqueta de Praga refulgente con que sueña la protagonista) ni narrativo. En este último apartado, por cierto, debe destacarse la innecesaria y forzada crueldad del final: no hace falta ser un acomodaticio productor de Hollywood para ver la torpeza que supone hacer que la protagonista se suicide, especialmente sabiendo que está embarazada; parece que la decisión de este final fue de Goebbels, que en mentalidad seudowagneriana no podía consentir que la traición a la tierra de la ingenua Anuschka tuviera perdón. La música es francamente excesiva, con uso y abuso de *El Moldava* de Smetana.

El amado de los dioses (Wen die Götter lieben — 1942)

Producción Wien-Film. *Dirección* Karl Hartl. *Guión* Eduard von Borsody, según una narración de R. Billinger y E. Strzygowski. *Fotografía* Günther Anders, Hannes Staudinger. *Música* Alois Melichar, sobre temas de Mozart y Beethoven. *Decorados* Julius von Borsody. *Longitud* 3.283 m. *Estreno* 5 de diciembre (Salzburgo).

Intérpretes Hans Holt, Irene von Meyendorff, Winnie Markus, René Deltgen, Paul Hörbiger, Curd Jürgens, Thea Weis, Susi Witt, Annie Rosar, Walter Janssen, Rosa Albach-Retty, Doris Hild, Oskar Wegrostek, Erich Nikowitz, Ferdinand Mayerhofer, Pepi Krämer-Glöckner, Franz Herterich, Otto Schmöle, Georg Lorenz, Hans Siebert, Richard Eybner, Wilhelm Hufnagel, Fritz Imhoff, Karl Blühm, Theodor Danneger, Luise Kartousch, Alfred Neugebauer, Hermann Erhardt, Bruno Hübner, Johannes Roth, Karl Ehrmann y los cantantes Erna Berger, Dagmar Söderquist, Karl Schmitt-Walter, Siegmund Roth.

Así como Wagner y Beethoven no eran considerados dignos de aparecer en las pantallas del Reich (o viceversa), Mozart sí mereció un par de evocaciones fílmicas. Ya que presentarlo como precursor de Hitler era un poco fuerte, se optó por aproximaciones rosáceas a su vida sentimental que reducían uno de los personajes clave de la historia de la música a una ilustración de caja de bombones. *Una aventura de Mozart* (*Eine kleine Nachtmusik*, 1939, dir. Leopold Hainisch) está inspirada en la novela corta de Eduard Mörike *Mozart auf der Reise nach Prag* (1855) y nos cuenta un idilio (platónico) entre el compositor —encarnado por el joven rebelde de *Comedia trágica*, Hannes Stelzer— y la aristócrata Eugenia von Schinzberg (Heli Finkenzeller) cuando se dirige a Praga al estreno del *Don Giovanni*. Aunque el devaneo no es totalmente de su agrado, Frau Mozart (Christl Mardayn) decide hacer la «vista gorda» en función de tres premisas: el carácter tan poco carnal del encuentro, la condición de «genio» de su marido —que le permite más libertad que a un común mortal— y el hecho más práctico de que Eugenia le haya inspirado la música para el último acto de la ópera, que no le acababa de salir. Si el guión no recoge más que desechos del romanticismo nostálgico de la novela, tampoco la realización alcanza grandes niveles, aunque pueden destacarse dos escenas musicales: una, sencillamente horrible, es un ballet anacrónico y *kitsch* con la «pequeña música nocturna» de fondo, y la otra, más conseguida, es la primera representación de *Don Giovanni*. Como detalle de Goebbels hacia un país ocupado, la *première* de *Una aventura de Mozart* tuvo lugar en Praga el 18 de diciembre, no estrenándose en Berlín hasta febrero de 1940.

Más ambiciones tiene *El amado de los dioses*, una *biopic* con todas las de la ley que abarca la vida del artista (Holt) a partir de 1777, cuando se va con su madre a París. Un poco antes, en Mannheim, se enamora de la cantante Aloysia Weber (Meyendorff), a la que le dedica un lied, pero ella está prometida a otro hombre. Su estancia en la capital francesa no tiene el mismo sabor triunfal que la de su infancia, y además sufre el dolor de perder a su madre. De vuelta a Viena, se casa con Constanze, la hermana de Aloysia (Markus), al mismo tiempo que estrena con gran éxito *El rapto en el serrallo*. En su siguiente ópera, *Le nozze di Figaro*, Aloysia tiene un papel y renace el antiguo amor. Los celos de Constanze son puestos a prueba en una recepción en Praga, donde Mozart canta como primicia el «La ci darem la mano» del *Don Giovanni* a dúo con Aloysia y acaban dándose un llamativo beso en la boca delante de todos. Avergonzada, Constanze piensa en abandonar a su marido en pleno estreno de la ópera, pero éste, arrepentido, sale corriendo del teatro antes de acabar para impedir su marcha y se reconcilian. Nuevamente en Viena, el maestro recibe la visita de un desconocido que le ofrece una buena suma de dinero para componer un réquiem, a lo que Mozart dedica sus fuerzas cada vez más deterioradas por la tisis. En su lecho de muerte se hace cantar lo que ha compuesto y en su delirio se entremezclan los compases del réquiem con los de su último éxito, *La flauta mágica*. Cuando el empresario viene a traerle una de las coronas de flores que el público, entusiasmado, ha lanzado al escenario, los dioses se han llevado ya a su amado artista.

Como biografía de Mozart, puede decirse que *El amado de los dioses* empequeñece notablemente a un personaje del que es bien conocida su dimensión humana y artística. La insistencia en sus amoríos, presentados con un tono ligero de opereta vienesa, y la poco carismática composición de Hans Holt dan un gusto almibarado al conjunto que sólo se corta con algunos momentos de cierta intensidad dramática, como la carrera del protagonista por las calles de Praga para reconciliarse con su mujer, la llegada del misterioso individuo que le encarga el réquiem o la escena de la muerte, que vienen reforzados por el recurso a una fotografía en claroscuro —distinta a la más plana de los intermedios sentimentales— y la buena utilización de motivos mozartianos en el fondo sonoro. Varios aspectos importantes de la vida del compositor quedan descuidados: no se da especial relieve a sus dificultades económicas, que eran más acuciantes de lo que se ve en pantalla, ni se critican para nada los abundantes desprecios del emperador, al que el artista, totalmente desprovisto de malicia, siempre fue fiel incluso cuando en cortes extranjeras le ofrecían sueldos más altos; tampoco se recuerdan sus demostraciones de bondad hacia los demás y que le hacían presa fácil de gorrones y sinvergüenzas (el caso de Schikadener es el más conocido), aunque se incluye una ahistórica visita del joven Beethoven (Deltgen) en la que el maestro, ya en el declive de sus facultades, felicita y anima al discípulo. Por otra parte, la reconstrucción que se hace de las representaciones operísticas es francamente errónea, con unos decorados anacrónicos y, en un alarde de provincianismo patriotero, las arias de *Le nozze di Figaro* y *Don Giovanni* cantadas en alemán (en *Una aventura de Mozart* se mantenía el italiano); quizá fuera una penalización al libretista Lorenzo Da Ponte, que era hijo de judío converso...

Karl Hartl, que en realidad dirigió la película por enfermedad del realizador previsto, Eduard von Borsody, estaba entonces muy ocupado en tareas administrativas como director de Wien-Film. El cargo le había sido adjudicado inmediatamente después del *Anschluß* aunque, según propio testimonio,[43] recurrió a las mayores argucias para mantener «apolítica» la producción, consiguiendo que sólo se hicieran tres films realmente propagandísticos: el antipolaco *Heimkehr* y los antisemitas *Honor* (*Leinen aus Irland*, 1939, dir. Heinz Helbig) y *Wien 1910* (1942, dir. E. W. Emo). En 1955 hizo una nueva aproximación a la vida del compositor con el título *Mozart*, que no puede considerarse un *remake* ya que el guión es totalmente distinto, limitándose a los últimos días.

El hogar perdido (Damals — 1943)

Producción UFA. *Dirección* Rolf Hansen. *Guión* Peter Groll y Rolf Hansen, según un argumento de Bert Roth. *Fotografía* Franz Weihmayr. *Música* Lothar Brühne, con una canción de Ralph Benatzky. *Decorados* Walter Haag. *Longitud* 2.578 m. *Estreno* 2 de marzo.
Intérpretes Zarah Leander, Hans Stüwe, Rossano Brazzi, Karl Martell, Hilde Körber, Jutta von Alpen, Hermann Brauer, Herbert Hübner, Otto Graf, Elisabeth Markus, Emil Hess, Hans Brausewetter, Viktor Janson, Karl Haubenreisser, Alfred Schieske, Erich Ziegel, Giacomo Moschini, Eva Tischmann, Leo Peukert, Ernst Karchow, Olaf Bach, Lilly Schönbörn, Margarete Schön, Walter Gross, Karl Etlinger, Hellmuth Bergmann, Karin Lüsebrinck, Hermann Pfeiffer, Ernst Rotmund, Walter Steinweg, Erik Radolf, Ernst Sattler, Knut Hartwig, Vera Complojer, Friedrich Honna, Just Scheu, Hanne Fey, Hans Schölermann, Agnes Windeck.

En un país innominado de la América del Sur, Vera Meiners, una doctora extranjera (Leander) es acusada de un asesinato y nadie acierta a comprender los motivos, entre otras cosas por el mutismo de la implicada. A través de diversos testimonios resulta que el muerto era un infame que en otro tiempo había destruido el matrimonio de Vera y ahora pretendía deshonrar a su hija Eva (Alpen). En un final feliz, Vera recupera el amor de su marido (Stüwe) que las daba por perdidas a ella y a Eva.

En los países que no habían visto *Ciudadano Kane* (entre ellos España),[44] la estructura narrativa en *flashback* fue considerada un ha-

43. Recogido por Goswin Doerfler en «An Austrian director: Karl Hartl», *Focus on Film* n.º 29, marzo 1978, pp. 40-41.

44. Veáse el comentario de Carlos Fernández Cuenca en *El cine alemán* (Madrid: Filmoteca Nacional, 1961), p. 73.

llazgo en su momento (los recuerdos de los distintos personajes comienzan siempre con la palabra *damals*, «entonces...»). Sin negar la novedad del enfoque (no puedo asegurar, de todos modos, que Hansen desconociera el film de Welles), lo cierto es que no está demasiado amortizado: la presentación de los testigos está resuelta con tosquedad y la acumulación poco sutil de truculencias y golpes de efecto que constituye la trama argumental acaba por provocar más la hilaridad que la emoción. La pobre Leander sufre más que nunca (que ya es decir, después de sus experiencias en films anteriores), pero sus sufrimientos no acaban de tener una explicación plausible: el siniestro individuo que la persigue no queda definido en ningún momento, no comprendemos qué la liga a ella, ni qué interés exacto tiene ella por él. La pésima construcción del guión malogra las supuestas originalidades narrativas y deja poco lucimiento al realizador, cuyo trabajo es aplicado pero sin gran inspiración. Leander no mueve su archiconocido gesto doliente e interpreta las canciones con su habitual *savoir faire*, si bien lo que «canta» de verdad son los forillos y transparencias, tanto más alucinantes cuanto casi toda la intriga se desenvuelve en países extranjeros (Suiza, Portugal, Sudamérica).

Aparte de lo ya expuesto, el otro punto de interés de *El hogar perdido* es el tratarse del último film «nazi» de Zarah Leander, que nada más acabar el rodaje decidió volverse a Suecia, donde sospechamos que no sería recibida con grandes alharacas. El motivo principal de su «deserción» fue la duda razonable sobre la victoria del Reich (su mansión en las afueras de Berlín fue destruida en un bombardeo), y cuando Goebbels la presionó para que se nacionalizara alemana y se negó a pagarle parte del sueldo en coronas suecas, la «Garbo del Reich» sucumbió a la morriña y volvió a su «hogar perdido».

Las aventuras del barón Munchausen (Münchhausen — 1943)

Producción UFA. *Dirección* Josef von Baky. *Guión* (sin crédito) Erich Kästner. *Fotografía* Werner Krien (color); efectos especiales, Konstantin Irmen-Tschet. *Música* Georg Haentzschel. *Decorados* Emil Hasler, Otto Gülstorff. *Longitud original* 3.662 m (reducida en posteriores proyecciones).[45] *Estreno* 5 de marzo.

Intérpretes Hans Albers, Brigitte Horney, Ilse Werner, Ferdinand Marian, Hermann Speelmans, Marina von Ditmar, Käthe Haack, Marianne Simson,

45. La duración del film en la noche del estreno era de 124 minutos, pero a los pocos meses fue reducida a 117. Las sucesivas reediciones de posguerra fueron acortando metraje hasta la restauración que hizo la Friedrich-Wilhelm-Murnau-Stiftung en 1978; la copia más completa (y de mayor calidad visual) es la que se pasa periódicamente en las cadenas de televisión alemanas, que hace unos 110 minutos en vídeo.

Leo Slezak, Hans Brausewetter, Gustav Waldau, Hilde von Stoltz, Walter Lieck, Eduard von Winterstein, Wilhelm Brendow, Michael Bohnen, Andrews Engelmann, Waldemar Leitgeb, Hubert von Meyerinck, Jaspar von Oertzen, Werner Scharf, Armin Schweizer, Franz Weber, Bernhard Goetzke, Harry Hardt, Viktor Janson, Leopold von Ledebur, Franz Schafheitlin, Ewald Wenck, Armin Schweizer, Valy Arnheim, Erwin Biegel, Fritz Busch, Fanny Cotta,Erich Dunskus, Ilse Fürstenberg, Irene Fischer, Karl Harbscher, Trude Heess, Maria Hofen, Hans Junkermann, Nikolai Kolin, Karl Heinz Peters, Hermann Pfeiffer, Anton Pointner, Elena Polewitzkaja, Erik Radolf, Paul Rehkopf, Ernst A. Schaah, Franz Stein, Henry Stuart, Aruth Wartan.

Espectacular evocación de los desvaríos espacio-temporales del barón de Münchhausen —«de la Castaña» en nuestro país—, encarnado en los populares rasgos de la estrella indiscutible del cine alemán, Hans Albers: en una serie de vistosas estampas en color asistimos a sus viajes a la Rusia de Catalina la Grande (Horney); su encuentro con Cagliostro (Marian), que le concede la eterna juventud y el don de hacerse invisible; su cautiverio con los turcos, de los que consigue escapar tras rescatar a la princesa Isabel d'Este (Werner); sus andanzas en Venecia, donde su incomprensible lozanía despierta las sospechas y envidias de un avejentado Casanova (Waldau), que lo denuncia a la Inquisición y debe huir en globo hasta la Luna...; todas las peripecias se cuentan en flashback desde la época actual, donde el personaje explica su vida a un joven investigador interesado en el «fenómeno Münchhausen». Al final, el héroe decide prescindir de la vida eterna y envejecer con su actual compañera.

El estreno de *Münchhausen* en marzo de 1943 era la celebración oficial de los 25 años de la UFA, pero tras su producción se esconden otros motivos más allá de la mera efemérides. A finales de enero habían capitulado las tropas del general Paulus en Stalingrado y unos días más tarde Goebbels recita su inflamado discurso sobre la necesidad de la «guerra total» en una estudiada puesta en escena en el Sportspalaast berlinés; si a esto añadimos que los bombardeos aliados eran cada vez más devastadores y las ciudades del Reich se estaban llenando de ruinas y gentes sin hogar ya podemos hacernos una idea del ambiente en el que aparece la superproducción que, todavía hoy, se considera el ápex de la industria cinematográfica nazi. El despliegue de fantasía y espectáculo que ofrece el film, ajeno a cualquier sermón propagandístico sobre la realidad cotidiana, busca el mismo efecto de la morfina que se utiliza para aliviar los dolores de un enfermo terminal: mientras el mundo se hunde a su alrededor, el espectador puede consolarse viendo cómo el barón burla a sus enemigos poniéndose el anillo que vuelve invisible y se mantiene joven y atractivo mientras sus amigos van envejeciendo y muriendo a su alrededor. Por todo eso, el final en el que el héroe renuncia a sus privilegios y decide, voluntariamente, poner fin a sus días, no deja de tener un regusto melancólico que de alguna manera devuelve al espectador a la realidad y le prepara para lo que se va a encontrar a la salida del cine.

En la actualidad, por supuesto, la visión del film adquiere una significación diferente y puede apreciarse como uno de los grandes títulos del fantástico europeo. A pesar de las limitaciones del Agfacolor y que algunos trucajes resultan primitivos (en la famosa escena del vuelo sobre la bala de cañón se aprecia claramente la sombra sobre el forillo que representa el cielo), los recursos técnicos se aproximaban bastante a la perfección hollywoodiana, y el lujo iconográfico no tenía rival en ningún film realizado en el viejo continente. Por otra parte, el guión (para el que se recurrió precisamente a Erich Kästner, un disidente al que se le tenía prohibido publicar y cuya participación, a pesar de esconderse bajo el seudónimo «Berthold Bürger», no quedó reflejada en los títulos de crédito) superaba las ingenuidades de la trama original con acertados golpes de efecto —el más conocido se da en el principio, cuando en un ambiente «Luis XV» vemos cómo una damisela de blanca peluca y falda acampanada activa un moderno interruptor eléctrico, sale a la calle y se monta en un no menos moderno descapotable— e incluso se permitía algunas modificaciones de difícil inteligibilidad, especialmente en la ambigua escena con Cagliostro, donde Ferdinand Marian daba vida al famoso embaucador con los mismos rasgos turbios de su anterior personificación del judío Süss.[46]

Paracelsus (1943)

Producción Bavaria. *Dirección* G. W. Pabst. *Guión* Kurt Heuser. *Fotografía* Bruno Stephan. *Música* Herbert Windt. *Decorados* Herbert Hochreiter, Walter Schlick. *Longitud* 2.919 m. *Estreno* 12 de marzo (Salzburgo).
Intérpretes Werner Krauss, Mathias Wieman, Harald Kreutzberg, Annelies Reinhold, Martin Urtel, Harry Langewisch, Fritz Rasp, Josef Sieber, Herbert Hübner, Rudolf Blümner, Karl Skraup, Franz Schafheitlin, Erich Dunskus, Viktor Janson, Hilde Sessak, Egon Vogel, Arthur Wiesner, Franz Stein, Hans von Uritz, Bernhard Goetzke, Oskar Höcker, Maria Hofen, Klaus Pohl, Joachim Wedekind.

Otra evocación de un «genio alemán», aunque propiamente el biografiado fuera suizo (al igual que pasaba con Johann August Suter, *El*

46. Sobre los aspectos «oscuros» del guión, es fundamental leer los comentarios de Eric Rentschler en *The Ministry of Illusion. Nazi Cinema and Its Afterlife* (Cambridge, Mass., Harvard University Press, 1996), pp. 193-213.

emperador de California): el revolucionario médico autollamado Paracelso —o sea, «casi como Celso»— (Krauss), con una trama centrada en su breve estancia en Basilea hacia 1526. Como en la mayoría de films históricos nazis, el protagonista es cualquier cosa menos guapo y simpático, reservándose este papel a su ayudante (Urtel), tonto y presuntuoso hasta meter en un compromiso a su maestro al intentar curar sin éxito a un paciente con un supuesto elixir de vida eterna.

Sobre las técnicas médicas del héroe el film no da muchas explicaciones y a veces no parece más charlatán que sus envarados oponentes, los médicos «tradicionales» seguidores estrictos de Avicena (cuyos escritos quemó públicamente Paracelso, aunque esta hazaña, tan afín al sentir de muchos alemanes de los años cuarenta, no se muestra en la película). Su manía por la observación queda presentada de forma muy esquemática haciéndolo mirar fijamente a sus enfermos, como si tuviera rayos X en la vista: el caso de la ficticia visita de Ulrich von Hutten (Wieman), al que le diagnostica el *morbus gallicus* con sólo mirarle el guante (el muy crédulo se había considerado curado por tratarse con madera de guayaco como decía la medicina tradicional). Esta confrontación con Ulrich, el guerrero, el pre-Führer, deja claro quién es el que el Destino ha de coronar césar de Alemania: un plano muy significativo es el de Paracelso ofreciendo el estribo al caballero, en un acto inequívoco de sumisión, aunque el carácter «incompleto» del caudillo del siglo XVI —evidenciado por la sífilis que lo va a llevar a la tumba antes de realizar su ilusión de una Alemania unida— nos recuerda que el auténtico caudillo todavía está por venir. La escena final también tiene mucho sabor político. Cuando el enviado de Carlos V le ofrece plaza en la corte, Paracelso le enseña la multitud de enfermos que espera ante las puertas de su consulta: «Soy un servidor del pueblo, y al pueblo me debo», recordando a Emil Jannings en *Robert Koch*, que también prefería atender a los humildes antes que a los ricos.

Como todo *biopic* de tiempos nazis, éste también se apoya fuertemente en el guión y los diálogos, muy bien estructurados en general, pero la puesta en escena es de una gran solidez, demostrando que Pabst todavía era un cineasta con oficio: véase, por ejemplo, la espectacular escena de la *totentanz* en la taberna, con el juglar interpretado por el famoso bailarín Harald Kreutzberg; la descoyuntada danza y las truculentas alegorías que siguen son curiosos (y raros) residuos del estilo de los años en que Pabst era uno de los maestros del cine alemán.[47]

47. Para un análisis en profundidad de este film véase el ensayo de Regine Mihal Friedman «Ecce Ingenium Teutonicum: *Paracelsus*», en Eric Rentschler (ed.), *The Films of G. W. Pabst. An Extraterritorial Cinema* (New Brunswick, Rutgers University Press, 1990), pp. 184-196.

Romanza en tono menor (Romanze in Moll — 1943)

Producción Tobis. *Dirección* Helmut Käutner. *Guión* Willy Clever y Helmut Käutner, según una idea de Willy Clever. *Fotografía* Georg Bruckbauer. *Música* Lothar Brühne, Werner Eisbrenner. *Decorados* Otto Erdamnn, Franz F. Fürst. *Longitud* 2.728 m. *Estreno* 25 de junio.

Intérpretes Marianne Hoppe, Ferdinand Marian, Paul Dahlke, Siegfried Breuer, Elisabeth Flickenschildt, Eric Helgar, Karl Platen, Anja Elkoff, Walter Lieck, Ernst Legal, Helmut Käutner, Hans Stiebner, Karl Günther, Hugo Flink, Klaus Pohl, Leo Peukert, Maria Loja, Ethel Reschke, Egon Vogel, Karl Etlinger, Ernst Stimmel, Walter Bechmann, Hans Parge, Hansi Schündler, Herbert Weisbach, Hans Waschatko.

Madeleine (Hoppe) vive una existencia sin relieve casada con un aburrido empleado de banca (Dahlke) hasta que conoce a Michel (Marian), un compositor simpático y bohemio que se enamora de ella. La aventura es para Madeleine el descubrimiento de una nueva vida, pero la felicidad no dura mucho: el banquero Victor, jefe de su marido (Breuer) descubre el adulterio y amenaza a Madeleine con descubrirla si no se le entrega. Más para no perjudicar al marido que por miedo al escándalo, la mujer cede a los deseos del banquero, pero después, en parte por la humillación y también porque piensa que Michel nunca será realmente feliz con ella, se suicida. La historia está explicada en flashback por el músico a un amigo poeta (interpretado por el realizador, Helmut Käutner) después de haber matado en duelo al infame Victor.

Adaptación extraoficial del cuento *Les bijoux* de Maupassant, de *Romanza en tono menor* se ha llegado a decir que es la única obra de valor en la filmografía de la época nazi. Esto es un poco exagerado, pero indudablemente es un gran film que, aparte de sus valores meramente artísticos, se distancia del *look* habitual de la época hasta el punto de poder considerarse casi una manifestación de «resistencia» cultural, aunque sin llegar a un enfrentamiento que hubiera llevado a la prohibición absoluta. En realidad fue bien acogida por los organismos censores del Reich, que hasta lo calificaron *künstlerich besonders wertvoll*, «de especial interés artístico», pero también es cierto que a Goebbels no le gustó nada y —si consideramos que entre el certificado de censura y el estreno pasaron cinco meses— parece que le costó darle el *nihil obstat*.

Los rasgos diferenciales afectan al fondo y a la forma. Por un lado, la narración se olvida del bien común, del patriotismo, de la santidad del matrimonio y demás valores oficiales y se centra en una peripecia estrictamente personal en la que no hay buenos ni malos, sino personas con las debilidades propias de cualquier ser humano: el suicidio de la heroína no se debe a la culpa de su adulterio sino a la pérdida de su propia estimación, que la hace indigna tanto para su marido como para su amante, y al mismo tiempo los dos personajes masculinos no están presentados con rasgos caricaturales ni deformados, sino que ambos han querido a su manera a Madeleine y su desaparición ha deshecho sus vidas para siempre. Aunque se podría pensar en un caligrafismo «a la italiana» inspirado en trabajos anteriores de Renato Castellani o Mario Soldati, en realidad lo que hace Käutner es recuperar el mundo de Max Ophüls en *Liebelei*, e incluso me atrevería a decir que casi parece anunciar obras posteriores del maestro emigrado como *Carta de una desconocida* o *Madame de...* Y si el mensaje contradice la retórica oficial, también en algunos aspectos formales reacciona contra lo que era habitual en aquellos tiempos, por ejemplo en la movilidad de la cámara, con algunos envolventes travellings que dan fluidez a una historia en que todo se desenvuelve, ciertamente, «en tono menor».

Das Bad auf der Tenne (1943)

Producción Tobis. *Dirección* Volker von Collande. *Guión* Rolf Meyer, Herbert Tjadens y Volker von Collande, según un argumento de Rolf Meyer. *Fotografía* Andor von Barsy (color). *Música* Theo Mackeben. *Decorados* Gabriel Pellon. *Longitud* 2.291 m. *Estreno* 30 de julio.
Intérpretes Heli Finkenzeller, Will Döhm, Richard Häussler, Gisela von Collande, Marianne Simson, Wilfried Seyferth, Paul Henckels, Walter Lieck, Hans Stiebner, Erna Sellmer, Franz Weber, Claus Holm, Helmut Ozygus, Cordula Grun, Anneliese Otten, Gerta Böttcher, Jimmy Bachert, Hugo Flinck, Paul Rehkopf, Friedrich Wilhelm Dann, Margot Driesen, Sigrid Kyra, Rudolf Vones, Richard Eivenack, Albert Probeck.

Flandes, a finales del siglo XVII. En el pueblecito de Ort Terbrugge se detiene un comerciante de ciudad (Häussler) para reparar su carruaje y, como agradecimiento a la hospitalidad del alcalde (Dohm), le regala a la esposa de éste (Finkenzeller) una tina para bañarse. A partir de entonces, los baños de la dama son la comidilla de los naturales, cuyo máximo de higiene es la limpieza matutina de legañas. Por otra parte los mozos del pueblo, enterados de que la alcaldesa se sumerge en la bañera completamente desnuda, se dedican con fervor al arte de «Peeping Tom». Al final le gastan una broma pesada consistente en ponerle ruedas a la bañera, de modo que la atribulada dama se ve en traje de Eva en medio de la plaza del pueblo. Avergonzada por lo ocurrido y por el deterioro que estaba sufriendo la reputación de su marido, se deshace de la bañera y vuelve a adoptar los usos higiénicos vigentes en la comunidad.

Comedia poco citada en los libros sobre cine nazi pero que fue la primera película en color de la Tobis y uno de los mayores éxitos de taquilla en la temporada 1942-1943. Aunque el humor no es demasiado sutil, todavía se ve con agrado, tanto por su espléndida factura visual —de clara inspiración pictórica— como por su rústico erotismo, que incluye algunos desnudos de la protagonista (o para ser exactos, de una «doble de cuerpo»).

Der unendliche Weg (1943)

Producción Bavaria. *Dirección* Hans Schweikart. *Guión* Walter von Molo y Ernst von Salomon, según la novela *Ein Deutscher ohne Deutschland* de Walter von Molo. *Fotografía* Franz Koch. *Música* Oscar Wagner. *Decorados* Hans Sohnle. *Longitud* 2.715 m. *Estreno* 24 de agosto (Stuttgart).
Intérpretes Eugen Klöpfer, Eva Immermann, Hedwig Wangel, Alice Treff, Kurt Müller-Graf, Friedrich Domin, Ernst F. Fürbringer, Lisa Hellwig, Viktor Afritsch, Josef Offenbach, Adolf Gondrell, Günther Hadank, Gustav Waldau, Herbert Hübner, Walter Holten, Oskar Höcker, Fritz Reiff, Philip Manning, Walter Lantzsch, Walter Buhse, Heinz Burkart, A. von Cortens, Wolfgang Dohnberg, Peter Doming, Karl Graumann, Karl Hanft, Hannes Kepler, Herbert Kroll, Else Kündinger, Eduard Loibner, Emil Hatousek, Julius Riedmüller, Sonja-Gerda Scholz, Franz W. Schröder-Schrom, Anni Trautner, Otz Tollen.

Biografía de Friedrich List (1789-1846), personaje poco o nada conocido en España pero de gran significación para el nacionalismo alemán, ya que fue el artífice de la unión aduanera entre los diversos países germánicos. Tras un prólogo en que se nos explica la fragmentación de Alemania en 38 estados con cientos de puestos fronterizos que causaban pérdidas de tiempo y dinero, la primera escena nos presenta al héroe (Klöpfer) indignado porque unos humildes campesinos no pueden pagar los impuestos de entrada de mercancías, y después de pagárselos de su bolsillo decide iniciar su lucha por una Alemania unida. Sus esfuerzos son boicoteados por los austriacos, que si algo no quieren es precisamente la unificación para provecho de Prusia, que ya había comenzado a hacer tratos con pequeños estados vecinos: el intrigante príncipe Metternich no ceja hasta que el sufrido List, acusado de subversivo, es obligado a emigrar a los Estados Unidos.

En el nuevo continente se dedica a organizar los intereses de los colonos alemanes y se hace amigo y consejero del general Jackson, al que anima a enfrentarse a las imposiciones económicas del Imperio Británico y construir una vía férrea que unifique la nación; una vez en la Casa

Blanca (1828), Jackson tomará buena nota de las sabias indicaciones del alemán. De vuelta a su país, List centra sus desvelos en la creación de un ferrocarril que potencie la economía alemana y favorezca su tan ansiada unificación, pero aunque el Kaiser y el ejército le brindan su apoyo incondicional, los plutócratas prusianos, apoyados por las potencias extranjeras, hacen lo que pueden por hundirlo, sacando a relucir supuestas irregularidades económicas así como sus devaneos amorosos. Al final, unas escenas en que las fuerzas vivas destruyen los puestos de aduanas dan a entender que la ansiada unión alemana es forzada por la decisión de ese «pueblo» —ajeno a aristócratas y capitalistas— que en las películas del Reich es siempre el brazo ejecutor de los designios del «genio».

Der unendliche Weg repite esquemas narrativos de films anteriores sobre «grandes alemanes» (véase *Diesel*, por ejemplo), lo que le da un aire un tanto cansino: los sufrimientos del héroe llegan a niveles delirantes, sobre todo en las escenas en que los ministros del Kaiser amenazan con dimitir si se aceptan sus ideas o en la humillante propuesta que le hace Metternich, que por cierto aparece siempre como la némesis de List, y por consiguiente del nacionalismo alemán. El único detalle original radica en las escenas ambientadas en Estados Unidos, donde no sólo se trata de forma positiva a un país con el que se estaba en guerra sino que incluso llega a plantearse una especie de hermandad germano-americana ante el común enemigo inglés.[48]

Circus Renz (1943)

Producción Terra. *Dirección* Arthur Maria Rabenalt. *Guión* Roland Betsch, Otto Ernst Hesse. *Fotografía* Willy Winterstein. *Música* Albert Fischer. *Decorados* Ernst H. Albrecht. *Longitud* 2.559 m. *Estreno* 10 de setiembre. *Intérpretes* René Deltgen, Angelika Hauff, Paul Klinger, Alice Treff, Herbert Hübner, Fritz Odemar, Ernst Waldow, Lotte Spira, Werner Pledath, Hermann Pfeiffer, Rudolf Schündler, Willi Rose, Gunnar Möller, Walter Steinweg, Adolf Fischer, Charlotte Schultz, Hildegard Grethe, Gerhard Dammann, Eduard Wenck, Hans Waschatko, Gert Witt, Kurt Hagen, Klaus Pohl.

48. Quizá inspirado por el espíritu de List, Goebbels había intentado antes de la guerra fomentar la colonia alemana en Estados Unidos (unos 20 millones de personas) con la creación de la *German-American Bund*, pero en 1939 se tuvo que disolver cuando su jefe, un tal Fritz Kuhn, fue a la cárcel por quedarse los fondos de la asociación. Anthony Rhodes, *Propaganda. The Art of Persuasion: World War II* (Londres, Angus & Robertson, 1976), p. 142.

Oficialmente se trata de una aproximación a la vida de Ernst Renz (1815-1892), que de acróbata en barracas de feria se convirtió en el primer empresario circense de Alemania, pero en la práctica se nota demasiado la intención de Rabenalt de repetir el éxito de *Los 3 Codonas*, con la salvedad de que la relación triangular entre Renz (Deltgen), su socio Harms (Klinger) y Bettina, la rústica bailarina convertida luego en elegante *ecuyère* (Hauff) no acaba de forma tan tremebunda como la de sus modelos: Renz decide dedicarse en gran escala al mundo del espectáculo y deja a los otros dos que sean felices como pareja.

A pesar de su carácter derivativo, la película es una vívida evocación del mundo del circo en la segunda mitad del siglo XIX, con algunos detalles curiosos para los que no lo conozcan, como la confección del primer *chapiteau* para que los espectáculos ambulantes pudieran hacer su representación los días de lluvia sin que artistas y público se mojaran: cierto que el suspense creado sobre la inestabilidad de la lona es un poco infantil, pero la escena funciona, igual que todo el enfrentamiento entre el recién llegado Renz y el triunfador establecido Dejean (Hübner), que intenta por todos los medios —no siempre honrados, pues por algo es francés— no perder su puesto de «rey del circo» en Berlín. Los personajes están bien compuestos: Deltgen hace su papel de tipo poco cultivado pero con madera de triunfador, al que no le avergüenza reconocer que no sabe escribir, Klinger es el buen profesional al que su tendencia a las calaveradas le impide llegar a los altos destinos de su amigo y Angelika Hauff, que demuestra un notable dominio del arte de la doma, está francamente sexy tanto en las actuaciones (una señora burguesa observa con desagrado que «no lleva mallas») como fuera de ellas.

Circus Renz se inscribe en un subgénero muy específico del cine nazi que es el de tema circense, que incluye muestras de cierto interés como *A espaldas de la pista* (*Manege*, 1937), dirigida por el *gastarbeiter* Carmine Gallone, o la más atípica *Akrobat Schö-ö-ö-n* (1943, dir. Wolfgang Staudte), con el payaso español Charlie Rivel de protagonista.

¡Naufragio! (Titanic — 1943)

Producción Tobis. *Dirección* Herbert Selpin, Werner Klinger. *Guión* Walter Zerlett-Offenius, según un argumento de Harald Bratt. *Fotografía* Friedl Behn-Grund. *Música* Werner Eisbrenner. *Decorados* Fritz Maurischat, R. A. Dietrich, Fritz Lück. *Longitud* 2.467 m. *Estreno* 10 de noviembre (París). *Intérpretes* Sybille Schmitz, Hans Nielsen, Ernst F. Fürbringer, Kirsten Heiberg, Karl Schönböck, Charlotte Thiele, Fritz Böttger, Otto Wernicke, Theodor Loos, Monika Burg, Sepp Rist, Franz Schafheitlin, Liselotte Klinger, Karl Meixner, Theo Schall, Hermann Brix, Peter Elsholtz, Walter

Steinbeck, G. H. Schnell, Werner Scharf, Heinz Welzel, Karl Dannemann, Toni von Bukovics, Erich Stelmecke, Aruth Wartan, Hans Schwarz jr, Herbert Gernot, Jolly Marée, Fritz Genschow, Walter Steinweg, Just Scheu, Hans Leibelt, W. P. Krüger, Karl Fochler, Charlotte Tiedemann, Jolly Bohnert.

El apoteósico éxito del *Titanic* de James Cameron en 1998 no sirvió para recordar que el espectacular naufragio había servido ya como argumento de tres películas sonoras, de las cuales la que nos ocupa ahora es la menos conocida. Teniendo en cuenta el año en que fue producida, ya nos podemos imaginar que los hechos históricos han sido sujetos a una interpretación sesgada para agraviar a los ingleses; en realidad, los malvados de la trama no son tanto los ingleses como los representantes de ese liberalismo/capitalismo que los nazis —que no en vano se decían también *socialistas*— despreciaban como invento típicamente judío. Según los autores de la trama, ambos nazis hasta el tuétano, la tragedia del Titanic se debe a la sed de riquezas de dos plutócratas, Bruce Ismay (Fürbringer) y John Jacob Astor (Schönböck). El primero, presidente de la compañía White Star, se ha endeudado comprando acciones y para ello necesita que el barco llegue a América en un tiempo récord: soborna al capitán (Wernicke) para que acelere las máquinas por encima de lo que la seguridad permite, maniobra que sólo el segundo oficial Petersen (Nielsen) se atreve a denunciar. El oficial justiciero, casualmente, es alemán, igual que la mayoría de los sufridos pasajeros de tercera, todos honrados trabajadores ajenos a las trapacerías de las clases altas. Desgraciadamente para Ismay, las acciones de la White Star están bajando vertiginosamente por culpa de los turbios manejos de Astor; desesperado, Ismay intenta seducir a una millonaria sueca, Sigrid (Schmitz), pero también ella está arruinada. En medio de estas intrigas llega la terrible noche del 14 de abril, que se saldó con la pérdida de 1500 vidas. Entre los supervivientes están Sigrid, Ismay y Petersen: en el juicio, el alemán intenta que el británico pague sus culpas, pero el Tribunal no le hace el menor caso (¡es extranjero!) y decide que toda la responsabilidad es del capitán, que naturalmente ha quedado sepultado en el océano con su barco.

La interpretación de los hechos que se hace en *¡Naufragio!* es, en realidad, tan válida como la de Cameron, pero es innegable que las circunstancias de producción del film alemán le quitan cualquier pretensión de imparcialidad, empezando por el detalle tan burdo de que los únicos personajes totalmente positivos sean alemanes. También está claro que esa obsesión proselitista del guión, con abundancia de diálogos espesos y sentenciosos, trabaja en contra de la amenidad de la película, que sólo se anima en las escenas del naufragio, bastante conseguidas a pesar de que los trucajes no resisten la comparación con los de las versiones posteriores.[49]

Cualquier comentario sobre *¡Naufragio!* debe incluir forzosamente dos circunstancias realmente especiales. Una es la muerte del director Herbert Selpin en pleno rodaje y en circunstancias que nunca han quedado aclaradas del todo: el tal Selpin, que al parecer no era un entusiasta del nazismo, hizo en público unas desafortunadas alusiones a los marinos del Reich, y Zerlett-Offenius, que además de guionista hacía también de ayudante de dirección, fue a chivarse inmediatamente a las autoridades. Selpin fue arrestado y a los pocos días se le encontró ahorcado en su celda, presuntamente suicida; por supuesto, pronto surgieron las dudas sobre la veracidad de esa teoría, por lo que Goebbels impuso silencio absoluto sobre el «caso Selpin» y se encargó a Werner Klinger que acabara el film. La segunda peculiaridad de este film es que, cuando Goebbels lo vio, le pareció que el realismo de la escena del naufragio podía tener efectos contraproducentes en la moral de la población civil, que ya empezaba a sufrir en sus carnes situaciones catastróficas similares a la del Titanic; en consecuencia, prohibió la cinta en territorio nacional, autorizando, sin embargo, la exportación a países ocupados y neutrales (en Madrid se estrenó el 23 de diciembre, muy poco después que en París). A partir de 1950 la película fue explotada con cierto éxito en la RDA, donde su sermón antibritánico y anticapitalista encajaba bien en las necesidades de la Guerra Fría.

El lago de mis ensueños (Immensee — 1943)

Producción UFA. *Dirección* Veit Harlan. *Guión* Veit Harlan y Alfred Braun, según la novela de Theodor Storm. *Fotografía* Bruno Mondi (color). *Música* Wolfgang Zeller. *Decorados* Erich Zander, Karl Machus. *Longitud* 2.592 m. *Estreno* 17 de diciembre.

Intérpretes Kristina Söderbaum, Carl Raddatz, Paul Klinger, Carola Toelle, Max Gülstorff, Otto Gebühr, Germana Paolieri, Malte Jaeger, Lina Lossen, Käthe Dyckhoff, Wilfried Syferth, Albert Florath, Clemens Hasse, Ernst Legal, Jack Trevor.

En la región del lago de Immen, Elizabeth (Söderbaum) y Reinhardt (Raddatz) se quieren, pero él es un músico con ambiciones que no quiere

49. La mayoría de autores que hablan de esta película repiten machaconamente que planos de las escenas del naufragio fueron reutilizados en *La última noche del Titanic* (*A Night to Remember*, 1958, dir. Roy Ward Baker), pero una visión comparada de ambos films demuestra que esto es totalmente falso.

consumirse en el apoltronado ambiente rural mientras que ella ya tiene bastante con su pequeño mundo. Las continuas separaciones no rompen su amor (Reinhardt le dedica toda una serie de *lieder*), pero cuando ella lo visita por sorpresa descubre que le ha sido infiel (con el cuerpo, nunca con el espíritu) y decide casarse con Erich (Klinger), un rico terrateniente, bondadoso pero aburrido, que la pretendía sin éxito desde hacía tiempo. Pasan los años y Reinhardt vuelve a Immen. Erich se da cuenta de que es al compositor a quien su mujer realmente quiere, y le da libertad para irse con él, pero Elizabeth decide serle fiel para siempre. La historia se cuenta en flashback en una conversación entre Elizabeth y Reinhardt después de que la primera, ya viuda, haya asistido al estreno de una sinfonía del segundo: al final se vuelven a despedir sin que se concrete la posibilidad de vivir juntos algún día.

Apoteosis del cine romántico alemán con todo lo que ello significa: amores contrariados por el espíritu de sacrificio, extraña combinación de arrebatos sensuales y represión, todo bañado por una especie de panteísmo fatalista en el que ni los más bellos paisajes pueden ocultarnos que nuestro destino más seguro no es la felicidad sino la muerte (la del padre de Erich, la del pajarito que simbolizaba el amor de Elizabeth y Reinhardt, la del mismo Erich...) y que sólo el amor dignifica la vida, pero mientras sea un amor no consumado: nótese que los dos protagonistas tienen experiencias sexuales, pero con terceros. Aunque ideológicamente puede alinearse con la estética *Blut und Boden*, lo cierto es que *El lago de mis ensueños* (por una vez el título español mejora el original) es un producto absoluta y deliberadamente escapista, cuya intención primordial es hacer olvidar al público la dura realidad de 1943. Aunque su sensibilidad es innegablemente germánica —empezando por el físico tan *völkisch* de la sueca Söderbaum, algo así como el ideal nacional de belleza femenina—, es difícil no apreciar el expresivo uso del color, el ritmo pausado, el cálido fondo musical y la acertada caracterización de todos los actores.

Puestos a buscar resonancias políticas, puede ser curioso destacar que en las escenas ambientadas en Roma surge un cierto, no diremos desprecio, pero sí desconfianza hacia los aliados del Reich: el protagonista se enamora de una cantante italiana (Paolieri) pero no puede por menos que indignarse cuando ella deforma una de sus canciones con una interpretación demasiado «meridional»; no sé si vale la pena recordar que la espectacular escena del recital en el Foro —contrapunto multitudinario a la placidez paisajística que domina el film— fue rodada muy poco antes de la defenestración de Mussolini.

Nora (1944)

Producción UFA. *Dirección* Harald Braun. *Guión* Jacob Geis y Harald Braun, según la obra teatral *Et dukkehjem* de Henrik Ibsen. *Fotografía* Franz Weihmayr. *Música* Mark Lothar. *Decorados* Emil Hasler, Walter Kurz. *Longitud* 2794 m. *Estreno* 14 de febrero (Salzburgo).
Intérpretes Luise Ullrich, Viktor Staal, Gustav Diessl, Carl Kuhlmann, Franziska Kinz, Ursula Herking, Ernst Waldow, Albert Florath, Karl Hellmer, Eberhard Leithoff, Carl Günther, Sonja Kuska, Erwin Biegel, Bruno Hübner, Maria Litto, Clemens Hasse, Georg H. Schnell, Fanny Cotta, Irene Fischer, Walter Pentzlin, Harald Sawade, Georg Thomalla.

El dramaturgo noruego Henrik Ibsen fue visitado con relativa asiduidad por los cineastas del Reich. Supongo que esta afición se englobaba en esa imprecisa exaltación de los valores nórdicos que ya hemos visto en el film sobre Jenny Lind y Andersen (recordemos además que Zarah Leander y Kristina Söderbaum, dos estrellas del cine nazi, eran suecas), porque desde el punto de vista ideológico los puntos de vista de Ibsen no eran exactamente los mismos de Goebbels... o al menos, es lo que nosotros nos creemos, pues tres obras suyas fueron asimiladas al ideario del momento sin grandes reparos. Desprovista de sus implicaciones metafísicas, *Peer Gynt* (1934, dir. Fritz Weindhausen) se convirtió en una mezcla de *heimatfilm* y película de aventuras para lucimiento de Hans Albers como el arquetípico héroe ario. Por lo que respecta a *Stützen der Geselschaft* (1935, dir. Detlef Sierck), es una adaptación bastante fiel —e ideológicamente neutra— de *Los puntales de la sociedad* (*Samfundets Støtter*). Con *Ein Volksfeind* (1937, dir. Hans Steinhoff), las mixtificaciones subieron de intensidad: si *Un enemigo del pueblo*, obra teatral (*Ein folkefiende*), era la denuncia abstracta de la mezquindad de una determinada clase social y la plasmación gráfica de aquel refrán sobre «el que se mete a redentor», la película se agarra a algunos elementos ambiguos del original —por ejemplo, la célebre frase del protagonista «la mayoría no siempre tiene la razón»—, ambienta la acción en la Alemania weimariana, convierte al rebelde protagonista (interpretado por el inefable Heinrich George) en un simpatizante nazi, a sus enemigos en judíos e izquierdistas y el final se resuelve con la llegada al poder de Hitler, que pone a aquellos *untermenschen* en su sitio y rehabilita al sufrido héroe que, contra lo que la inútil «mayoría» pensaba, es un auténtico «amigo del pueblo».

Nora es la cuarta adaptación de Ibsen, pero como su título ya indica no sigue fielmente la estructura de *Casa de muñecas* sino que reelabora los hechos básicos de la trama para conseguir un melodrama doméstico con resabios de novela rosa, dirigido básicamente al público femenino. Recordemos la trama original, aunque sea muy conocida. Nora Helmer es una abnegada esposa que por ayudar a su marido llega a falsificar en un cheque la firma de su padre. Unos años más tarde, cuando el señor Helmer es el respetado director de un gran banco, uno de los empleados recuerda a Nora su antiguo delito —del que tiene pruebas—, amenazándola con desprestigiar a su marido si no consigue que éste le ascienda (¡en realidad, tiene previsto despedirlo!); Nora se lo explica todo a su marido pensando que la comprenderá: ella lo hizo para pagarle un viaje de convalecencia que el médico consideraba necesario para recuperarse de una pulmonía. Pero el marido reacciona con un egoísmo brutal, echándole en cara que va a hacerle perder lo que más quiere en esta vida, que es su carrera profesional. Entonces la mujer se da cuenta de que ha perdido sus mejores años encerrada en una casita de muñecas al lado de un miserable incapaz de comprender todo su amor, y se marcha dando un sonoro portazo.

En la película —que a diferencia de *Ein Volksfeind* conserva la ambientación ochocentista—, Nora (Ullrich) es una niña malcriada e inconsciente que falsifica firmas sin pensárselo dos veces y apenas se nota que sea el personaje positivo, pues al marido (Staal) lo han dignificado bastante: se ha conservado —menguada— su rabieta sobre el deshonor y algo de la reacción de Nora, pero ésta no manifiesta en ningún momento su decisión de abandonarlo, sino que se marcha a la antigua casa en el campo «a esperarlo», cosa que sucede en el almibarado *happy ending* en el cual la pareja se reconcilia. Por otra parte, el chantajista se convierte en un poderoso usurero que quiere formar parte del consejo de administración del banco, lo que unido a la siniestra composición del actor Carl Kühlmann, su desabrido rictus siempre iluminado con fuertes contrastes, le confiere dimensiones de «gran villano». El historiador Erwin Leiser[50] y algunos de sus epígonos que no han visto el film atribuyen al personaje rasgos judíos, pero esto no tiene más fundamento que el de tratarse del mismo actor que hacía de Nathan Rothschild en la antisemita *Die Rothschilds* (1940): en realidad, este malvado Brack también tiene su corazoncito, y al final desiste espontáneamente de sus planes al enterarse que la madre de Helmer es... un amor frustrado de su juventud.

Como puede verse, la lectura avanzada y feminista que Ibsen hacía del matrimonio desaparece completamente en beneficio de una ramplona exaltación de la fidelidad de la esposa —a pesar de su despecho, Nora no sólo espera que el marido la perdone sino que rechaza las proposiciones de su amigo más fiel (Diessl)— y todas las mezquindades de los personajes «negativos» han sido limadas para hacer más inocua la

50. *Deutschland, erwache!*, *cit.*, p. 20.

tesis original. Lo que queda es un melodrama de correcta factura formal (fotografía, ambientación, música) no exento de algunos lapsus como la exagerada suntuosidad de la casa de los protagonistas o la absurda escena en que Nora baila ante un grupo de engolados burgueses con una despreocupación más propia de Marika Rökk que de la señora de todo un conspicuo banquero, ¡incluso enseñando las piernas y la ropa interior!

Ensueño (Träumerei — 1944)

Producción UFA. *Dirección* Harald Braun. *Guión* Harald Braun, Herbert Witt. *Fotografía* Robert Baberske. *Música* Werner Eisbrenner, sobre temas de Schumann, Liszt y Brahms. *Decorados* Emil Hasler, Walter Kutz. *Longitud* 3.030 m. *Estreno* 3 de mayo (Zwickau).
Intérpretes Hilde Krahl, Mathias Wieman, Friedrich Kayssler, Ulrich Haupt, Emil Lohkamp, Elly Burgmer, Ernst Karchow, Paul Henckels, Leopold von Ledebur, Erika Helmke, Rudolf Drexler, Emil Hess, Karl Napp, Karl Hellmer, Clemens Hasse, Walter Tarrach, Knut Hartwig, Toni Tetzlaff, Hella Tornegg, Friedrich Petermann, Helmuth Schneider, Leni Sponholtz, Eduard Bornträger, Waldo Favre, Isot Kilian, Rudolf Klicks, Astrid Seiderer, Lisa Wunderlich.

Leipzig, 1830. Friedrich Wieck (Kayssler), profesor de música y vendedor de instrumentos, tiene todas sus esperanzas puestas en su hija Clara (Krahl), que es una brillante pianista reclamada por las principales salas de conciertos de Europa. Clara está enamorada de Robert Schumann (Wieman), uno de los discípulos de su padre, pero éste se opone terminantemente a la boda. Tras dura batalla la pareja podrá unirse en matrimonio, pero la naturaleza inestable del marido acabará pronto con la felicidad conyugal. Schumann es sin duda un genio que se avanza a su tiempo, pero su desequilibrio mental y la incomprensión de los organismos oficiales lo llevarán al fracaso profesional y al intento de suicidio. Clara se ve obligada a internarlo en un manicomio, y después de su muerte decide volver a los conciertos con la exclusiva finalidad de reivindicar la música de su marido.

A pesar de no librarse de los tópicos inherentes a las biografías de «genios locos», *Ensueño* es una de las mejores películas en su género, con un aspecto visual muy elaborado que no llega a hacerse cursi o retórico en ningún momento. Gracias a una excelente interpretación todos los personajes resultan creíbles, desde el iracundo padre hasta el ardiente pero inmaduro Brahms (Haupt), y la intriga se desarrolla con fluidez y buen ritmo. Evidentemente, hay incidentes que se han tergiversado o esquematizado —no se mencionan los antecedentes familiares de locura del protagonista y sus ocho hijos se han quedado en dos, por ejemplo—, pero el planteamiento de los hechos es globalmente armónico con la historiografía tradicional.

La trágica vida de Robert Schumann ha inspirado dos films más. En 1947 la MGM produjo *Pasión inmortal* (*Song of Love*, dir. Clarence Brown), que es prácticamente un *remake* del film alemán aunque no conste en los créditos, y en 1983 Peter Schamoni realizó *Sinfonía de primavera* (*Frühlingssinfonie*), una revisión crítica de la historia de los Schumann limitada a los años de noviazgo y enfrentamiento con el padre de ella, al que se le señalan inclinaciones vagamente incestuosas.

La mujer de mis sueños (Frau meiner Träume — 1944)

Producción UFA. *Dirección* Georg Jacoby. *Guión* Johann Vaszary, Georg Jacoby, Herbert Witt. *Fotografía* Konstantin Irmen-Tschet (color). *Música* Franz Grothe. *Decorados* Erich Kettelhut. *Longitud* 2.721 m. *Estreno* 25 de agosto.

Intérpretes Marika Rökk, Wolfgang Lukschy, Walter Müller, Georg Alexander, Grethe Weiser, Inge Drexel, Karl Hannemann, Valentin Froman, Jakob Tiedtke, Viktor Janson, Gustav Püttjer, Wilhelm Schültz-Vogelheim, Herbert Weissbach, Ewald Wenck, Johannes Ewald, Erna Krüger, Lotte Spira.

Tras los aplausos de su actuación en la revista *Die Frau ohne Herz*, «la mujer sin corazón», la vedette Julia Köster (Rökk) se ha propuesto abandonar la escena, pero como su empresario (Alexander) no se lo permite, decide darse a la fuga. Vestida sólo con una combinación y un abrigo de zorro plateado se encuentra en plena montaña, donde pide asilo en la cabaña de unos ingenieros que trabajan en la vía férrea. Uno de ellos (Lukschy) se enamora de Julia pensando que, a pesar de su fachada algo descocada, puede ser «la mujer de sus sueños»: fiel, hacendosa, buena cocinera; al enterarse de quién es se siente engañado y la rechaza, por lo que Julia vuelve al teatro. Tras asistir a la revista que interpreta Julia, titulada precisamente «La mujer de mis sueños», el ingeniero comprende su error y se declara.

La anécdota es insignificante, una cansina sucesión de quiproquos entre la pareja protagonista que parece una burda caricatura de situaciones similares del cine de Hollywood (no hay más que pensar en Katharine Hepburn y Cary Grant en *La fiera de mi niña* para echar por tierra las ambiciones del matrimonio Jacoby), pero si la tomamos como lo que es, un intermedio hablado entre dos actos de una revista, puede verse con mayor tolerancia. *La mujer de mis sueños* es el último gran esfuerzo de Goebbels en el campo del *Revuefilm*, destinado ciertamente a hacer soñar a una retaguardia que veía cómo sus casas caían bajo las bombas enemigas y a unos soldados que no hacían más que retroceder en todos los frentes. Los números musicales tienen una opulencia que ya no se verá más, con un auténtico derroche de decorados, efectos fotográficos e incluso pinceladas de ingenuo erotismo: a Goebbels le pareció que la Rökk salía demasiado escotada, que «una mujer alemana no bailaba así», pero en tiempos tan duros había que olvidar algunos puritanismos.[51] Si la intención era batir el cine americano con sus propias armas, esto no se acabó de conseguir, pues a pesar de la amplitud de medios no había ningún Busby Berkeley o Fred Astaire que diera consistencia a la estereotipada coreografía; a cambio, la primera aparición de la heroína, con un vestido que la identifica como una prostituta y cantando unos versos equívocos en un ambiente portuario, nos retrotrae a los tiempos de *El ángel azul*...

Sublime sacrificio (Opfergang — 1944)

Producción UFA. *Dirección* Veit Harlan. *Guión* Veit Harlan y Alfred Braun, según la novela de Rudolf G. Binding. *Fotografía* Bruno Mondi (color). *Música* Hans-Otto Borgmann. *Decorados* Erich Zander, Karl Machus. *Longitud* 2.682 m. *Estreno* 8 de diciembre (Hamburgo).
Intérpretes Kristina Söderbaum, Irene von Meyendorff, Carl Raddatz, Franz Schafheitlin, Otto Tressler, Annemarie Steinsieck, Ernst Stahl-Nachbaur, Edgar Pauly, Charlotte Schultz, Ludwig Schmitz.

Aunque estrenada un año después, *Sublime sacrificio* fue rodada al mismo tiempo que *El lago de mis ensueños* (al parecer, en días alternativos), en los mismos escenarios campestres y con la misma pareja protagonista. Al igual que su *pendant*, *Sublime sacrificio* es un melodrama para público mayoritariamente femenino con una clara finalidad propagandística: la exaltación del matrimonio como pilar de la sociedad.

51. No obstante, esa ostentación de los números musicales está sutilmente contrastada con varias escenas en las que los personajes quieren comer y se encuentran con que las viandas se han acabado, pero sin que esa circunstancia vaya explícitamente referida a las restricciones producidas por la guerra (el ambiente que muestra la película es totalmente pacífico y atemporal). Para un estudio en profundidad de esta olvidada película, cf. Eva-Maria Warth, «The reconceptualisation of women's roles in wartime nationalsocialism. An analysis of *Die Frau meiner Träume*», en Brandon Taylor, Wilfried van der Will (eds.), *The Nazification of Art. Art, Design, Music, Architecture and Film in the Third Reich* (Winchester, Hampshire, The Winchester Press, 1990), pp. 219-230.

Matrimonio que, por supuesto, no está visto desde la convencional perspectiva cristiana (o «nacional-católica», por utilizar un término más cercano) sino de la de los intereses del Estado, y para que estos queden bien servidos el guión modifica el final de la novela en que se inspira.

El triángulo amoroso lo forman el matrimonio Octavia (Meyerdorff) y Albrecht (Raddatz) y la tercera en discordia, Aels (Söderbaum). Albrecht las quiere a las dos, pero por mucho amor que Aels le demuestre, él renuncia a la relación por respeto a su esposa; esto no impide, sin embargo, que cada día hagan un paseo a caballo que Octavia comprende y tolera. En el curso de una epidemia de tifus, Aels enferma y Albrecht se acerca todos los días a su casa para que pueda verlo desde la ventana, pero llega un día en que también él cae enfermo y entonces Octavia, vestida con la ropa de su marido y montando el mismo caballo, mantiene la tradición de la visita diaria de modo que la imagen de Albrecht sea lo último que la sufrida Aels vea antes de morir (en el delirio final revive los paseos junto al mar con su amado). En un epílogo vemos pasear a caballo von Albrecht y Octavia, cuya relación se ha estabilizado plenamente: ella arroja una flor al mar, y las olas se la llevan como símbolo de un pasado que no volverá.

En la novela el que moría era el marido, y el sacrificio de verdad era el de la mujer que se dejaba ver ante la ventana de la amante enferma para confortarla en su dolor, pero a Goebbels este final le pareció del todo improcedente, pues no sólo deshacía el matrimonio sino que además la culpa de la adúltera quedaba impune. Tenemos que pensar que en la postura del ministro influían factores más allá del simple puritanismo (él era el primero en darle el salto a su esposa con la primera *starlet* que se le ponía a tiro), y hay que buscarlos en el año de producción de *Sublime sacrificio*: al principio de la guerra, un informe confidencial del SD (*Sicherheitsdienst*, Servicio de Inteligencia de las SS) había puesto en guardia a Goebbels sobre la necesidad de no mostrar adulterios en la pantalla en un momento en que las parejas debían separarse por la movilización del marido;[52] es por esto que el matrimonio tenía que ser intocable y cualquiera que intentara destruirlo debía morir... especialmente si era una mujer, claro.

Große Freiheit Nr 7 (1944)

Producción Terra. *Dirección* Helmut Käutner. *Guión* Helmut Käutner, Richard Nicolas. *Fotografía* Werner Krien (color). *Música* Werner Eisbrenner; canción *La paloma* de Sebastián Yradier con letra en alemán

52. Richard Grunberger, *Historia social del Tercer Reich* , *cit*., p. 404.

de Helmut Käutner. *Decorados* Max Mellin. *Longitud* 3.066 m. *Estreno* 15 de diciembre (Praga).
Intérpretes Hans Albers, Ilse Werner, Hans Söhnker, Hilde Hildebrand, Ethel Reschke, Helmut Käutner, Kurt Wieschalla, Gustav Knuth, Ilse Fürstenberg, Richard Nicolas, Anna Maria Besendahl, Justus Ott, Alfred Maack, Thea Thiele-Renner, Carl Heinz Peters, Kurt Felden, Aruth Wartan, Gottlieb Reek, Alfred Braun, Evi Gothardt, Hans Klornowicz, Rudolf Koch-Riehl, Friedrich Petermann.

Manifiestamente contrariado con el resultado de *Romanza en tono menor*, Goebbels exigió a Helmut Käutner que su siguiente película tenía que ser un homenaje a los marinos alemanes. No los de la *Kriegsmarine*, por supuesto, pues tal como iba la guerra era mejor «no tocar el tema», pero sí podía ser útil una comedia musical en color sobre los marinos mercantes, sus penas y alegrías, sus «amores en cada puerto», la nostalgia de la mar, etc.; y si el protagonista era Hans Albers, *der blonde Hans*, todavía mejor. El resultado fue un atmosférico drama portuario que parecía remitirse al realismo poético del cine francés de anteguerra. Hannes Kroeger (Albers) es un marino temporalmente retirado que triunfa como cantante en un cabaret de la calle Grosse Freiheit, en el «barrio chino» de Hamburgo. Una noche le vienen a avisar de que su hermano Jan agoniza en un hospital; va a regañadientes, pues no tenían muy buenas relaciones: Hannes se había sacrificado siempre por Jan sin ser correspondido, ya que despilfarró el dinero que había ahorrado para pagarle los estudios y ni siquiera se preocupó de hacer un entierro digno a la madre cuando ésta murió estando Hannes en la mar. No obstante, acepta hacerse cargo de Gisa, la novia de su hermano (Werner), que vive en el campo con una madre que le recrimina continuamente sus relaciones con Jan, al que considera un indeseable. Aunque sólo sea por la reputación de la familia, Hannes se lleva a su casa a Gisa y le consigue un trabajo de dependienta. La fresca belleza de la muchacha ablanda al rudo marino, que llega incluso a pensar en casarse con ella y vivir de una forma más tradicional, pero Gisa se enamora de otro (Söhnker) y Hannes, rindiéndose a la evidencia, se embarca de nuevo, esta vez para siempre.

Las circunstancias bélicas dificultaron considerablemente el rodaje, ya que Hamburgo estaba en ruinas a causa de los bombardeos y se hacía difícil encontrar escenarios naturales. Así y todo se consiguieron unos planos del puerto que dieran la sensación de que todo estaba en su sitio y lo demás se reconstruyó en los estudios Barrandow de Praga. Pero lo peor vino cuando Goebbels vio el film acabado. Un primer problema fue el título de *Große Freiheit*, que le pareció equívoco y obligó a añadir lo del «número 7» para que nadie se pensara que esa «Gran

Libertad» era algo más que una calle, pero en realidad esto era lo de menos. Lo que realmente le molestó fue la recreación del ambiente portuario, con sus marinos en permanente estado de ebriedad (empezando por el protagonista) y en el que las mujeres son prostitutas o, en el mejor de los casos, chicas algo ligeras de cascos como esa Gisa que no duda en irse a la cama con el primer galán que le tira los tejos, despreciando al héroe nominal de la historia. Varias personalidades del régimen se le quejaron, empezando por el almirante Doenitz: los marinos alemanes tenían que ser dignos y heroicos, y las mujeres alemanas unas irreprochables amas de casa. Goebbels consideró que, en las especiales circunstancias que atravesaba el país, el film era derrotista e inmoral y no podía exhibirse ante un público alemán. Sin embargo autorizó la exportación, suponemos que para intentar amortizar el desembolso económico (el estreno oficial en Alemania fue el 6 de setiembre de 1945).

Sin alcanzar el alto nivel de *Romanza en tono menor*, *Große Freiheit Nr. 7* es un film muy estimable en la línea de lo que hemos calificado de «resistencia pasiva»: los personajes no son unidimensionales y reaccionan de una forma bastante libre y poco estereotipada; no hay la menor concesión sensiblera —el amor es sexo sin ningún eufemismo y al final se nos ahorran unas eventuales escenas de reconciliación o simpatía entre el trío protagonista— ni se deja ningún resquicio para un mensaje supuestamente «positivo». Desde una óptica más específicamente cinematográfica debemos destacar la dirección de actores —Albers y la Werner están magníficos (el primero nos deleita con una personal versión de *La paloma*), pero muchas escenas se las roba Hilde Hildebrand como la madura dueña del cabaret enamorada del héroe, que nos canta una canción en el más puro estilo *Systemzeit*— y un imaginativo uso del color, con unos efectos seudoexpresionistas que parecían exclusivos del blanco y negro.

Kolberg (1945)

Producción UFA. *Dirección* Veit Harlan. *Guión* Veit Harlan, Alfred Braun. *Fotografía* Bruno Mondi (color). *Música* Norbert Schultze. *Decorados* Erich Zander, Karl Machus. *Longitud* 3.026 m. *Estreno* 30 de enero.

Intérpretes Heinrich George, Kristina Söderbaum, Horst Caspar, Gustav Diessl, Paul Wegener, Irene von Meyendorff, Kurt Meisel, Otto Wernicke, Jakob Tiedtke, Jaspar van Oertzen, Hans Hermann Schaufuss, Paul Bildt, Franz Schafheitlin, Charles Schauten, Heinz Kusch, Josef Dahmen, Franz Herterich, André Saint-Germain, Frau Schröder-Wegener, Fritz Hoopts, Werner Scharf, Theo Shall, Herbert A. E. Böhne, Herbert Klatt.

Justo después de los títulos de crédito, un rótulo nos informa de que el film que vamos a ver fue rodado en 1942 y está rigurosamente basado en hechos reales, pero ninguna de las dos afirmaciones es completamente cierta. La intriga se inspira en un incidente de las guerras napoleónicas, la resistencia heroica de la ciudad de Kolberg en 1806 al asedio de las tropas francesas, pero con algunas situaciones ligeramente maquilladas: no se menciona que había soldados ingleses luchando al lado de los prusianos y al final se hace que el enemigo levante el asedio por tensiones internas entre los mandos, cuando en realidad los franceses llegaron a entrar en Kolberg y si se retiraron fue porque el rey había firmado, tras algunas dudas, el armisticio con Napoleón. Por otra parte, Goebbels no tuvo la idea del film hasta junio de 1943, cuando la guerra había dejado de ir bien para el Reich y los bombardeos aliados empezaban a sembrar la desmoralización entre la población civil. Goebbels encargó al *semper fidelis* Veit Harlan un film sobre un hecho histórico que, a diferencia de films anteriores sobre las guerras contra el francés, no estaría centrado en personajes del ejército sino en civiles: de lo que se trataba esta vez era de mostrar cómo toda la población de Kolberg, al mando de su enérgico alcalde (George), se sublevaba contra el ordenancista comandante de la plaza, Loucadou (Wegener), soldadote de la vieja escuela dispuesto a rendirse ante la manifiesta inferioridad de condiciones. Naturalmente, esto no quiere decir que el pueblo actúe sin un jefe militar, que en este caso es una especie de jefe de las SS vestido con uniforme de la antigua Prusia (el actor que interpreta al mayor Gneisenau es Horst [«Schiller»] Caspar, típico ejemplo de la apostura aria).

La estructura narrativa del film es una apelmazada sucesión de manifestaciones populares, batallas colosales, inundaciones, incendios, edificios en ruinas y, sobre todo, la exaltación de la estoica conducta de la población civil, aplastada bajo sus casas, machacada por los cañonazos enemigos, pero siempre dispuesta a dar el último aliento por Alemania; hay una tenue intriga amorosa entre una joven patriota (Söderbaum) y un oficial (Diessl), pero es un pegote resuelto sin el menor interés: hay un momento en que el militar marcha para una misión y ya no lo volvemos a ver. En realidad, queda bastante claro que no hay intención de confeccionar un auéntico guión, sino transmitir al público un mensaje directamente relacionado con la situación actual del país. La película tuvo un rodaje muy laborioso y las peripecias se iban reestructurando sobre la marcha, pues Goebbels, en un alarde de ingenuidad que en otra persona sería casi conmovedor, estaba convencido de que aquella película podía hacer más por el desarrollo de la guerra que cualquier arma secreta. Tras muchos retoques y *retakes*, la película recibió el visto bueno en enero de 1945, cuando la suerte del Reich estaba ya decidida, y lo primero que hizo Goebbels fue organizar el estreno mundial en la fortaleza de La Rochela, donde un destacamento alemán estaba asediado con las mismas esperanzas de éxito que los habitantes de Kolberg: una copia fue lanzada en paracaídas y proyectada ante las tropas, consiguiendo, a juzgar por un mensaje que el jefe de la plaza envió al ministro, un notable aumento de la moral de los soldados.

Como es lógico, la carrera comercial de *Kolberg* no fue muy fructífera: los ocho milones y medio que costó no fueron amortizados y los cientos de soldados y kilos de pólvora que se utilizaron en las escenas de batallas hubieran hecho más servicio a la patria en el frente, pero Goebbels era un cinéfilo contumaz que veía el mundo como una película. El 17 de abril de 1945, con los rusos a las puertas de Berlín, tuvo la humorada de invitar a los pocos fieles que le quedaban a una proyección de *Kolberg*, y les soltó el siguiente discurso: «Dentro de cien años, cuando se proyecte en los cines una gran película en color sobre los hechos que estamos viviendo actualmente, ¿qué papel interpretaréis, el de héroes o el de cobardes? Seguro que no tenéis ninguna duda y no querréis que el público os silbe cuando aparezcáis en la pantalla...» El primero de mayo, el día después de la muerte de su Führer, el que fuera todopoderoso Ministro de Propaganda interpreta la última escena de su película particular: envenena a sus seis hijos y se suicida con su mujer. Realmente, ningún productor de Hollywood hubiera aceptado este final.

ORIENTACIÓN BIBLIOGRÁFICA

No podemos acabar este volumen sin dar unas referencias bibliográficas que permitan al lector profundizar en aspectos que aquí sólo hemos podido esbozar. Advierto que no es una lista exhaustiva ni mucho menos, y se centra en aquellos títulos que según mi opinión han hecho las aportaciones más útiles al tema que nos ocupa.

El primer libro importante es *Deutschland, erwache!*, de Erwin Leiser (Reinbeck, Hamburgo, Rowohlt, 1968). Se trata de un agudo análisis ideológico de los films más comprometidos del periodo, centrado básicamente en el contenido y sin prestar especial atención a los aspectos formales (en 1974 se publicó la traducción inglesa con el título *Nazi Cinema*, Londres, Secker & Warburg). Un detalle curioso de esta obra es que era una especie de apéndice a un telefilm de montaje que Leiser había realizado para la Nordeutscher Rundfunk, con la peculiaridad de que el libro es muy superior al film, que visto hoy en día resulta bastante tosco de concepción y realización, aunque en su momento tenía el aliciente de mostrar por primera vez extractos de películas que llevaban más de veinte años proscritas de las pantallas.

Film in the Third Reich, de David Stewart Hull (Berkeley, University of California Press, 1969; reed. 1973), tenía una orientación más divulgativa: aunque el autor aportaba una considerable documentación de primera mano, fue severamente criticado por cierto énfasis en «despolitizar» el cine nazi y admirarse con cierta ingenuidad ante los productos más comerciales de la época. Estas limitaciones no han impedido que muchas de sus descripciones hayan sido repetidas sin el menor raciocinio en textos posteriores de menor ambición.

El tercer libro básico, el de Francis Courtade y Pierre Cadars (París, Eric Losfeld, 1972), que por alguna causa que no he podido descifrar, luce dos títulos distintos: en la tapa pone *Histoire du cinéma nazi* y en la primera página se lee *Le Cinéma nazi* a secas, con el orden de los autores invertido (Cadars-Courtade). Independientemente de estos detalles anecdóticos, es una obra muy completa que aporta una gran cantidad de datos y contempla los films tanto desde su vertiente ideológica como artística. Sus únicos baches surgen cuando los autores comentan algunos títulos (pocos, todo hay que decirlo) intentando disimular que no los han visto y fiándose en exceso de Hull.

Después de estos libros, que sentaron las bases de investigación sobre el cine nazi, podemos destacar *Capital and Culture: German Cinema 1933-45* de Julian Petley (Londres, British Film Institute, 1979), de enfoque ideológico mucho más crítico que los de Hull o Courtade & Cadars y muy centrado en factores económicos; sus méritos, no obstante, quedan algo disminuidos cuando comprobamos que el grueso de su información está tomado de dos obras anteriores en alemán de menor difusión: *Film und Herrschaft. Organisationsprinzipien und Organisationsstrukturen der nationalsozialistischen Filmpropaganda* de Wolfgang Becker (Berlín, Spiess, 1973) y *Film und Kapital. Der Weg der deutschen Filmwirtschaft zum nationalsozialistischen Einheitskonzern* de Jürgen Spiker (Berlín, Spiess, 1975).

Entre las investigaciones más selectivas destaca la de Régine Mihal Friedman sobre los films antisemitas, *L'Image et son juif. Le juif dans le cinéma nazi* (París, Payot, 1983), que constituye una de las mejores aproximaciones a tan controvertido tema. A un nivel aparentemente más frívolo, pero también interesante por sus referencias al cine de entretenimiento y al *star system* germánico, es *Le dive del Terzo Reich* de Cinzia Romani (Roma, Gremese, 1981). Este mismo año ha aparecido un interesantísimo ensayo sobre la imagen de la mujer en el cine nazi: *Filming Women in the Third Reich* de Jo Fox (Oxford, Berg, 2000).

Un estudio no propiamente cinematográfico, pero de gran utilidad para situar el cine en el contexto de las directrices del nazismo en materia de arte, es el coordinado por Brandon Taylor y Wilfried van der Will para la Winchester School of Art:*The Nazification of Art. Art, Design, Music, Architecture and Film in the Third Reich* (Winchester, Hampshire, The Winchester Press, 1990).

Recientemente han aparecido dos libros que sintetizan, amplifican y corrigen con notable autoridad las investigaciones anteriores. El mejor, a mi entender, es *The Ministry of Illusion. Nazi Cinema and Its Afterlife* de Eric Rentschler (Cambridge, Mass., Harvard University Press, 1996), pues aunque se presenta como una serie de estudios de films concretos ofrece en realidad una panorámica muy amplia y documentada de la industria cinematográfica alemana entre 1933 y 1945. *Entertaining the Third Reich. Illusions of Wholeness in Nazi Cinema* de Linda Schulte-Sasse (Durnham/Londres, Duke University Press, 1996) abusa un poco de interpretaciones psicoanalíticas e iconográficas, pero no obstante demuestra profundidad y rigor.

Una de las últimas aportaciones al tema es *Der Filmminister. Goebbels und der Film im Dritten Reich* de Felix Moeller (Berlín, Henschel Verlag, 1998). Es un estudio de gran interés por centrarse en la figura del que fuera responsable principal del cine del Tercer Reich y es una lástima que, al ser en alemán, esté destinada a tener poca difusión en los ámbitos académicos dominados por el inglés. Precisamente en este idioma está prevista la aparición en el 2000 de *Cultural History Through a National Socialist Lens: Essays on the cinema of Nazi Germany*, obra colectiva coordinada por Robert Reiner (Columbia, SC, Camden House), que puede ser otra importante contribución a un tema que, por lo visto, no acaba de pasar de moda.

ÍNDICE

Impreso en el mes de diciembre de 2000
en A&M GRÀFIC, S. L.
Polígono Industrial «La Florida»
08130 Santa Perpètua de Mogoda
(Barcelona)